Ingrandimenti

Leo Turrini

SCHUMACHER

La leggenda di un uomo normale

Prefazione di Piero Ferrari

MONDADORI

Dello stesso autore
in edizione Mondadori

Enzo Ferrari
Bartali

www.librimondadori.it

ISBN 88-04-54660-3

I edizione aprile 2005

Indice

Prefazione

Cosa conta di più nelle corse automobilistiche? L'uomo o la macchina? Il quesito è affascinante e sembrava aver trovato una risposta definitiva con lo sviluppo della tecnologia. Il progresso rendeva preminenti le qualità del mezzo meccanico, riducendo inevitabilmente il contributo dell'essere umano.

Poi è arrivato Michael Schumacher. All'inizio credevo che questo tedesco fosse semplicemente il miglior pilota della sua generazione. Negli anni Sessanta c'era stato Jim Clark. Negli anni Settanta, dopo il ritiro di Jackie Stewart, si era affermato Niki Lauda. Negli anni Ottanta Ayrton Senna e Alain Prost avevano diviso la scena e i tifosi con il loro duello. E dopo era toccato a Schumi.

Era un'analisi corretta ma incompleta. Me ne sono reso conto a mano a mano che Michael intensificava il suo rapporto con la scuderia che porta il nome di mio padre. Non sto dicendo che è lui il più grande driver di tutti i tempi: i paragoni tra epoche diverse sono divertenti ma inutili.

Sto dicendo una cosa diversa. Schumi ha restituito la gioia delle vittorie alla monoposto rossa dando tutto se stesso alla squadra, all'ambiente, alla gente che aveva e ha il piacere di lavorare con lui. Non ha esaurito la sua funzione al volante.

È questo a renderlo unico. E così arrivo a rispondere a una domanda nella quale mi sono imbattuto spesso, da quando Michael guida per il Cavallino: sarebbe piaciuto a papà? Che cosa avrebbe pensato, Enzo Ferrari, del campione e dell'uomo?

Mio padre sapeva riconoscere i talenti e apprezzava la serietà professionale in chi rischiava in proprio per amore della velocità. Di Schumi sarebbe stato dunque un ammiratore e sono sicuro che lo avrebbe ingaggiato volentieri. Eppure, al tempo stesso credo che avrebbe fatto fatica a collocarlo secondo i canoni della sua particolare interpretazione della figura del pilota.

Mi spiego. Una delle ultime fatiche letterarie di papà si intitola emblematicamente *Piloti, che gente...* Contiene la descrizione di tipi entusiasmanti, spesso bizzarri, talvolta generosamente balordi, quasi sempre estranei, per abitudini e per mentalità, alla dimensione della persona comune. D'altronde era quasi un luogo comune: dovevi essere un po' pazzo, per correre in Formula Uno.

Ecco, Michael Schumacher è invece, nella vita di tutti i giorni, un uomo perfettamente tranquillo. Non gli conosco stranezze o innocenti manie. Tanto è straordinario nel mestiere che svolge quanto è semplice nelle piccole cose quotidiane. Non somiglia a nessuno dei suoi predecessori.

La sua, davvero, è la leggenda di un uomo normale.

Piero Ferrari

Schumacher

A Rita e Bruno

I
I due avvocati

Primavera 1995. Sta per iniziare il campionato del mondo di Formula Uno. Gli esperti già sanno che per la Ferrari non ci sono speranze di interrompere un digiuno che dura dal lontano 1979: il francese Jean Alesi e l'austriaco Gerhard Berger, i piloti al servizio dell'azienda di Maranello, non dispongono di una monoposto sufficientemente competitiva.

Gianni Agnelli, l'Avvocato, che in Italia e nel mondo rappresenta il gruppo Fiat, è preoccupato. Non ha mai amato troppo l'automobilismo: tra le sue passioni sportive il calcio occupa indiscutibilmente il primo posto. Nulla, nel cuore del tifoso Agnelli, eguaglia la Juventus. Ma negli ultimi dodici mesi le cose sono cambiate, a Torino.

L'Avvocato ha da poco rinunciato a una supervisione diretta e personale sulla squadra bianconera. Dopo un lungo tira e molla ha accettato di affidare al fratello Umberto la gestione «famigliare» degli assi del pallone. Umberto ha subito impresso il suo marchio alla Juve: ha liquidato Giampiero Boniperti, per decenni punto di riferimento di Gianni. E ha affidato il club a uomini di sua assoluta fiducia: il manager Antonio Giraudo, l'ex attaccante Roberto Bettega e il direttore sportivo Luciano Moggi. Con loro la squadra più amata dagli italiani, allenata adesso da Marcello Lippi, si è rimessa a vincere: al tifoso Gianni Agnelli la cosa non dispiace, ma a livello strettamente personale le sue sensazioni sono contrastanti.

L'Avvocato non disdegna la facile popolarità: ha capito,

come molte figure del mondo politico e imprenditoriale, che lo sport è uno speciale veicolo di comunicazione. Se n'è accorto parlando di cose più serie, quando ha compreso che la fede juventina di Luciano Lama, leader del sindacato nei cupi anni Settanta, aveva paradossalmente facilitato la positiva evoluzione di difficili trattative industriali.

Adesso, nella primavera del 1995, Gianni Agnelli è un senatore a vita, è un «padre della patria», è sempre un protagonista delle vicende nazionali: ma si rende conto che l'avviato distacco personale dalla Juventus moltiplica le sue responsabilità in riferimento all'altro polo sportivo del gruppo Fiat: la Ferrari.

Con il vecchio signore di Maranello l'Avvocato aveva trovato un buon accordo: nel 1969, i due, Gianni Agnelli ed Enzo Ferrari, si erano intesi rapidamente. La Fiat avrebbe acquisito il controllo della piccola azienda modenese, lasciando al fondatore un dieci per cento delle azioni e la gestione delle attività agonistiche. Per garantirsi la proprietà di un marchio unico al mondo, Agnelli aveva sborsato una cifra considerevole ma non enorme. Concedere poi al Drake la responsabilità delle corse era un ottimo investimento in termini di immagine. In caso di sconfitta, avrebbe perso Enzo Ferrari. In caso di vittoria, l'effetto positivo si sarebbe esteso alla casa madre. E all'Avvocato che la rappresentava.

Per un po', le cose avevano funzionato. Negli anni Settanta le Rosse si erano sfiziosamente garantite una messe di trionfi. Niki Lauda aveva dominato il mondiale di Formula Uno nel 1975 e nel 1977. Il sudafricano Jody Scheckter aveva vinto il titolo nel 1979. Un personaggio carismatico come Gilles Villeneuve, pilota canadese dall'enorme coraggio, aveva moltiplicato i fan del Cavallino in ogni angolo del pianeta.

Ma poi le cose erano cambiate. In peggio. Enzo Ferrari, invecchiando, fatalmente aveva perso lucidità. Il destino si era accanito contro la scuderia. Gilles era morto in pista. Il tentativo di far rivivere la leggenda di Ciccio Ascari, ultimo pilota italiano a laurearsi campione del mondo di Formula Uno nel 1952 e nel 1953, si era risolto in un fallimento: nonostante il suo talento, Michele Alboreto era stato messo in riga da una concorrenza straniera tecnologicamente all'avanguardia. Infine, il Drake se ne era andato: la sua morte, nell'agosto del 1988, aveva lasciato in molti italiani il sospetto che una leggenda si fosse esaurita, non potendo l'Uomo di Torino rinverdire i fasti dell'Uomo di Maranello.

Per un po', Gianni Agnelli si era baloccato con ciò che restava della Ferrari, senza saper bene cosa farne. Aveva spedito in Emilia proconsoli piemontesi, aveva garantito il pieno appoggio finanziario, eppure le sconfitte in gara si erano riprodotte sempre uguali nella loro desolante monotonia. L'idea di passare alla storia come il personaggio che aveva malinconicamente archiviato un mito nazionale turbava vagamente l'Avvocato: per quanto distratto da mille interessi, coltivava un orgoglio dinastico e conservava una vocazione sabauda, cioè patriottica. «Right or wrong, my country»: giusto o sbagliato che sia, sto con il mio paese. Così aveva risposto al grande amico Henry Kissinger, eminenza grigia della politica estera statunitense, quando il governo americano si era lamentato delle «aperture a sinistra» di Aldo Moro, teorico del compromesso storico assieme al leader del Pci Enrico Berlinguer.

Poteva, l'Avvocato, tollerare la fine della leggenda Ferrari senza intervenire, a maggior ragione quando questioni famigliari lo avevano discretamente allontanato dalla Juventus, altro simbolo dell'impegno Fiat nello sport? Non poteva: e infatti nell'autunno del 1991 aveva spedito un amico carissimo a occuparsi della declinante salute del Cavallino.

Luca Cordero di Montezemolo era, per Gianni Agnelli, molto più di un manager a disposizione del gruppo. Era, semplicemente, il figlio maschio che non aveva mai avuto. Il difficilissimo rapporto con Edoardo, nato dal matrimonio con la signora Marella, aveva accentuato nell'Avvocato il desiderio di individuare una figura «famigliare» capace di raccogliere onori e oneri della dinastia. Montezemolo, molto simile ad Agnelli nell'approccio alle cose della vita, era un clone del senatore a vita: ne replicava d'istinto i metodi e i gesti, prolungandone nel tempo il simbolico potere di seduzione.

Così, Montezemolo si era ritrovato al timone dell'azienda

Ferrari con una missione non dichiarata ma ben definita: dimostrare che per gli Agnelli, per Gianni Agnelli, il ritorno alla vittoria della Rossa aveva un'importanza peculiare. «Se non ce la fa lui» disse l'Avvocato alla moglie Marella «saremo costretti a mettere in vendita il Cavallino: non sopporto più brutte figure.»

Luca si era gettato nell'avventura con entusiasmo. Veniva da esperienze professionali contraddittorie, ma aveva un grande vantaggio nei confronti dell'establishment Fiat: non considerava Maranello e la Ferrari come tappe di un esilio. Lui, da giovane, in Emilia c'era già stato: aveva operato come direttore sportivo del Drake, a metà degli anni Settanta. Conosceva l'ambiente ed era felice di aver recuperato un aggancio con le radici personali: i suoi genitori erano bolognesi. Montezemolo non aveva mai smesso di considerarsi un emiliano in giro per il mondo.

Eppure, l'impatto era stato mortificante. In Ferrari non funzionava più niente. In pista, per i Gran Premi di Formula Uno. E anche in azienda: la recessione internazionale aveva obbligato Montezemolo a ricorrere alla cassa integrazione. Cesare Romiti, che del gruppo Fiat era l'onnipotente amministratore delegato, aveva rivolto un brusco invito al proconsole di Agnelli in quel di Maranello: «Così stando le cose, se volete continuare a correre cercatevi qualche sponsor che vi finanzi, perché a Torino le casse sono vuote».

Navigando a vista, sfruttando al massimo la sua abilità nel coltivare le relazioni personali con la stampa e con gli sponsor, Montezemolo per un po' era riuscito a tenere a galla la barca. Ma sapeva, nella primavera del 1995, di essere arrivato al punto di non ritorno: se non fosse stato in grado di garantire in tempi brevi una Ferrari vincente nel mondiale di Formula Uno, il mito del Cavallino sarebbe stato spazzato via. L'Italia avrebbe perso un marchio di enorme prestigio, destinato a essere svenduto a qualche straniero dal dollaro facile.

A cena nella villa torinese dell'Avvocato, quella sera di primavera del 1995, Gianni Agnelli e Luca Cordero di Montezemolo erano soli. Non c'erano cortigiani, non c'erano amici dalla battuta facile, non c'era nessuno che potesse trasformare in siparietto una conversazione che era e che voleva essere drammatica.

«Pensi ci sia ancora una possibilità?»: al momento del dessert, l'Avvocato di Torino venne al dunque. Voleva sapere se il Reparto Corse della Ferrari, dopo sedici anni di imbarazzanti sconfitte, aveva individuato una via d'uscita dal tunnel, una autostrada verso il traguardo della vittoria. Voleva sapere se la speranza abitava ancora a Maranello.

Montezemolo si sentiva in credito con il destino. Nel 1993, aveva collocato un manager francese, Jean Todt, al vertice del settore sportivo dell'azienda. Todt era un professionista pignolo. Era un lavoratore infaticabile. Era un pianificatore: nella sua logica di transalpino cocciuto, passo dopo passo la Ferrari sarebbe stata in grado di riconquistare un ruolo di supremazia. Prima bisognava riorganizzare lo staff, demotivato dalle troppe delusioni. Poi era necessario modernizzare l'apparato produttivo, in modo da renderlo competitivo nei confronti della concorrenza. Infine, quando ricerca e sviluppo avessero consentito il varo di una macchina di Formula Uno decorosamente competitiva, sarebbe stato opportuno conquistare il «valore aggiunto»: ingaggiando il pilota migliore in circolazione.

Montezemolo, d'intesa con Todt, aveva pensato al brasiliano Ayrton Senna. Un mito per i fanatici dell'automobilismo: capace di imprese straordinarie al volante, Senna era dotato di un carisma tutto suo. Quando ragionava con ingegneri e meccanici di un team, se li tirava tutti dietro. Riusciva a coinvolgerli in una sorta di missione ideale, li faceva sentire importanti e trasformava la sua ansia per la vittoria in un sentimento collettivamente condiviso.

Con Senna Montezemolo aveva parlato a lungo. Il brasiliano aveva una venerazione per la memoria di Enzo Ferrari e intratteneva una cordiale corrispondenza epistolare con il figlio del Drake, Piero. Il campione di San Paolo non era indifferente alle sirene di Maranello. «Voi rendete più veloce la vostra vettura e quando ci sarà solo una differenza di mezzo secondo dalle auto più rapide, io verrò a colmarla. Non riesco a immaginare la mia carriera senza aver provato l'emozione di vincere con la Rossa»: così Ayrton aveva promesso a Montezemolo in un pomeriggio di aprile del 1994, rimandando di un paio d'anni il suo sbarco in Emilia.

Ma pochi giorni dopo, il 1° maggio 1994, Senna era morto in pista a Imola. La sua tragedia aveva gettato nel lutto milioni di persone. Aveva anche sottratto a Montezemolo e ad Agnelli la prospettiva di un futuro radioso: se il Nuvolari dell'era moderna non abitava più qui, per la Ferrari le chance di rimonta si riducevano, anzi, si azzeravano.

Quella sera, a cena, l'Avvocato questo voleva sapere dal pupillo spedito a Maranello: Ayrton aveva lasciato la Formula Uno senza eredi? Oppure poteva essere spendibile un altro nome? C'era un Senna-bis, per la difficilissima e quasi disperata operazione di salvataggio che i due commensali volevano lanciare?

Montezemolo non aspettò il caffè. «Ci sarebbe il tedesco» sussurrò. E aggiunse: «Todt gli ha parlato, gli ha spiegato il senso e le difficoltà del progetto. Lui ci sta, ma ha chiesto un ingaggio che io, senza un'autorizzazione dall'alto, non sono in grado di concedergli».

La cifra, per ogni anno di fatiche al volante della monoposto rossa, era oggettivamente impressionante: il tedesco reclamava all'incirca 50 miliardi di lire, più o meno 25 milioni di dollari dell'epoca.

«Credo che tutti gli altri piloti di Formula Uno, messi assieme, non guadagnino la stessa somma» obiettò Agnelli assumendo un'aria vagamente perplessa. «Sì» replicò Montezemolo. «Ma la cosa bella è che li vale tutti quanti, quei soldi lì.»

Nel salone calò il silenzio. L'Avvocato non era infastidito dalla cifra evocata: l'uomo amava il lusso e aveva speso tanto, in vita sua, per appagare questo o quel capriccio. Però del destinatario di una somma tanto consistente ignorava quasi tutto: lui capiva e sapeva di calcio, non di automobilismo.

Fu Montezemolo a colmare le sue lacune. Partendo da un interrogativo comune a entrambi: già, chi era Michael Schumacher?

II
Miseria e nobiltà

Rolf Schumacher era un giovanotto tedesco come tanti, nella seconda metà degli anni Sessanta. Da ragazzino aveva vissuto da spettatore la ricostruzione della Germania federale, quella alleata degli americani, quella che aveva trovato nel cancelliere Konrad Adenauer un simbolo positivo, capace di attenuare il ricordo degli orrori nazisti tenendo a distanza la minaccia comunista. I sovietici si erano impadroniti di mezzo paese, dopo la caduta del Terzo Reich: per quello che sapeva, tramite parenti lontani e amici meglio informati, Rolf considerava una gran fortuna essere nato e cresciuto nella zona occidentale. Dopo la costruzione del Muro di Berlino, nel 1961, non aveva più avuto dubbi. Aveva accantonato le tentazioni dell'impegno politico e si era gettato nel lavoro. Muratore e addetto alla pulizia delle ciminiere, quasi un moderno spazzacamino: gli bastavano una sistemazione tranquilla, uno stipendio decoroso e una bella ragazza accanto. Elizabeth, la signorina della quale si era innamorato tra un boccale di birra al sabato sera e un film di Frank Sinatra visto nella più spaziosa sala cinematografica di Colonia, il capoluogo della loro regione di origine, era perfetta: non aveva troppi grilli per la testa, capiva le esigenze del bilancio di famiglia, era spigliata senza mai cadere nell'arroganza. Una vera «Frau», una massaia ruvida quando serviva ma morbida nei modi e nelle carezze: «Herr» Schumacher pensava che sarebbe stato bello, alla prima occasione utile, offrirle una vacanza al mare, magari sui lidi italiani della Romagna, dove tanti connazionali avevano preso l'abitudine di recarsi in estate, favoriti dal marco forte e dal boom economico di una Germania in grande espansione.

Diventati marito e moglie, Rolf ed Elizabeth misero su casa a Hürth-Fischenich, tra Aquisgrana e Colonia. Soldi non ce n'erano: l'appartamento era modesto e arrivare alla fine del mese talvolta era un'impresa. Ma alla coppia piaceva l'idea di riempire con l'allegria dei figli la spoglia malinconia del domicilio. Così, non persero tempo: il 3 gennaio 1969, in una clinica di Hürth-Hermühlheim, nasceva il primogenito della coppia. Il nome, Michael, fu frutto di un laborioso compromesso tra i genitori. Che avevano idee diverse anche sulle prospettive del rampollo. La mamma, molto pragmatica, se lo immaginava ingegnere: oppure, se proprio non avesse avuto troppa voglia di studiare, perito industriale, con un posto sicuro in una delle tante fabbriche della zona. Il papà, che non si negava una sana passione per l'automobile, in ciò somigliando a milioni di tedeschi, era d'accordo sulla carriera da ingegnere, ma con specifico indirizzo sulle vetture a quattro ruote. Magari da corsa: perché il signor Schumacher aveva un debole per la velocità. Anzi, Rolf era uno dei tanti tifosi che proprio non riusciva a comprendere come mai la Germania non avesse mai «generato» un pilota in grado di laurearsi campione del mondo di Formula Uno. Era una sorta di maleficio: la terra della Volkswagen e dell'Audi, della Porsche e della Bmw, insomma la patria vera dell'industria automobilistica planetaria, non riusciva a esprimere un asso del volante. Alla fine degli anni Sessanta, nell'ambiente dei Gran Premi dominavano i britannici Stewart e Hill, il belga Ickx, i neozelandesi Hulme, Amon e McLaren, l'austriaco Rindt. Ma tedeschi niente: zero virgola zero.

Fu anche per questo, per ragioni vagamente patriottiche, che papà Schumacher accettò di occuparsi, nel tempo libero, del kartodromo di Kerpen, il paesino dove la sua famiglia si era trasferita. Nei weekend, Rolf gestiva l'impianto. Lo metteva a disposizione di ragazzini vogliosi di provare l'emozione di un giro con i «macinini». Puliva la pista e gettava un occhio non disinteressato a chi si esibiva sul tracciato: non gli sarebbe dispiaciuto passare alla storia come lo scopritore di un campione, come il talent scout di un potenziale fuoriclasse. Il signor Schumacher leggeva le riviste specializzate e si era accorto che il kart, con la sua semplicità, si stava rivelando una scuola indispensabile e preziosa per quanti coltivassero il sogno di salire, un giorno, su una monoposto di Formula Uno.

Il piccolo Michael condivideva, inevitabilmente, la passione del padre. Lo accompagnava sempre al circuito. Per il suo quarto compleanno aveva preteso in regalo un paio di guanti e un piccolo casco. Non solo: per incoraggiarne l'entusiasmo Rolf preparò per il figlio un minuscolo kart. Gli sarebbe piaciuto dotarlo di un motore vero e proprio, ma le proteste di mamma Elizabeth, che non apprezzava troppo le manie del marito, portarono a un compromesso. Sul microbolide sarebbe stato installato ciò che restava del propulsore di una vecchia motofalciatrice.

Per Michael non c'era differenza. «Io lo consideravo un gioiello, quel kart» avrebbe ricordato. «Era stato costruito con pezzi scartati da gente più ricca. Dovemmo anche usare una sega per accorciarlo, perché il telaio era troppo lungo per me. Ma era fantastico.»

Campione del club di Kerpen a sei anni, Schumi junior era stato contagiato dal papà: partire e guidare, ecco cosa lo rendeva contento. Quando affrontava una curva badando a non finire di traverso, era il bambino più felice della terra. Se per caso pioveva, si scatenava: sul bagnato era capace di acrobazie da circo. Tanto meglio se in pista c'era qualche coetaneo da sfidare: la competizione lo eccitava e niente sembrava spaventarlo. Di anni ne aveva sette quando incappò nel primo «incidente»: tamponò il kart di un ragazzino più grande. Il rivale non la prese tanto bene: alla fine dell'esibizione, aspettò Michael per dirgliene quattro. Non fece in tempo ad aprire bocca, perché il moccioso di Kerpen lo gelò: «Non è colpa mia, sei tu che vai troppo piano».

Papà Rolf, che assisteva alla curiosa scena, fu sfiorato dal sospetto di avercelo in casa il potenziale asso del volante. Invece di rimproverare il figliolo per l'eccesso di aggressività, si sentì orgoglioso. Non aveva torto: molto tempo dopo, il rampollo di Rolf avrebbe risposto allo stesso modo alle proteste di Alain Prost e di Ayrton Senna.

Ma la scuola no

La voce si era sparsa in fretta. I frequentatori dell'impianto di Kerpen raccontavano mirabilie del bambino. C'era chi giurava di aver notato un dettaglio rivelatore: la penuria di mezzi economici obbligava il figlio di Rolf a montare sul suo kart le gomme scartate dagli avversari perché ormai usurate. Ciononostante, utilizzando pneumatici riciclati, Michael era regolarmente il più veloce. Addirittura alcuni «tifosi» si erano detti disposti a falsificare la data di nascita del bimbo prodigio per permettergli di sfidare in anticipo i ragazzi più grandi. Qualcuno si era anche informato sui regolamenti in vigore nel non lontano Lussemburgo, dove sarebbe stato possibile ottenere una licenza speciale per il baby fenomeno.

In casa Schumacher, la mamma aveva però idee diverse. Quel bambino sempre pronto a gironzolare per il cortile alla guida di un «macinino» un po' la preoccupava. Elizabeth si infuriava tutte le volte che il piccolo Michael andava a sbattere contro una fioriera o quando travolgeva un'aiuola meticolosamente curata. Una volta aveva distrutto un lampione davanti all'ingresso di casa. Ma la madre non aveva il coraggio di mettere un veto: conosceva la passione del marito per la velocità e per le automobili, non era il caso di litigare per così poco. Inoltre Rolf aveva rassicurato la sua Frau: quando il bambino viene con me al kartodromo, una specie di guinzaglio agganciato al muso del microbolide mi permetterà di controllare i suoi movimenti. Solo che, una volta lontani dagli occhi rispettivamente della moglie e della mamma, padre e figlio rimuovevano il guinzaglio: era il loro piccolo segreto.

D'altronde, la signora Schumacher aveva altro cui pensare. Il 30 giugno del 1975 era nato Ralf, il secondogenito. Gli impegni famigliari si erano moltiplicati e Michael non godeva più dell'esclusiva attenzione materna.

Per la sua ipotetica carriera fu un bene. Lo sbarco del fratellino gli diede più spazio: adesso non doveva aspettare il weekend per scappare in pista. L'unico guaio erano le ammaccature provocate dai testacoda o dagli urti contro le barriere di protezione. La mamma aveva fatto finta di credere alle scuse del figlio, che attribuiva le sbucciature a tumultuose partite di calcio o risse con compagni di scuola: ma presto era passata al contrattacco. «Visto che devi imparare a difenderti» aveva spiegato al ragazzino «ho deciso di iscriverti a un corso di judo. Lì almeno non ti farai male e imparerai a cadere. Magari ti servirà anche quando guidi quel coso...»

Sul tatami, il tappeto che ospita le evoluzioni di chi si dedica al judo, Michael si sentiva decisamente in imbarazzo. Era impacciato. Non amava la casacca simile a un kimono. Non era minimamente interessato alle lezioni del maestro, un corpulento istruttore che si vantava di aver collezionato non si sa quante cinture di chissà quale colore. Nei duelli, si faceva regolarmente menare dall'avversario di turno, quasi senza reagire.

Lui aveva in testa solo il kart, il motore, il volante, le curve. Pure a scuola, faceva fatica a restare concentrato. Finite le elementari, aveva scelto la *Volksschule*, una specie di istituto professionale, dove non erano richieste particolari doti intellettuali. «Potrebbe fare meglio, ma non si applica, chiaramente pensa ad altro»: la relazione degli insegnanti, alla fine di ogni anno scolastico, non lasciava troppe speranze a Rolf ed Elizabeth. Non avrebbero avuto un ingegnere in famiglia. Che proprio gli ingegneri automobilistici sarebbero diventati i frequentatori abituali e persino, in taluni casi, gli amici più sinceri di Michael, nemmeno il papà osava immaginarlo.

Un mecenate

Crescendo, Schumi aveva capito due cose. La prima: correre su quattro ruote era l'emozione più bella, era il tipo di esperienza che giustificava qualunque forma di sacrificio. La seconda: non sarebbe andato tanto lontano. Inutile illudersi, gli mancavano i quattrini. Per garantirsi un mezzo competitivo, il figlio di Rolf e di Elizabeth non poteva contare sui genitori. Non se la sentiva di chiedere loro i marchi per le corse. O meglio, sapeva che non ce n'erano.

C'erano, in compenso, amici generosi. A Jürgen Dilk, un imprenditore della zona, i «macinini» piacevano più degli affari. Aveva sentito parlare di quel bambino dai frequentatori dell'impianto di Kerpen. «Se non ti offendi» aveva spiegato a Rolf «gli 800 marchi che servono per comprare un buon motore per Michael te li presto io. Lo considero un eccellente investimento.»

Il signore sì che se ne intende. Dilk non si limita a stanziare la somma per il propulsore. Si fa carico anche di tutte le spese: è lui a finanziare le trasferte, è lui a pagare i meccanici in caso di necessità. È lui il mecenate che toglie Schumi dall'indigenza.

«Nel 1984 abbiamo vinto il campionato juniores della Germania» ricorda Dilk. «Per me non fu certo una sorpresa. Mi ero reso conto di avere incontrato un fenomeno quella volta che Michael, dopo appena due giri di gara, ebbe un problema al carburatore. Al suo posto tutti si sarebbero fermati. Lui invece tenne il volante con una mano sola, l'altra la usò per fissare il carburatore. Erano saltate due viti. Nonostante il guaio, vinse la corsa. Era un ragazzino dotato di una sensibilità speciale per la meccanica: una dote naturale, qualcosa che non sarebbe stato giusto sprecare. E poi aveva una grande disponibilità nei confronti di chi lo frequentava. Veniva da una famiglia umile, ma era stato educato bene. Cominciai a trattarlo come un figlio.»

Con le spalle coperte da Dilk, nel 1987 Schumi diventa maggiorenne potendo vantare, nel palmarès, il titolo tedesco e quello europeo. È venuto il momento di fare il salto, di lasciare il kart per le monoposto. In teoria, le premesse sarebbero incoraggianti: i risultati parlano per lui. Ma il conto in banca no.

Peter Sieber gestiva una scuderia di Formula Ford, macchine spinte da un motore di 1600 centimetri cubici. Era andato a visionare Michael, sui macinini. Era rimasto entusiasta. Ma Sieber doveva rispettare l'equilibrio nei bilanci. Per salire sulle sue vetture, giusto per qualche giro di prova, servivano 500 marchi. Una cifra modesta, ma enorme per le tasche vuote del giovanotto.

Da qualche tempo Schumi era andato a vivere da solo. Non avendo alcuna intenzione di proseguire la scuola, si era cercato un lavoro. A Darmstadt, nelle vicinanze di una base aerea americana, un concessionario di Bmw e Volkswagen gli aveva offerto un posto. Doveva lavare le macchine dei clienti e cambiare l'olio.

«Lo stipendio era decisamente basso» ricorda il diretto interessato. «Non arrivavo a 450 marchi al mese. E mi dovevo pagare l'affitto in una stanzetta, il mangiare, la lavanderia. Era una vita dura, eppure a Darmstadt sono stato felice. Ho capito il valore dell'indipendenza.»

Ma con 450 marchi al mese era fuori discussione pensare di spenderne 500 per assaporare l'emozione di entrare nell'abitacolo di una Formula Ford. Così Michael disse a Sieber che lo ringraziava per il cortese invito, ma era costretto a declinare l'offerta.

«Rimasi colpito dalla sua sincerità» ha raccontato Sieber. «Mi dimenticai per un attimo del portafoglio e lo convocai per il giorno dopo a Hockenheim. La macchina, poteva provarla gratis.»

Fu un test emozionante. Schumi andò subito molto forte. Tutto quanto era stato suggerito dalle sue prodezze a bordo dei kart trovava conferma in una dimensione ben diversa. Eppure, c'era sempre quel dannato problema dei soldi.

Rolf, il papà, ormai tifava in silenzio per il figlio. Si era tirato in disparte già all'epoca dei primi successi: «Temevo di trasmettergli la mia tensione, volevo si sentisse libero di essere se stesso». Adesso avrebbe tanto desiderato disporre dei quattrini necessari per spingere la carriera del rampollo. L'unica cosa che poteva fare, invece, era sperare nel buon cuore dei conoscenti.

Fu ancora Dilk a farsi avanti. «Sieber chiedeva 25.000 marchi per iscrivere Michael all'intera stagione, che comprendeva dieci corse» ricorda il mecenate. «Glieli diedi, ottenendo la promessa che la scuderia avrebbe colmato il ragazzo di attenzioni.»

La curiosa storia dell'aspirante campione afflitto da una cronica penuria di mezzi finanziari era giunta alle orecchie di un altro appassionato di corse automobilistiche: Gustav Hoecker era concessionario del marchio Lamborghini e cercava un pilota per una macchina di Formula König, un'altra categoria minore. Chiamò Schumi e gli offrì di guidare per il suo team.

I risultati non delusero gli improvvisati investitori. In Formula König, nel 1988 Michael si laureò campione, aggiudicandosi nove gare su dieci. In Formula Ford chiuse al sesto posto il torneo nazionale e al secondo quello europeo. A livello continentale, meglio di lui fece soltanto un finlandese destinato a riapparire nella storia di Schumi: Mika Salo.

Il primo contratto

Stava vincendo tanto, ma era sempre e comunque in bolletta. E le prospettive non erano incoraggianti. «Da qui in avanti, non sarò più in grado di aiutarti: la Formula Tre costa troppo, anche per le mie tasche»: Dilk aveva la dote della schiettezza. Per salire ancora, al suo pupillo servivano almeno 80.000 marchi. Troppi, per lo sponsor personale degli esordi. Un'inezia, per un certo Willi Weber.

Weber aveva accumulato una fortuna dalle parti di Stoccarda. I suoi affari toccavano varie aree del business. Ma l'uomo i soldi se li voleva godere: amava le auto da corsa e così aveva creato un suo team per il campionato tedesco della Formula Tre. Alla fine del 1988, Weber doveva sostituire il pilota di punta della scuderia, Joachim Winkelhock.

Abituato ad ascoltare i consigli degli esperti senza fidarsi troppo, un pomeriggio Weber andò in Austria, sul circuito di Salisburgo, per seguire in prima persona una gara di Formula Ford. Con la macchina di Sieber, Michael fece faville. «Tenetemi informato su quel tipo» intimò Weber ai collaboratori.

Gli arrivarono sul tavolo relazioni molto positive. Alcune addirittura entusiastiche. «Quando è così, lo prendo»: una telefonata per fissare l'appuntamento ed eccoli faccia a faccia, il ricco tedesco che giocava a fare il piccolo Ferrari e il giovanotto non ancora ventenne alle prese con l'esigenza di conciliare il portafoglio e la passione, la pancia e lo spirito.

Nella memoria di Schumi l'incontro fu quasi esilarante. «Io sapevo che nell'automobilismo molti proprietari di scuderie per prima cosa chiedevano a un pilota di quanti soldi disponesse» ha raccontato. «Ero preparato al peggio: a un certo punto avrei dovuto spiegare al signor Weber che ero al verde. Invece lui mi sorprese. Non mi servono i denari che non hai, mi disse. E aggiunse: mi serve il tuo talento al volante. Per la prima volta pensai che forse il mio amore per le corse mi avrebbe dato di che vivere.»

L'accordo venne siglato su base biennale. Weber garantiva a Michael un salario decoroso, diventandone a tutti gli effetti il datore di lavoro. In cambio, oltre a dargli una macchina di F3, si sarebbe occupato della sua carriera. I pezzi grossi della Mercedes stavano varando un progetto molto interessante. Se Schumi fosse stato all'altezza delle attese, potevano aprirsi prospettive piacevoli.

Nel 1989, con la vettura di Weber, Michael perse di un soffio il campionato tedesco: collezionò un punto in meno del vincitore, l'austriaco Wendlinger. Ma fece bella figura. Era molto veloce su ogni tipo di circuito e non palesava difetti. Il suo scrupolo nella preparazione della monoposto era apprezzato dagli ingegneri. Jochen Neerpasch, il responsabile della Mercedes per le corse, si segnò il suo nome sul taccuino.

La Mercedes aveva abbandonato la Formula Uno nella seconda metà degli anni Cinquanta, dopo aver vinto tutto con Juan Manuel Fangio. Adesso accarezzava l'idea di un clamoroso ritorno. Il piano aveva un forte connotato nazionalistico: la casa con la stella intendeva allevare «in laboratorio» i piloti tedeschi più promettenti. Al momento giusto, li avrebbe lanciati nel mondo dei Gran Premi.

«Per me fu un'opportunità eccezionale» ha raccontato

Schumi. «Finalmente ero libero di concentrarmi esclusivamente sulle corse. Guadagnavo anche qualche soldino e la cosa non guastava. Soprattutto conoscevo ogni segreto del mestiere, in un ambiente che era un modello di professionalità. È stata un'esperienza fondamentale.»

Neerpasch era la mente del progetto. Il primo passo consisteva nella creazione di un «Junior Team Mercedes», una sorta di scuola guida agonistica. Michael Schumacher venne ingaggiato, assieme al connazionale Heinz-Harald Frentzen e a Wendlinger, per disputare le gare del Gruppo C. A dirigere i giovani di belle speranze sarebbe stato un pacato manager svizzero, il signor Peter Sauber.

«Rispetto alle monoposto di F3 c'era una grossa differenza» ricorda l'italiano Mauro Baldi, che completava la squadra con il veterano Jochen Mass e con Jean-Louis Schlesser. «Le macchine del Gruppo C sono dei bestioni da 700 cavalli, hanno le ruote coperte e sono spinte da motori turbo. Michael però si adattò in fretta. Era molto curioso e aveva voglia di imparare. Quando non toccava a lui guidare, durante i test, si appostava lungo il circuito: studiava le traiettorie dei colleghi, aveva la fissazione di riuscire a essere più veloce consumando meno benzina. In senso buono, era un fanatico.»

Fanatico al punto da dedicare le ore lontano dal volante alla cura del fisico. La Mercedes aveva messo a disposizione dei suoi alfieri Willi Dungl, il fisioterapista diventato popolare per l'assistenza prestata a Niki Lauda all'epoca dei suoi trionfi in F1. Dungl era considerato un cerbero: controllava periodicamente il peso e la massa muscolare dei piloti e infliggeva «punizioni» severe, sotto forma di esercizi aggiuntivi in palestra, a chi sgarrava. Con Schumi non ebbe mai un problema. Anzi, doveva raccomandargli di non esagerare.

Alla forma atletica del soggetto contribuiva anche la passione per il calcio. Il calcio giocato. In qualunque posto si trovasse, per una gara o per una noiosa sessione di prove, Michael si dava da fare per organizzare una partita di pallone. «Da bambino avevo un idolo» ha raccontato nel 1998 alla Tv tedesca Rtl in un servizio che era un messaggio di auguri per la nazionale alla vigilia dei mondiali in Francia. «No, non era un asso del volante. Era un calciatore. Aveva il mio stesso cognome: Schumacher. Era un portiere fantastico, Toni Schumacher. Quando la Germania perse la finale di Madrid, disputata allo stadio Bernabeu contro l'Italia di Enzo Bearzot, nel 1982, lui beccò tre gol dagli azzurri e io provai un grande dispiacere. Non meritava la sconfitta.»

La sconfitta, nella filosofia di Schumi, era già qualcosa da esorcizzare. Un incubo da rimuovere, in qualunque contesto. «Sono tremendamente competitivo» avrebbe ammesso una volta diventato famoso. «Con il pallone tra i piedi e le carte in mano, io punto sempre alla vittoria. L'idea che sia importante partecipare non mi appartiene.»

La gente della Mercedes se n'era accorta. Nel 1990 Michael aveva vinto nel Gruppo C in Messico e si era piazzato secondo a Digione e al Nürburgring. Nel 1991 era stato iscritto alla 24 Ore di Le Mans. La classicissima dell'automobilismo sportivo, un evento sopravvissuto alle mode. Un appuntamento con il mito. Ma anche una gara dove occorre frenare l'entusiasmo, perché la corsa dura un giorno e non si può chiedere l'impossibile alla macchina. «Lui tirò come un pazzo sin dall'inizio» racconta Baldi. «Dai box gli raccomandavano inutilmente prudenza, era come parlare a un muro. Andò a finire che dovette fermarsi per sostituire l'alternatore, così assieme ai compagni di squadra Wendlinger e Kreuzpointner raccolse appena il quarto posto.»

A Stoccarda, nel quartier generale della Mercedes, non se la presero più di tanto. Neerpasch era ormai un accanito tifoso di Schumi. Si era anche accollato una multa che la polizia francese aveva inflitto un pomeriggio al giovanotto: gli agenti avevano fermato Michael mentre, sulle strade che portavano al circuito del Castellet, sfrecciava a 240 chilometri orari. Non voleva arrivare in ritardo alle prove della squadra.

Neerpasch, d'intesa con Weber e Sauber, aveva permesso al pupillo di continuare a esibirsi sulle monoposto. Nel 1990 Schumi si era imposto, con la Formula Tre di Willi, nel campionato tedesco e nelle prestigiose gare intercontinentali di

Macao e del Monte Fuji, in Giappone. L'obiettivo non era cambiato: lo sbarco in Formula Uno era dietro l'angolo. Paradossalmente, il pilota era pronto, ma la Mercedes no.

«Facciamo così» disse Neerpasch a Weber. «Noi come azienda vi aiutiamo a cercare un posto nel giro dei Gran Premi. Ma a una condizione: se entro la fine del 1993 venisse realizzata una nostra macchina di F1, Schumi sarà la nostra prima guida.»

L'operazione non venne mai perfezionata. Spaventata dai costi eccessivi, la Mercedes rinunciò alla tentazione di fabbricarsi in casa, alla maniera della Ferrari, telaio e motore. Si sarebbe limitata a costruire un dieci cilindri per la McLaren.

Invece Michael era stregato da una tentazione che risaliva ai giorni dell'adolescenza. Nel 1980 la famiglia Schumacher aveva deciso di concedersi una botta di vita: tutti a Nivelles, in Belgio, per un weekend. Motivo: proprio in quella cittadina erano in programma i campionati del mondo di kart. Mangiando panini e dormendo in tenda, Rolf e Michael si erano goduti lo spettacolo. Aggrappati alle reti di recinzione, avevano ammirato da vicino un giovane pilota brasiliano. Rimasero colpiti dal suo talento.

«Era stupefacente» ricorderà Schumi. «Quel ragazzo faceva delle cose straordinarie, ma le faceva con tanta disinvoltura da renderle semplici, quasi facili. Chiesi agli altri tifosi come si chiamasse: mi risposero che veniva dal Sudamerica e che di cognome faceva Da Silva. Alla fine lo cercai per avere un autografo, ma non lo trovai.»

Ayrton Da Silva, allora ventenne, gareggiava con il cognome del padre. Solo più tardi avrebbe utilizzato quello materno: Senna funzionava meglio, era più adatto alle esigenze degli sponsor.

Senna o Da Silva che fosse, per Michael Schumacher era venuto il momento di incontrarlo. Anzi, di sfidarlo. In pista. In Formula Uno.

III
Ossessione Senna

Imola, domenica 1° maggio 1994. Alle 14.16 Ayrton Senna transita davanti alle tribune del rettilineo d'arrivo. Il brasiliano è al comando del Gran Premio di San Marino. Ma Michael Schumacher è lì, subito dietro. Tra la Williams Renault del sudamericano e la Benetton Ford del tedesco la differenza è minima. Non è una sorpresa: da quando è iniziato il campionato, a tutti è parso chiaro che la Formula Uno avrebbe vissuto di nuovo le emozioni e le esasperazioni di un dualismo estremo. Da sempre sono le grandi rivalità a far grande l'automobilismo: Varzi contro Nuvolari, Fangio contro Moss, Stewart contro Graham Hill, lo stesso Senna contro Prost. E quasi sempre il conflitto agonistico varca i confini della pista per tradursi in una sfida intima, interiore, personale, caratteriale.

È così anche tra Ayrton e Michael. Si conoscono bene, ormai. Si stimano, perché a un campione vero non sfugge il talento del concorrente potenzialmente più pericoloso. Ma non sono amici, non possono esserlo. Il territorio da entrambi abitato è come la giungla. Accetta un unico re, un solo sovrano. Tra Senna e Schumi, uno è di troppo. La faccenda ha acquisito contorni da psicanalisi: il brasiliano, a colpi di vittorie e di pole, aveva guadagnato la carismatica aureola di mito vivente. Anche quando non tagliava il traguardo per primo, era lui il punto di riferimento esclusivo. La sua fortissima personalità aveva schiacciato gli avversari e condizionava tutto l'ambiente. Persino Alain Prost, l'ultimo ad arrendersi, si era piegato al dogma della superiorità di Ayrton: alla fine del 1993 il francese si era ritirato dalle competizioni pur di non doversi ritrovare in squadra l'ex ragazzo di San Paolo.

Michael, invece, non si era adattato alla legge del branco. Anzi, aveva ostentato la sua indifferenza, nelle piccole come nelle grandi cose. Aveva rifiutato qualunque atto di sottomissione. In ogni dichiarazione, l'ex kartista di Kerpen si proclamava pronto a picconare il monumento del Numero Uno. L'atteggiamento del tedesco era una sfida aperta, quotidiana. L'autocandidatura alla successione veniva confermata e ribadita giorno per giorno. E Senna, nella primavera del 1994, cominciava a rendersi conto del pericolo. La credibilità del giovane tedesco si stava consolidando. Quanti non sopportavano la dittatura «mediatica» di Ayrton si riconoscevano sempre più nell'ambizioso rivale venuto dalla Germania.

Forse è vero che un fuoriclasse individua in anticipo la figura di chi è destinato a rubargli il posto e la gloria. Sicuramente è vero, nel caso specifico, che Senna manifestò sin dall'inizio una schietta ostilità nei confronti del predestinato tedesco. Questione di pelle, certo. Ma anche di una complicata vicenda contrattuale.

Intrigo ai box

Michael era sbarcato in Formula Uno in un pomeriggio di fine estate, nel 1991. La Jordan, una piccola scuderia alle prime esperienze nel mondiale, si era improvvisamente ritrovata senza un pilota: la polizia inglese aveva infatti arrestato Bertrand Gachot, reo di avere innescato una rissa per le strade di Londra. Gachot aveva un impegno con Eddie Jordan, il patron irlandese del team, sino alla fine della stagione: ma i giudici d'oltremanica avevano rigorosamente applicato la legge, trattenendo il driver in una scomoda cella, a dispetto di una petizione per la concessione della libertà provvisoria. L'appello inutilmente inoltrato ai magistrati britannici recava le firme di tutti i colleghi di Gachot: la prima era quella del campione del mondo in carica, Ayrton Senna.

Costretto a scegliere un sostituto in fretta e furia per l'imminente Gran Premio del Belgio, il signor Jordan si era ricordato di un tedesco molto raccomandato. Il ventiduenne Michael Schumacher aveva in Willi Weber un manager decisamente intraprendente. Forte dell'appoggio della Mercedes, che sosteneva un progetto per la valorizzazione dei piloti nati in Germania, Weber aveva presentato il curriculum del suo pupillo ai dirigenti di numerose scuderie di Formula Uno. Chiedeva un volante per un giovane aspirante campione. Non era però disposto ad accettare qualunque offerta: aveva cordialmente respinto le proposte della Footwork e della Tyrrell, due team scarsamente competitivi.

Jordan aveva letto la relazione di Weber. Aveva anche raccolto informazioni da altre fonti sul conto del candidato alla sostituzione di Gachot. Quasi tutti parlavano bene di Schumi. Così, il 20 agosto, un martedì, Michael viene invitato a Silverstone, in Gran Bretagna. Dovrà sottoporsi a un test. Per la prima volta in vita sua, avrà in mano il volante di una monoposto di F1.

«Avevo lo stomaco sottosopra» avrebbe raccontato Schumi. «Ero terribilmente agitato. Non sapevo cosa aspettarmi, soprattutto ignoravo cosa mi riservasse il futuro. Mi preparai e mi calai nell'abitacolo della vettura. Ho un ricordo indelebile dei primi tre giri. Durante il primo, avevo la sensazione che la macchina mi scappasse via. Ho pensato: ecco, adesso finisci in testacoda e ti rimandano a casa per sempre. Invece sono rimasto in pista. Nel secondo giro mi sentivo già meglio: be', mi sono detto, questa Formula Uno non è poi una cosa tanto complicata. Nel terzo avevo l'impressione di essere sempre stato lì: mi sono convinto che stavo facendo la cosa giusta. Insomma, non avevo sbagliato mestiere.»

Ian Phillips e Trevor Foster, due dirigenti della squadra irlandese, lo seguono con occhi attenti. Sono entrambi sbalorditi: alla fine del test, Schumi era riuscito a migliorare il record della scuderia sul tracciato. Phillips e Foster non perdono tempo, corrono da Jordan e lo pregano di sottoporre al tedesco un contratto vincolante addirittura per tre stagioni.

Eddie Jordan, in effetti, aveva pensato solo all'immediato. Con Weber era stato molto chiaro: per debuttare in F1 Schumi doveva garantire una consistente somma di denaro. Weber aveva chiesto l'intervento di Neerpasch e la Mercedes aveva accettato di dare una mano: un bonifico bancario aveva sistemato le cose.

Ora i collaboratori sollecitavano il patron in senso inverso. Doveva essere lui a tirar fuori il portafoglio. Jordan la prese alla larga. Cominciò a raccontare di nutrire qualche dubbio: trattandosi di un esordiente assoluto, di un principiante, non era forse troppo pericoloso mandarlo allo sbaraglio sul circuito di Spa-Francorchamps, unanimemente considerato il più difficile e selettivo? Per vincere le resistenze della controparte, Willi Weber ebbe un colpo di genio. Mentendo spudoratamente, il manager assicurò a Jordan che Michael aveva già guidato auto da corsa sulla pista delle Ardenne.

«Era un bluff clamoroso» ha svelato Schumi in occasione del suo decimo anniversario da pilota di F1. «Avevo una paura fottuta che mi smascherassero. Così ho noleggiato una bicicletta e ho studiato il percorso. Se gli ingegneri di Jordan mi avessero chiesto ragguagli su questa o quella curva, almeno non avrei fatto scena muta.»

Domande non gliene fecero. I tecnici e i meccanici della squadra non avevano molto tempo da dedicare al ragazzino tedesco. Anzi, gli giravano al largo. «Colpa di un raffreddore» racconta Michael. «Da Silverstone ero tornato con l'influenza. Avevo mal di testa e non respiravo benissimo. Ma non avrei rinunciato al Gran Premio per nessun motivo.»

Intanto Eddie Jordan aveva deciso di stringere i tempi. Disse chiaro e tondo a Weber che Stefan Johansson, lo svedese già pilota di Ferrari e McLaren, era disposto a sostituire Gachot lì in Belgio. Se Michael non voleva perdere il posto appena conquistato doveva sottoscrivere immediatamente un impegno pluriennale con la scuderia. Schumi era agitatissimo. Chiamò al telefono Neerpasch.

L'uomo della Mercedes era convinto di una cosa: la Jordan andava bene per inaugurare l'avventura, ma rischiava di trasformarsi in una trappola. Viceversa un'altra squadra, la Benetton, garantiva prospettive ben più solide per il futuro. Alla Benetton lavorava un corpulento signore britannico: si chiama Tom Walkinshaw e nelle gare del Gruppo C aveva notato le qualità dell'emergente tedesco. Così Neerpasch suggerì a Michael di non cedere alle pressioni.

Dopo ore di discussioni, Jordan si accontentò di una firma su un pezzo di carta dai contenuti non troppo chiari o comunque interpretabili in maniera opposta. Fu un clamoroso errore di valutazione, quello del patron irlandese. Quando se ne accorse, era già troppo tardi. La stupefacente carriera di Schumi cominciava con una macchina che non avrebbe mai guidato in gara, se non per cinquecento metri: in compenso, pochi giri in prova, sul circuito più difficile del mondo, gli sarebbero bastati per conquistare il mondo.

Venerdì 23 agosto 1991 si alza il sipario sul Gran Premio del Belgio. Il tracciato di Spa-Francorchamps è micidiale: gli appassionati lo considerano il vero metro di giudizio per chi pretende di domare le potenze di un'auto da corsa. Curve mozzafiato, frenate al limite, discese e risalite: il tutto condito da frequenti temporali, che spesso rendono ancor più difficile il lavoro dei piloti. «Se non hai fegato, non ti far vedere sulle Ardenne» aveva detto Juan Manuel Fangio, l'argentino cinque volte campione del mondo.

Al giovane Schumi il fegato non mancava. Quando Weber gli aveva comunicato che la Jordan era finalmente pronta per lui, Michael aveva festeggiato la notizia con un urlo di gioia. In Belgio, poi, si sentiva a casa: da Spa a Kerpen ci sono poche decine di chilometri. Tutti gli amici e i famigliari erano stati invitati. Alla stampa tedesca, il debuttante prometteva spettacolo: «Non vedo l'ora di confrontarmi con tanti campioni: Senna, Mansell, Prost, Piquet. Andrò molto forte e non temo l'emozione dell'esordio, in fondo è una corsa come le altre».

Questa era una bugia, declamata per esorcizzare la tensione. Un classico, nella carriera di Schumi: fingere indifferenza quando il cuore batte forte. Molti anni più tardi, dopo l'ennesimo trionfo con la Ferrari, sarebbe toccato a Jean Todt svelare ciò che gli intimi già sapevano: «Un difetto di Michael? In certe situazioni è troppo emotivo, è un tedesco molto latino».

L'eccessiva agitazione, in effetti, si era incaricata di azzerare il suo primo Gran Premio. Domenica 25 agosto 1991 la Jordan quasi non si muove dalla griglia di partenza. L'errore del principiante è vistoso: bruciata la frizione. Il piccolo gruppo dei suoi tifosi aspetta invano la Jordan all'uscita dall'Eau Rouge, la curva più bella del circuito.

In teoria, sarebbe un disastro. Invece è un trionfo. Perché nelle qualifiche del sabato il semisconosciuto Schumi ha guidato in modo impressionante. Già il venerdì aveva mostrato la sua grinta: alla Source, un altro tratto caratteristico del circuito, aveva sfiorato la collisione con la Ferrari di Prost. Il francese si era lamentato e i giudici avevano convocato il ragazzino per chiedere spiegazioni. La risposta li aveva lasciati di stucco: dite al mio collega di non frenare tanto in anticipo e non ci saranno problemi, aveva replicato Michael.

Il sabato, poi, si supera. Dietro le McLaren, le Ferrari e le Williams, spunta la sua monoposto. Alle spalle di Senna e di Prost, eterni duellanti, si è materializzata la figura del giovane tedesco. I cronometri gli hanno attribuito un sorprendente settimo posto. Gli osservatori più attenti notano anche un altro particolare: Michael è stato nettamente più veloce del suo compagno di squadra, l'italiano Andrea De Cesaris. E De Cesaris è un veterano, mica un novellino.

Nonostante quella frizione bruciata di domenica, Willi Weber è convinto di aver centrato l'obiettivo. Adesso chi comanda in Formula Uno sa che le descrizioni del manager sul suo cliente non erano esagerate. In Belgio è cominciata la grande avventura. A Monza, un paio di settimane dopo, sicuramente Michael non resterà bloccato al via: vedrete che entrerà in zona punti con la Jordan, assicura Weber ai tifosi un po' delusi.

L'8 settembre, effettivamente, Schumi figura nell'ordine d'arrivo del Gran Premio d'Italia. Si piazza quinto, a 34 secondi dal vincitore Nigel Mansell. Ma il tedesco è al volante di una Benetton. E il suo repentino cambio di scuderia ha scatenato le ire di un certo Ayrton Senna. Che convoca addirittura una conferenza stampa per esprimere il suo malumore.

Cos'è successo? È successo che nella vita e negli affari di Michael è entrato, su imbeccata di Neerpasch e di Walkinshaw, un certo Flavio Briatore. Italiano di Cuneo, studi da geometra e una gran voglia di sfondare, Briatore era da tempo attivo all'interno del gruppo Benetton con incarichi finanziari. Era finito a occuparsi di Formula Uno quasi per caso e senza troppo entusiasmo. Nella seconda metà degli anni Ottanta i fratelli Benetton avevano varato un'iniziativa senza precedenti: anziché limitarsi a sponsorizzare una monoposto si erano decisi a comprare un'intera scuderia, la ex Toleman. Era un modo nuovo e originale di concepire l'investimento nel business sportivo, ma si era anche rivelato un grosso grattacapo. Un conto è produrre e vendere maglioni, altra cosa è gestire direttamente un team di F1.

Per trovare una soluzione, Gilberto Benetton si era rivolto a Briatore: pensasse lui a trovare un acquirente per la squadra, se proprio si fosse rivelato impossibile ottenere risultati soddisfacenti in pista. E all'inizio il geometra di Cuneo si immaginava quasi come un liquidatore di un'avventura intrigante ma fallimentare, poi però si era affezionato all'ambiente, ne aveva intuito le potenzialità economiche e stava accarezzando un'idea un po' matta: sarebbe stato il primo italiano dopo Enzo Ferrari a vincere, da manager e patron, il titolo mondiale di Formula Uno.

Incurante dello scetticismo che lo circondava, Briatore si era dato da fare per riorganizzare la Benetton da corsa. Aveva, tra le tante, una convinzione che lo rendeva poco gradito a tanti piloti: non era necessario coprire d'oro il «driver» di una monoposto, il mondo era pieno di giovani di talento che chiedevano soltanto di avere un'occasione.

Così, sul finire dell'estate del 1991, il sempre abbronzato Flavio era stufo di pagare un robusto ingaggio a Nelson Piquet, tre volte iridato negli anni Ottanta ma ormai sprovvisto di motivazioni. Si stava guardando attorno per sostituirlo, quando in occasione delle prove del Gran Premio del Belgio notò la Jordan affidata al debuttante di Kerpen. Non che Briatore fosse un grande esperto di macchine e di driver: anzi, si vantava di essere un «outsider», un estraneo rispetto alle logiche tradizionali dell'ambiente. In compenso, aveva fiuto. Quello che mancava a Eddie Jordan.

Jordan pensava di avere acquisito le prestazioni del promettente Michael Schumacher con un contratto che, in realtà, si prestava a differenti e contraddittorie interpretazioni. A Briatore, incoraggiato da amici competenti come Walkinshaw e Neerpasch, bastò una telefonata. Dall'altra parte del filo, Weber gli confermò che Schumi era libero da impegni, nonostante la versione data da Jordan. Non solo: sarebbe stato possibile chiudere l'affare subito, permettendo a Michael di calarsi nell'abitacolo della Benetton sin dall'imminente Gran Premio d'Italia.

«La mia vita stava per cambiare completamente» racconta il diretto interessato. «In meno di due settimane ero diventato un pilota professionista di F1, con un contratto pluriennale. Rompere con la Jordan in quel modo non fu piacevole, lo ammetto. Ma dovevo pensare a me stesso.»

Qualche anno più tardi, nel 1996, Michael e il patron irlandese chiuderanno un lungo contenzioso legale con un accordo stragiudiziale. E nel 2004, per Natale, il tedesco si farà un regalo particolare: acquisterà la macchina con la quale aveva debuttato in Formula Uno sulle Ardenne. La Jordan numero 32.

Gelo al ristorante

Chi ha tempo non aspetti tempo. Alla vigilia di Monza, un comunicato di poche righe annunciava il licenziamento in tronco di Roberto Moreno, compagno brasiliano di Piquet alla Benetton. Al suo posto avrebbe corso Michael Schumacher. Il testo precisava che il tedesco aveva raggiunto un accordo valido fino al 1995 con la scuderia anglotrevigiana. Che a fine stagione avrebbe interrotto il rapporto di collaborazione anche con Nelson Piquet.

Ayrton Senna non amava Piquet. Anzi, i due si detestavano: uno paulista e l'altro carioca, incarnavano le due anime del Brasile, spesso in profondo e insanabile contrasto. Alla rivalità agonistica si sommava un'incomprensione caratteriale che sfociava nell'astio dichiarato. Dunque a Senna, che si stava avviando verso la conquista del terzo titolo iridato, eguagliando così il compatriota nemico, non dispiaceva affatto che Briatore avesse deciso di mettere fine alla carriera di Nelson.

Ma c'era di mezzo Moreno, buon amico di Ayrton. Un collega che veniva brutalmente scaricato, senza avere nemmeno la possibilità di completare la stagione. Per Moreno sarebbe stato difficile, dopo una vicenda tanto spiacevole, rimanere nel giro. Inoltre Senna aveva dimenticato, invecchiando, di essere stato disposto a tutto pur di conquistare un volante di Formula Uno: ora ragionava quasi come un garante sindacale della categoria. Infine, il suo istinto gli suggeriva di non accogliere con un sorriso quel tedesco rampante che aveva appena intravisto nei box di Spa-Francorchamps. E lo stato d'animo del brasiliano non era cambiato quando Schumi, alla vigilia del Gran Premio d'Italia, si era fatto avanti per un breve colloquio. Ayrton alloggiava all'hotel Villa d'Este, sul lago di Como. Il venerdì sera, mentre stava cenando in compagnia di una donna, Senna era stato avvisato da un cameriere che un giovanotto desiderava incontrarlo, sostenendo di essere un suo collega. «Dice di chiamarsi Schumacher» aveva precisato il cameriere.

L'incontro fu breve e poco incoraggiante. Michael, emozionato e quasi intimidito, si presentò raccontando le sensazioni che aveva provato quel giorno a Nivelles: «Tu sei sempre stato il mio punto di riferimento, sei l'uomo che ammiro di più al mondo: ho deciso di diventare un pilota dopo aver visto cosa sapevi fare con un kart». Ma Ayrton, che era molto irritato per i guai dell'amico Moreno, fu sbrigativo e frettoloso: congedò il presunto collega con parole di circostanza, evitando di invitarlo al suo tavolo. Qualche settimana dopo avrebbe confessato agli amici di essersi pentito dell'atteggiamento:

«Mi sono comportato da maleducato». Ormai, però, era troppo tardi.

Così, l'ingresso ufficiale e definitivo di Michael nel Circo a quattro ruote venne «salutato» dal mito Senna con parole durissime. Il giorno dopo l'incontro al ristorante, in una sconcertante conferenza stampa, il campione del mondo in carica lamentava la spregiudicatezza di chi aveva gestito l'operazione, platealmente condannata in nome del superiore valore di contratti in essere e da rispettare. Pur conoscendo e apprezzando il legame di amicizia che univa Ayrton al connazionale Moreno, il suo intervento lasciò perplessi i frequentatori abituali degli autodromi. Non era la prima volta che una scuderia cambiava un pilota a stagione in corso. In un mondo affamato di soldi come la Formula Uno, certi metodi erano prassi. E Senna lo sapeva benissimo.

In apparenza Schumi non dette importanza alla presa di posizione del famosissimo collega. Incassò senza reagire, ma il messaggio era arrivato forte e chiaro: il Numero Uno non gli avrebbe fatto cortesie. Tra loro ci sarebbe stato solo un rapporto freddamente professionale.

In pista, a Monza, si sfiorarono. «Nelle fasi iniziali della corsa mi trovai ruota a ruota con lui, il grande Senna» ha raccontato Michael. «Il brasiliano aveva qualche problema con la macchina, così cercai di sorpassarlo. La manovra non ebbe successo, ma in quell'istante mi accorsi che non importa chi sei o come ti chiami: se ti trovi al posto giusto nel momento giusto con l'auto giusta, puoi provare a battere chiunque, anche il migliore del mondo. Anche Senna, perché no?»

In Brianza, complessivamente, Schumi guidò molto bene, andando subito più forte di un imbolsito Piquet. Si classificò quinto, staccando il compagno di squadra di oltre 10 secondi. Ma la Benetton non valeva la McLaren: Senna, che stava collezionando punti preziosi per quello che sarebbe stato il suo ultimo titolo mondiale, concluse il Gran Premio d'Italia al secondo posto, alle spalle del vincitore Nigel Mansell.

Una lite furibonda

All'alba del 1992, Schumi è uno dei tanti piloti in cerca di consacrazione. Ha un contratto con la Benetton e può contare sul pieno supporto di Briatore: Flavio si fida di lui e gongola all'idea di aver rimpiazzato il pagatissimo e deludente Piquet con un giovanotto che costa alla scuderia una cifra assai più modesta, nemmeno un milione di dollari l'anno. Ma la squadra non ha i mezzi per potersi candidare a un ruolo di primo piano nel campionato del mondo: con la Ferrari ancora prigioniera di una crisi tecnologica che pare senza sbocco, sono la Williams e la McLaren le macchine da titolo. In particolare, la Williams ha acquisito un grosso vantaggio sulla concorrenza, sperimentando con successo le sospensioni attive.

Michael, comunque, non si pone troppi problemi. È contento di essere entrato stabilmente nel giro buono. Adesso che Prost, in rotta con le Rosse di Maranello, si è tirato in disparte, per lui l'obiettivo dichiarato è il confronto con Senna. L'allievo sfida il maestro, sebbene in palio non ci sia il titolo: la Williams va troppo forte e per il vecchio Mansell sarà un gioco da ragazzi laurearsi campione con molte gare d'anticipo.

Mortificato dalle vicende che hanno accompagnato il suo esordio in Formula Uno, Schumi non ha più alcuna forma di rispetto nei confronti di Ayrton. Semplicemente, lo detesta. Sapendo di essere ricambiato. Fra silenzi e mugugni, battagliando più per i piazzamenti che per le vittorie, sta nascendo un nuovo dualismo. Se si incrociano nei box, il tedesco e il brasiliano fanno persino finta di non conoscersi.

A soffrire di più per la situazione, paradossalmente, è Ayrton. Che non accetta il comportamento aggressivo di Michael. Senna si sente sfidato sul piano del carisma, della legittimità. Schumi non riconosce minimamente la supremazia psicologica del più celebre collega. Nel Gran Premio del Brasile, la Benetton e la McLaren sfiorano la collisione. Invece di scusarsi, Michael convoca i giornalisti e accusa Senna, il grande Senna, di ostruzionismo. Non contento, chiede un incontro a Ron Dennis, capo della McLaren, per manifestare il suo disappunto.

Siamo alla lesa maestà. Ayrton è allibito: chiede in giro informazioni aggiuntive sul carattere del rivale. Ma come si permette? Perché è così provocatoriamente ostile? Dove crede di andare?

Il conflitto peggiora nel corso dell'estate. Al Gran Premio di Francia, come sempre dominato dalla Williams di Mansell, la Benetton del tedesco azzarda un sorpasso sulla McLaren del brasiliano. Una manovra al limite, vanificata da un incidente tra altre due monoposto che impone la ripetizione della procedura di partenza. Imbestialito, prima del secondo via Senna si precipita al box della Benetton e pretende un colloquio diretto con Michael.

La scena è surreale. Ayrton, che per molti anni era stato accusato di eccessiva impulsività dai colleghi più anziani, si improvvisa maestro di buone maniere. Contenendo il nervosismo, cerca di spiegare a Michael cosa si può fare e cosa non si può fare. Schumi lo ascolta senza pronunciare parola. Poi, quando la gara ripartirà, tenterà esattamente la stessa manovra. Tale e quale. Senza concedere nulla al maestro.

La misura è colma. Ma c'è sempre una goccia che fa traboccare il vaso. Pochi giorni dopo, il tedesco e il brasiliano si ritrovano a Hockenheim per una serie di prove private in vista del Gran Premio di Germania. Sulla carta, dovrebbe essere una tranquilla giornata di test. Nemmeno troppo intensa, visto che il dominio della Williams di Mansell nel campionato non è in discussione.

Invece scoppia un casino. Forse per una incomprensione, o forse perché è in ballo la supremazia personale, in fondo a un rettilineo la McLaren e la Benetton entrano in contatto. Potrebbe essere un banalissimo episodio, se di mezzo non ci fossero due caratteri forti. Tra lo sbigottimento dei meccanici, che seguono la scena sulle telecamere a circuito chiuso, per oltre un giro Schumi e Senna procedono affiancati, sfidandosi in un gratuito duello rusticano. Si prendono a ruotate incuranti delle possibili conseguenze. Da sotto il casco, i duellanti si lanciano insulti terribili, chiaramente percepiti via radio dai tecnici al muretto.

Quando rientra ai box Ayrton slaccia le cinture e salta fuori dall'abitacolo come una furia. Jo Ramirez, capo meccanico della McLaren, ha capito tutto e tenta di fermarlo: Senna lo sposta con uno spintone e si dirige verso il garage della Benetton. Nessuno, in anni di carriera, lo ha mai visto tanto arrabbiato.

Schumi se lo vede arrivare davanti con i pugni alzati. «Sei un cretino e con te è perfettamente inutile ragionare» grida il brasiliano sull'orlo di una crisi di nervi. Michael si abbassa d'istinto per evitare un cazzotto. Non proferisce verbo. I meccanici delle due scuderie si mettono in mezzo per scongiurare lo scontro fisico. Jo Ramirez riesce faticosamente ad allontanare Ayrton dal bersaglio.

Da lì in poi, il maestro e l'allievo eviteranno con cura qualunque forma di contatto ravvicinato. Il protocollo delle premiazioni talvolta imporrà a entrambi di salire sullo stesso podio, ma le strette di mano e i saluti saranno sempre rigidamente formali. Fino alla morte sulla pista di Imola, Senna non rettificherà mai il giudizio affidato a un biografo brasiliano: «Schumi ha talento, non sono così stupido da mettere in discussione la sua abilità al volante. E ci sono parecchi piloti che hanno un comportamento imprevedibile, in gara e fuori. In questo, il tedesco è uno dei tanti. Ma di lui mi preoccupa la sua ignoranza in pista, nel senso che ignora le possibili conseguenze dei suoi atteggiamenti spregiudicati. E questo davvero mi spaventa».

La prima vittoria

L'inimicizia con Ayrton non distraeva Michael dagli obblighi professionali. Né la rivalità personale aveva modificato il giudizio del tedesco sul brasiliano: Senna restava il migliore, era il modello da copiare, il punto di riferimento permanente. Anche nel rapporto con la squadra: Ayrton aveva la straordinaria capacità di catalizzare attorno a sé tutte le energie di un team, del quale diventava il capo indiscusso. Di solito ne faceva le spese il compagno di scuderia: persino Alain Prost, che pure in casa McLaren era stato per anni il padrone, alla fine era stato emarginato.

Per Schumi, sin dagli esordi in Formula Uno, la presenza di un altro pilota era assolutamente irrilevante. «Tutto quanto faceva, lo faceva a suo esclusivo beneficio» ricorda Nelson Piquet, che fu partner di Michael nei primissimi tempi alla Benetton. «Formalmente era molto rispettoso, non assumeva mai atteggiamenti arroganti. Ma era evidente che voleva trasmettere a ingegneri e meccanici una sensazione precisa: qui conto solo io.»

A Martin Brundle, scelto da Briatore al posto di Piquet per il 1992, le cose non andarono meglio. In teoria, l'inglese aveva il vantaggio dell'esperienza; nella pratica, la schiacciante personalità di Schumi determinò subito le gerarchie. A Brundle, che era più vecchio di dieci anni, non restò che sfogarsi prendendo in giro il tedesco per il suo incerto rapporto con la lingua inglese. Michael si era iscritto a un corso intensivo, voleva imparare a esprimersi perfettamente nell'idioma della stragrande maggioranza dei tecnici della scuderia: progrediva in fretta, ma ogni tanto incappava in una pronuncia sbagliata o in un verbo mal formulato. Gli sberleffi del collega lo spinsero a moltiplicare gli sforzi: entro la fine dell'anno, il suo inglese valeva quello di Brundle.

In pista le cose erano meno semplici. Studiare da campione non era sufficiente: la Benetton, sotto la guida di Briatore, stava raffinando l'organizzazione, ma le risorse della scuderia rendevano impossibile la sfida alla Williams di Mansell e di Patrese. Schumi non si faceva illusioni e si era dato un obiettivo in apparenza limitato ma molto stimolante: voleva assolutamente concludere il campionato davanti ad Ayrton Senna.

Salì per la prima volta sul podio il 22 marzo, in Messico: un terzo posto che gli valse il pubblico elogio di Sir Stirling Moss. Il venerato ex campione britannico aveva seguito la gara alla televisione e aveva confidato di essere rimasto impressionato dallo stile di guida del tedesco. Seguirono un altro terzo posto in Brasile, a casa di Ayrton, e due piazze d'onore in Spagna e in

Canada. A metà stagione Schumi era l'unico pilota che poteva vantarsi di aver creato qualche problemino alle imprendibili Williams. Non male, per un giovanotto che stava scoprendo poco alla volta i circuiti e i segreti dell'ambiente.

La prima vittoria, però, non si decideva ad arrivare. Senna, che pure era incappato in un'annata non all'altezza del suo prestigio, aveva fortunosamente ribadito il suo personale dominio a Montecarlo e si era imposto anche in Ungheria. Michael continuava a sfiorare il bersaglio senza centrarlo: un quarto posto in Inghilterra, un terzo davanti ai suoi tifosi ad Hockenheim, in Germania.

La mattina di domenica 30 agosto il cielo delle Ardenne minacciava le solite brutte sorprese. Ancora una volta il Gran Premio del Belgio avrebbe messo a dura prova l'abilità dei piloti: scrosci d'acqua si sarebbero alternati a sprazzi di cielo sereno. La sensibilità di guida avrebbe fatto la differenza, forse appiattendo le diversità di prestazione tra le monoposto.

Dal giorno dell'esordio mancato, per colpa di una frizione bruciata, erano trascorsi dodici mesi. Schumi aveva rispettato la piccola tradizione di famiglia, convocando dalla vicina Kerpen amici e parenti. I 6974 metri del circuito di Spa-Francorchamps lo eccitavano più di qualunque altro tracciato: si sentiva il padrone di casa, ecco. Inoltre riteneva di poter adattare molto bene la Benetton alle incerte condizioni meteo: sul bagnato, Michael riusciva a «tenere» la macchina gestendone con rara perizia le sbandate. Niki Lauda, l'austriaco tre volte iridato con Ferrari e McLaren, aveva notato questa caratteristica del tedesco: «Lui è uno che guida con il fondoschiena» aveva spiegato l'ex idolo dei fan del Cavallino. «Il vero talento di un pilota di monoposto non sta nel piede pesante, ma nella capacità quasi soprannaturale di percepire istintivamente qualunque vibrazione della vettura, così da anticiparne e correggerne i difetti. Schumacher sembra avere questa dote.»

Ce l'aveva. L'edizione 1992 del Gran Premio del Belgio fu un vortice di emozioni. Nel diluvio e sull'asciutto, tre concorrenti si alternarono al comando della corsa: il favorito Mansell, che era scattato dalla pole, trovò un'accanita resistenza nel solito Senna e nel compagno di squadra Riccardo Patrese. Ma nella loro scia il giovane Michael non perdeva un colpo. A mano a mano che passavano i giri, tra i suoi tifosi si faceva largo la sensazione che Schumi potesse puntare addirittura alla vittoria.

A undici tornate dalla conclusione il tedesco si ritrovò al comando. Per la prima volta da quando era entrato in Formula Uno il pupillo di Willi Weber era in testa. Una migliore scelta delle gomme lo aveva avvantaggiato sugli avversari: adesso, però, doveva resistere sino alla fine.

«Se si fosse lasciato catturare dalla tensione» ricorda Flavio Briatore, che al muretto della Benetton era in preda all'ansia, «probabilmente i giudizi positivi sul suo conto sarebbero stati cancellati. Un pilota, se gli si presenta l'occasione di vincere, non può sprecarla: la cronaca dell'automobilismo è piena di promesse mancate, di talenti svaniti nel nulla.»

Schumi lo sapeva. Non cedette al nervosismo: nel finale badò ad amministrare il margine acquisito. Lo fece con la disinvoltura di un veterano: invece non aveva ancora ventiquattro anni. Nella storia della Formula Uno soltanto tre piloti più giovani di lui si erano aggiudicati un Gran Premio (l'americano Ruttman, il neozelandese McLaren e il belga Ickx). Il frenetico entusiasmo con il quale Michael celebrò l'impresa sul podio, dove salì scortato dai battuti Mansell e Patrese, era pienamente giustificato.

Quella sera, lasciando il circuito, Senna, che aveva chiuso la gara al quinto posto, si sentì dire da un amico brasiliano: «Forse non ti farà piacere, ma il ragazzo ha vinto alla tua maniera». Ayrton represse la stizza e si dimostrò magnanimo: «Il tedesco non mi è simpatico, lo sai. Però è molto bravo: forse mi somiglia più di quanto io sia disposto ad ammettere».

L'ultima sfida

Alla fine del 1992 Michael Schumacher era lo sportivo più popolare di tutta la Germania. Molti tedeschi cominciavano a pensare che presto un loro connazionale sarebbe riuscito a laurearsi campione del mondo di Formula Uno, infrangendo così un tabù che irritava molto gli appassionati di automobilismo. Del resto Schumi aveva rotto il ghiaccio delle statistiche imponendosi in Belgio: l'ultimo suo connazionale ad aggiudicarsi un Gran Premio era stato Jochen Mass nel remoto 1975. Era anche riuscito a precedere il mitico Senna nella classifica del campionato del mondo: 53 punti contro 50. Il titolo, come previsto, era andato al britannico Mansell, curiosamente licenziato da Frank Williams per fare posto al francese Prost, reduce da un anno di inattività.

Le premesse per la nuova stagione erano incoraggianti. Briatore, non contento del rendimento di Brundle, aveva individuato nell'italiano Patrese il partner ideale per il rampante ex kartista di Kerpen. Patrese era il «nonno» della Formula Uno: correva dal 1977, poteva vantare un enorme bagaglio di esperienza e invecchiando non aveva perso per strada l'aggressività.

Riccardo era incuriosito dalla figura di Schumi. Durante la sua lunga carriera era stato compagno di personaggi come Piquet e Mansell. Non era mai diventato campione del mondo, ma si era guadagnato il rispetto di tutti. Adesso era pronto per l'ennesima sfida: misurare da vicino le qualità dell'astro nascente, verificare in presa diretta il valore del prodotto di un'altra generazione. Tra lui e Michael c'erano quindici anni di differenza. Un gap anagrafico destinato a tradursi in una relazione molto complicata.

«All'inizio pensavo che Schumi fosse regolarmente più veloce di me perché godeva dei favori di Briatore e di tutta la scuderia» ricorda Patrese. «Mi ero accorto subito che gli ingegneri e i meccanici stravedevano per lui. Era una cosa abbastanza normale, io ero nuovo per l'ambiente della Benetton. La cosa però si stava facendo irritante: Gran Premio dopo Gran Premio, la mia frustrazione aumentava.»

A chiarire definitivamente la situazione arrivò un episodio imprevisto. Il 10 luglio 1993, sul circuito di Silverstone, sono in programma le qualifiche del Gp d'Inghilterra. Le regole in vigore non permettono l'utilizzo della vettura di riserva a un pilota che abbia rotto la propria monoposto: in caso di guai, deve salire sulla macchina del compagno di squadra. «Quando mi informarono dai box che Michael era stato lasciato a piedi» racconta ancora Patrese «pensai che il destino si era incaricato di smascherare i giochetti di chi, all'interno del team, faceva di tutto pur di favorire il tedesco. Stavolta, a parità di mezzo meccanico, sarebbe emersa la fondatezza dei miei sospetti. Con il mio stesso materiale, Schumi sarebbe stato ridimensionato dai cronometri. Tirai al massimo per stabilire un ottimo tempo, quindi rientrai per consegnare la Benetton a Michael. I tecnici gli adattarono il sedile e la pedaliera: non potevano fare altro, non potevano intervenire sul motore o sull'assetto. Io ero molto tranquillo, sicuro che il tedesco non sarebbe riuscito a far meglio.»

Riccardo si sbagliava. «Stracciò il mio tempo» rammenta. «Controllai allibito i dati del computer: era proprio vero, non c'erano errori di cronometraggio. Fu un momento imbarazzante: per la prima volta, dopo sedici stagioni di Formula Uno, dovevo accettare l'idea di aver incontrato un compagno di squadra nettamente più forte di me. La conseguenza era ovvia, dovevo rassegnarmi alla pensione. Ma mi consolai con un pensiero proibito: mi ero imbattuto in un fenomeno e probabilmente nemmeno Senna, il migliore di tutti noi, sarebbe stato in grado di reggere il confronto con il tedesco.»

Senna, ancora lui. Ormai Ayrton era, per Michael, una vera ossessione. Non importava che il mondiale continuasse a essere dominato dalla Williams Renault. Le corse le vinceva Alain Prost, eppure il brasiliano era il sovrano inattaccabile nel giudizio di milioni di appassionati.

Nel 1993 Senna firmò alcuni capolavori, tra i più belli della sua formidabile carriera. Non aveva una vettura competitiva per il titolo: anzi, fino all'ultimo Ayrton aveva minacciato di non iscriversi al campionato proprio perché reputava la McLaren troppo inferiore alla monoposto di Prost. A peggiorare lo stato d'animo del paulista avevano provveduto Briatore e Schumi: la Benetton si era garantita un motore otto cilindri Ford più evoluto di quello installato sulla McLaren. Per Senna si trattava di un oltraggio: come compensazione, pretese un ingaggio di un milione di dollari per ogni Gran Premio disputato.

Nonostante tutto ciò, nel 1993 Ayrton mise in crisi Michael, facendone vacillare l'autostima. Fu lui a vincere in Brasile, dove una pozzanghera aveva tradito il prudentissimo («o cauteloso», lo chiamavano con dileggio i giornali sudamericani) Prost. Fu lui a sfruttare un cedimento della Williams nell'attesissimo Gran Premio di Montecarlo: lì Schumi si era inutilmente illuso, restando al comando per 21 giri prima di essere lasciato a piedi dalla Benetton. E fu ancora lui, Senna, a chiudere in bellezza la stagione, imponendosi in Giappone e in Australia.

In mezzo, poi, c'era stato un episodio che aveva avuto il sapore di una lezione del maestro all'allievo. Il giorno di Pasqua, l'11 aprile, a Donington era in calendario il Gran Premio d'Europa. Un diluvio si scatenò sul circuito poco prima della partenza. La battaglia sul bagnato alimentava le grandi speranze di Schumi, che si sentiva particolarmente forte quando c'era da guidare in circostanze estreme.

Dopo pochi metri, con una manovra spregiudicata il tedesco tentò di intimidire Ayrton, spingendo sull'erba fradicia di pioggia la sua McLaren. La reazione di Senna fu clamorosa: un paio di curve più in là, aveva già raggiunto e superato la Benetton. In stato di grazia, il brasiliano diede spettacolo nella tormenta: doppiò tutti i rivali, con l'unica eccezione di Damon Hill. Per Schumi la delusione fu enorme: un incidente non gli permise di completare la gara, ma a nessuno sfuggiva la portata dell'evento. Il messaggio di Donington era chiaro: Michael non era ancora all'altezza del re che pretendeva di detronizzare. E forse non lo sarebbe stato mai.

Le conseguenze, sul morale del tedesco, non furono lievi. La vittoria nel Gran Premio del Portogallo, ottenuta davanti a un Prost che con il secondo posto si laureava matematicamente campione, non bastava a rasserenare Schumi. Nella classifica finale del mondiale, Michael retrocedeva di una posizione, dalla terza alla quarta. Senna aveva largamente vinto il loro personale duello, precedendolo di ben 21 punti. Inoltre il brasiliano aveva ottenuto, per il 1994, quanto reclamava con insistenza da almeno tre anni: la macchina migliore. Onorando un'antica promessa, Frank Williams aveva ingaggiato Ayrton, interrompendo la collaborazione con Prost.

Ritiratosi dall'attività il francese, con il vecchio Mansell impegnato in America, proprio Michael assurgeva al ruolo di unico sfidante per la nuova stagione. Se ne rendeva conto benissimo: se non fosse riuscito a creare problemi alla coppia Senna-Williams la sua credibilità sarebbe stata pericolosamente intaccata. Per di più, il supporto della Mercedes stava per proiettare in Formula Uno un altro pilota tedesco dalle grandi ambizioni: quell'Heinz-Harald Frentzen che si diceva avesse dimostrato di valere tanto quanto Schumi, all'epoca della comune esperienza con le vetture a ruote coperte.

«Io non penso a Frentzen, penso a battere Senna»: con questa frase, affidata ai mass media, Michael aveva comunque ribadito di non aver cambiato obiettivo. Ayrton continuava a essere la motivazione unica, l'ossessione permanente. E per reggere il confronto Schumi si era fatto più che mai scrupoloso: aveva notato che il maestro brasiliano costruiva più di una vittoria sulla perfetta efficienza fisica.

Molti piloti, un po' per pigrizia e un po' per presunzione, non curavano abbastanza l'allenamento atletico. Riducevano la loro professione a una semplice dimostrazione di abilità al volante: il resto dovevano farlo la macchina, gli ingegneri e i meccanici.

«Senna fu probabilmente il primo a comprendere che le cose erano cambiate» ricorda Gerhard Berger, a lungo compagno del brasiliano alla McLaren. «Aveva intuito che chi guidava una vettura di Formula Uno era sempre più sottoposto a tremende sollecitazioni fisiche. Per questo si dedicava ad allenamenti massacranti. Alla fine di un Gran Premio, gli altri erano sempre più stanchi di lui.»

Schumi si convinse in fretta a imitarlo. Cominciò ad accumulare ore di lavoro in palestra. Tormentava il corpo con esercizi pesantissimi. Si diede un traguardo ideale: doveva essere in grado di sopportare senza sofferenza lo sforzo non di uno, ma di due Gran Premi consecutivi.

La mania del fitness aveva anche una spiegazione immediata. La Benetton aveva preparato, per il 1994, una macchina che prevedeva di sfruttare al massimo la possibilità di ricorrere ai cambi gomme e ai rifornimenti. In pratica, ogni gara sarebbe stata divisa in tanti segmenti: un Gp diventava una corsa a tappe. Per ottenere risultati, Michael avrebbe dovuto tirare al limite a ogni giro, senza accusare flessioni di rendimento. Se non fosse stato capace di farlo, le strategie studiate dalla scuderia si sarebbero trasformate in un rovinoso boomerang.

Il 27 marzo 1994 decine di migliaia di brasiliani stipavano le tribune di Interlagos. Il campionato del mondo iniziava a casa di Ayrton. I pronostici erano tutti per lui. Senna aveva sostituito Prost alla Williams e la Williams da un paio di stagioni lasciava alla concorrenza soltanto le briciole. Abbandonata dal re, la McLaren non era più competitiva. Quanto alla Ferrari, il francese Jean Todt aveva appena inaugurato una delicatissima opera di ristrutturazione: le Rosse non si sarebbero inserite nella lotta per il titolo.

In verità Ayrton non era tranquillo. Dopo i primi test sostenuti con la Williams si era lamentato della scarsa maneggevolezza della vettura. La trovava squilibrata e scorbutica. Inoltre l'abitacolo era angusto. «Il cockpit è troppo stretto, non riesco a guidare come vorrei e come potrei» spiegava. «La Williams è troppo rigida e si sbilancia pericolosamente a ogni minima ondulazione dell'asfalto.»

Chi lo ascoltava pensava che Senna volesse semplicemente allentare la pressione che sempre assilla il favorito assoluto, ma Schumi si era reso conto che il disagio del grande avversario era reale. «L'ho seguito in pista durante le prove libere» confidò il venerdì sera agli ingegneri della Benetton. «Va forte, ma ha qualche problema. Forse possiamo batterlo.»

Il sabato, la pole non sfuggì all'idolo della torcida. Ma Michael era lì, in prima fila, vicinissimo nel risultato cronometrico e deciso a giocarsi la partita fino all'ultima curva. La domenica, la partenza è regolare: Senna tenta la fuga ma Schumi non molla la presa. Ogni tanto appare provocatoriamente negli specchietti retrovisori del Campionissimo: è un segnale, un modo di far capire a chi sta davanti che non c'è spazio per una corsa in solitudine. Il distacco tra i due è talmente ridotto che in occasione del pit stop il tedesco, effettuando una sosta più breve, passa al comando.

La folla ammutolisce. Senna è inferocito. Via radio chiede convulsamente spiegazioni ai tecnici della Williams: com'è possibile che Michael lo abbia scavalcato? Chi ha sbagliato cosa? Le risposte non lo confortano: adesso la Benetton è davanti e tocca a lui andare a prenderla.

Non ci riuscirà. Spingendo come un ossesso nel tentativo di riagganciare Schumi, il re Ayrton commette un errore da principiante. Al 56° giro va in testacoda e la sua domenica bestiale finisce lì. Per Michael è il trionfo più bello e importante: strategie a parte, ci ha messo molto del suo. Forse per la prima volta da quando è un pilota di Formula Uno è stato più bravo di Senna.

Il re la prende malissimo. Sa di aver fatto una brutta figura. Sa di essere stato umiliato dal tedesco rampante davanti al suo pubblico, alla sua gente. E questo non può sopportarlo. Così Senna prende per buone le voci maliziose che accompagnano le brillanti prestazioni della Benetton. Ci sarebbe qualcosa di tecnicamente irregolare sulla vettura del tedesco. Schumi si gioverebbe di proibitissimi aiuti elettronici. La sua squadra impiegherebbe per i rifornimenti una pompa della benzina non in linea con i parametri fissati dalla federazione internazionale.

Nel suo malessere, Ayrton non dimentica però la vera ragione della sorprendente situazione: mentre la Williams non è più irraggiungibile, Michael è cresciuto tantissimo come pilota. Le lezioni del 1993 gli sono servite. Adesso il giovane candidato alla successione è più concreto, meno portato all'errore, molto più attento alle esigenze della macchina. Accumulando esperienza, Schumi è diventato più veloce e più maturo.

Il 17 aprile, sul circuito giapponese di Aida, va in scena il Gran Premio del Pacifico. Le prove sono una replica del Brasile: la pole è ancora di Senna, ma Michael è sempre al suo fianco. In compenso la gara è completamente diversa: la Williams di Ayrton viene coinvolta in un incidente al via e il tedesco, rimasto senza rivale, va a spasso. Per la prima volta in carriera l'alfiere della Benetton resta al comando della corsa dal primo all'ultimo giro.

Per Senna è un altro shock. Dopo due tappe, il mondiale che doveva essere suo, quasi una formalità da espletare rapidamente, gli sta scappando di mano. Schumi è a punteggio pieno. Il re è a quota zero. È vero che c'è tutto lo spazio per recuperare, ma l'ambiente della Formula Uno comincia a sussurrare. Forse siamo vicini alla fine di un'era. La spavalderia dell'ex ragazzo di Kerpen cresce vittoria dopo vittoria. Ayrton, palpabilmente nervoso, si sfoga con i giornalisti amici: «Non è questa la Williams che pensavo di trovare». Chiede agli ingegneri della scuderia un intervento drastico sul piantone dello sterzo: vuole rendere più confortevole l'abitacolo. Ha capito che a Michael non può essere concesso nemmeno il più piccolo vantaggio.

A Imola, a fine aprile, il Circo a quattro ruote riscopre l'Europa. Schumi ha il morale alle stelle, ormai fra lui e la Benetton si è creata una simbiosi perfetta. Flavio Briatore si occupa degli aspetti politici e organizzativi. Rory Byrne, un geniale progettista sudafricano, ha disegnato la vettura tenendo conto dello specifico stile di guida del tedesco. Ross Brawn, il direttore tecnico, è un inglese molto astuto: in anticipo sui suoi colleghi, ha capito quanto sia importante sfruttare le possibilità garantite dal ricorso ai pit stop. È vero che anche Senna ha l'intera Williams al suo servizio, ma non è la stessa cosa.

Il Gran Premio di San Marino si accende subito all'insegna del duello. Ayrton difende il suo carisma e il suo prestigio, Michael va a caccia del terzo successo consecutivo. Ma alle emozioni agonistiche si somma presto la paura dell'irreparabile: durante le prove del venerdì, il giovanissimo Rubens Barrichello sopravvive miracolosamente a un terribile incidente. Barrichello è grande amico di Senna, che resta molto turbato dalla disavventura del connazionale.

Il giorno dopo, il sabato, accade di peggio. Mentre la Williams e la Benetton stanno animando una sfida spasmodica per la conquista della pole, l'austriaco Roland Ratzenberger, il pilota meno conosciuto, va a morire schiantandosi al volante di una Simtek. La Formula Uno non portava il lutto da dodici anni, dal 1982, quando prima il canadese Gilles Villeneuve e poi l'italiano Riccardo Paletti avevano perso la vita in pista.

Sul circuito cala un silenzio opprimente. Senna è l'unico tra i colleghi di Ratzenberger a recarsi sul luogo del disastro. Il fatto di aver conquistato la pole position, la sessantacinquesima in carriera, non gli interessa più. Sconvolto, il brasiliano interpella i colleghi più anziani, in particolare il ferrarista Berger, sull'opportunità di annullare l'intero Gran Premio. Ma non consulta Schumi: tra loro non c'è confidenza.

Michael conosceva appena Ratzenberger. Avevano scambiato due parole il venerdì, incrociandosi per caso nel paddock. Il suo dolore per la disgrazia è sincero, ma il tedesco non pensa sia una buona soluzione rimandare a casa tutta la gente. La Formula Uno non si è mai fermata. Il rischio estremo fa parte del mestiere. Continuare a correre è il modo migliore di onorare la memoria di un ragazzo che amava la velocità.

La mattina di domenica 1° maggio le tribune di Imola si riempiono presto. C'è il tutto esaurito. La tragedia di Ratzenberger non ha frenato l'entusiasmo dei tifosi italiani. Le Rosse di Maranello sono ancora lontane da un accettabile livello di competitività, ma la rivalità tra Senna e Schumi non conosce confini.

Prima della partenza, c'è la tradizionale riunione dei piloti. Quanto è accaduto il giorno prima è ben presente nella mente dei presenti. Ayrton è il primo a prendere la parola. «Dobbiamo fare qualcosa per aumentare il livello di sicurezza. Le nostre macchine stanno diventando troppo pericolose. Credo che una nostra iniziativa sarebbe importante. Se assumeremo una posizione comune, saranno costretti ad ascoltarci.» Dopo una breve pausa Senna si rivolge direttamente a Schumi: «Michael, in questo momento tu sei il leader del campionato del mondo: condividi il mio piano?».

Il tedesco è colto di sorpresa. A livello psicologico, Ayrton non gli aveva mai parlato così, da pari a pari, senza far pesare alcuna forma di superiorità. Michael risponde senza indugiare: «Sì: tutto quanto tu riterrai opportuno fare in nome della sicurezza mi vedrà al tuo fianco».

Non si parleranno mai più.

Alle 14 scatta il Gran Premio di San Marino. Senna difende la pole e Schumi gli resta incollato. Ma è tutto inutile: una collisione nelle retrovie ha riempito di detriti il rettilineo di partenza e ferito alcuni tifosi in tribuna. La giuria decide di spedire in pista la safety car. Le monoposto procedono lentamente per alcune tornate.

Al sesto giro, la gara riprende. Ayrton accelera brutalmente. Vuole scrollarsi di dosso l'ombra del tedesco: l'amaro ricordo del Brasile, quando aveva subito il sorpasso ai box, gli brucia ancora. Ma Schumi è preparato: sollecita al massimo il suo otto cilindri Ford e tiene il ritmo del collega. Alla fine della sesta tornata, la prima effettivamente percorsa dai concorrenti, la Williams ha un vantaggio di 675 millesimi sulla Benetton. Sono da poco passate le 14.16.

Qualche istante più tardi, alle 14.17, all'altezza della curva del Tamburello, la macchina del brasiliano ha uno scarto improvviso. Michael, dal suo abitacolo, vede la Williams cambiare bruscamente traiettoria, come se una forza invisibile l'avesse spostata di peso. Schumi non ha la percezione esatta di quanto stia accadendo: intuisce che l'avversario ha avuto un problema, lo segnala immediatamente via radio ai suoi ingegneri, poi continua a guidare. Non potrebbe fare altro.

La corsa viene immediatamente interrotta. I soccorsi sono tempestivi ma inutili. Ayrton è già morto quando viene estratto dalle lamiere della Williams: il suo cuore batte ancora, ma non c'è più attività cerebrale. Un brandello di sospensione si è infilato nella visiera del casco e ha devastato la scatola cranica del campione brasiliano.

Tutto questo, mentre è fermo sulla griglia di partenza aspettando di poter riprendere il via, Schumi non lo sa. Chiede informazioni a Flavio Briatore, che risponde tenendosi sul vago. Sono momenti convulsi e terribili. «Ayrton è stato trasportato in elicottero all'ospedale di Bologna» gli spiega il manager italiano. «Non abbiamo notizie precise sul suo stato di salute. Tu concentrati sulla gara. Ne riparliamo alla fine.»

Ma la gara, che pure viene disputata, non ha più senso. La gente comincia ad abbandonare l'autodromo quando televisioni e radio cancellano le residue speranze: per Senna è finita. «È come se Gesù Cristo fosse stato crocefisso in mondovisione» commenta Briatore riferendosi all'impatto emotivo di una tragedia che ha come vittima il personaggio più amato, l'asso che aveva fatto sognare un'intera generazione, esaltando tifosi di ogni razza e colore.

Michael è stravolto. Per quanto complicato si fosse rivelato il suo rapporto professionale con Ayrton, per quanto aspra fosse stata la rivalità, non poteva immaginare un epilogo tanto brutale. Unico testimone oculare della catastrofe, Schumi si chiude in un silenzio che vale più di mille parole. Forse è condizionato anche dalle cattiverie di alcuni mass media. C'è chi lo accusa di aver comunque voluto vincere la gara di Imola, invece di ritirarsi in segno di rispetto. C'è chi gli rimprovera di essere comunque salito sul podio a fine corsa, come se la morte di Ayrton non valesse un rinvio dei festeggiamenti: ma nessuno gli aveva ancora riferito la crudele verità. C'è chi fa notare la sua assenza ai funerali. Nel cimitero di Morumbi, sedici piloti ed ex piloti di Formula Uno trasportano la salma di Senna all'ultima dimora: ci sono Emerson Fittipaldi e i suoi nipoti Wilson e Christian, ci sono Rubens Barrichello e Roberto Moreno, ci sono Jackie Stewart e Gerhard Berger, ci sono Michele Alboreto e Thierry Boutsen, ci sono Damon Hill e Johnny Herbert, ci sono Derek Warwick e Hans Stuck, ci sono Raul Boesel e Maurizio Sala. C'è persino Alain Prost, per anni il più accanito e polemico avversario.

In pratica manca solo lui, solo Schumi. Non se l'è sentita. Tornando a casa da Imola, gettando in un angolo la coppa della vittoria, una coppa che non vorrà mai più toccare, aveva confessato il suo smarrimento alla compagna Corinna. «Non eravamo amici, io e Ayrton. Non potevamo esserlo. Ma da quando lui se ne è andato, io mi sento più solo.»

IV
Solo al comando

La tragedia di Ayrton era destinata a segnare il carattere e la carriera di Michael in modo indelebile. Cominciando dal rimpianto per una scelta che aveva alimentato sgradevoli polemiche: la sua assenza ai funerali del grande avversario. Alcuni anni dopo il tedesco avrebbe confessato il suo rammarico: «Presi la decisione sbagliata, rimasi a casa perché temevo che qualche tifoso di Senna potesse sfogare su di me il suo dolore. Inoltre non mi sembrava il caso di entrare in una chiesa per manifestare il dispiacere enorme che provavo: lui era l'idolo della mia giovinezza, avevo perso ben più di un rivale. Ma, a distanza di tempo, mi sono pentito: dovevo essere là, con la sua famiglia e con i suoi amici».

Erano giorni tremendi, quella primavera del 1994. La morte in pista di Ratzenberger e di Ayrton aveva trascinato l'intera Formula Uno sul banco degli accusati. Inesorabile, riaffiorava l'antica questione: avevano un senso, le corse? Era lecito, in nome dell'automobilismo, mandare in scena uno spettacolo che poteva trasformarsi, in qualsiasi momento, in una sorta di riedizione postmoderna della macabra epopea dei gladiatori?

Schumi ce l'aveva una risposta. Era racchiusa nella sua stessa esistenza, interamente dedicata alle quattro ruote, ai motori, alla ricerca della velocità estrema. Ma per la prima volta si rendeva conto che altri potevano essere i punti di vista. Per la prima volta si trovava costretto a fare i conti con una realtà sempre rimossa: di corse si poteva anche morire. Era disposto a sopportare una prospettiva tanto angosciante?

Le prime notti dopo la domenica di Imola furono terribili. «Non riuscivo a chiudere occhio» avrebbe raccontato. L'inquietudine lo assaliva sotto forma di un assurdo senso di colpa. «Mi chiedevo se non ci fosse, nella disgrazia di Ayrton, anche una mia responsabilità. Forse lo avevo spinto a rischiare troppo, forse ero stato io a innescare la tragedia standogli così vicino in pista. Fui anche sfiorato dalla tentazione di annunciare il mio ritiro, l'addio alle competizioni.»

Non era vero, non poteva essere vero. Ma per uscire dalla gabbia dei tormenti, Schumi aveva bisogno di parlare con qualcuno, qualcuno che sapesse coglierne il turbamento interiore, qualcuno che lo conoscesse e lo apprezzasse come uomo. Nelle notti da incubo, il pilota non contava più.

Affrontare l'argomento con Flavio Briatore o con Willi Weber non avrebbe avuto molto senso. Briatore, legittimamente, interpretava le cose con un approccio estremamente razionale, esclusivamente pragmatico: quanto era successo davanti al muro del Tamburello apparteneva al novero delle probabilità, Michael era assolutamente estraneo alla dinamica dell'incidente, se avesse gettato la spugna avrebbe sacrificato la passione di una vita sull'altare di un'emozione incontrollabile. E l'opinione di Weber, l'addetto agli affari, non era diversa: non puoi smettere perché un paio di tuoi colleghi hanno conosciuto un destino crudele, quello che sei e quello che fai non deve dipendere dalla sorte degli altri.

Quanto ai piloti, con nessuno di loro Schumi aveva un rapporto di confidenza o di vera amicizia. Andava molto d'accordo con l'olandese Jos Verstappen e si trovava bene in compagnia del francese Jean Alesi: probabilmente entrambi condividevano il suo stato d'animo, eppure non sarebbero venute da loro le parole decisive.

Solo una donna aveva la chiave del suo cuore.

Il grande amore

Corinna Boetsch era entrata nella vita di Michael sul finire degli anni Ottanta. Allora lei, una biondina graziosa che non amava mettersi in mostra, era la compagna del figlio del becchino di Mönchengladbach, un paesino noto in tutta Europa per i grandi risultati della locale squadra di calcio, il Borussia.

Il figlio del becchino si chiamava Heinz-Harald Frentzen. Era un giovanotto simpatico, molto abile al volante delle automobili. Era coraggioso e coltivava grandi ambizioni. I tecnici della Mercedes avevano notato che Frentzen, a parità di mezzo, riusciva a reggere il confronto con Schumi, quando entrambi avevano partecipato allo stesso campionato. I due erano rivali in pista: rischiarono di diventarlo anche in amore.

Per le donne Michael aveva sempre avuto un'attenzione relativa. La scoperta del sesso, negli anni dell'adolescenza, non si era tradotta in un calo di interesse per i motori. È vero che il giovane Schumi aveva coniato uno slogan («Chi preferisce le curve di un autodromo alle curve di una ragazza è un malato di mente») che sembrava far pensare l'esatto contrario, eppure non c'era appuntamento galante che potesse sottrarre il figlio di Rolf ed Elizabeth agli appuntamenti con meccanici e ingegneri.

«La verità è che lui prima di Corinna delle donne se ne è sempre infischiato» racconta Eddie Irvine, che di Schumi è stato a lungo compagno di squadra. «Io una volta ho frequentato una sua amica dei tempi della scuola. Be', mi ha raccontato che Michael non era assolutamente popolare tra le ragazze, proprio perché non gli interessavano. Tra i suoi coetanei veniva considerato un soggetto un po' strano. Aveva sempre in mente le corse e solo quelle. Visto come gli sono andate le cose, evidentemente non aveva torto.»

Corinna fu l'eccezione destinata a diventare regola di vita. La storia con Frentzen non funzionava, a volte li avevano visti litigare dietro le serrande di un garage. Nella versione di Heinz-Harald, lui aveva chiesto consiglio alla persona sbagliata: «Eravamo tutti molto giovani, io avevo dei problemi sentimentali e ne parlai con Michael. Mi incoraggiò, mi suggerì di comportarmi in un certo modo con lei. In realtà più tardi appresi che loro si frequentavano già». Diverso è il racconto dei diretti interessati: ammesso che il particolare sia di qualche importanza, Corinna ha sempre detto che il rapporto con Frentzen si era già esaurito quando cominciò a uscire con Schumi. E in una rarissima intervista ha attribuito al carattere allegro di Michael la nascita di un amore profondo: «Mi conquistò con la sua voglia di giocare, di scherzare» ha spiegato. «Magari chi lo vede solo nei panni del campione perfetto e irreprensibile non se ne rende conto, ma nel privato lui riesce a divertirsi con niente. È un burlone.»

Ma nel 1994, nei giorni crudeli successivi all'agghiacciante weekend di Imola, non era tempo di risate. Michael e Corinna formavano ormai da anni una coppia collaudata. Avevano messo su casa a Montecarlo, paradiso fiscale gettonatissimo dai vip dello sport mondiale. Conducevano una vita molto tranquilla: quando non era impegnato nei test o nelle gare, Schumi si dedicava a una maniacale cura della preparazione fisica. Frequentavano pochissima gente: la mondanità del Principato non li attraeva. Anzi, sotto sotto li infastidiva. Presto avrebbero rinunciato silenziosamente all'ospitalità del principe Ranieri trasferendosi armi e bagagli in Svizzera.

Proprio a Montecarlo, dieci giorni dopo le tragedie del Gran Premio di San Marino, la Formula Uno avrebbe riacceso i motori. Il clima era pesantissimo. Gerhard Berger, alfiere della Ferrari e veterano del Circo, a lungo partner di Senna in casa McLaren, aveva fatto sapere di non escludere un immediato ritiro. La pressione dei media sulla federazione internazionale, al fine di rendere meno pericolose le macchine, non accennava a diminuire. C'era addirittura chi si spingeva a invocare l'immediata sospensione del campionato.

In quest'atmosfera, Schumi e Corinna noleggiarono una barca. Si resero irreperibili per alcuni giorni. Solo Willi Weber e Flavio Briatore avevano la possibilità di mettersi in contatto con loro. La Benetton, alla vigilia del Gran Premio di Monaco, aveva fissato una serie di prove private a Silverstone, in Inghilterra. Se Michael non si fosse presentato, Weber e Briatore avrebbero capito: la storia era finita prima di cominciare, o quasi. Guidare una Formula Uno non è mestiere che possa essere svolto per imposizione, non è un lavoro sotto comando.

Su quella barca Michael e Corinna capirono che la decisione che stavano per prendere, assieme, avrebbe segnato il loro futuro per sempre. Se in lei avesse prevalso la paura dell'irreparabile, lui si sarebbe adeguato. Ma Corinna non aveva cambiato idea. «L'ho conosciuto che già faceva il pilota» aveva raccontato in occasione dei suoi primi successi. «Ho totale fiducia in lui, nel suo giudizio, nel suo temperamento, nella sua forza. So che non prenderà mai un rischio eccessivo. Ecco perché non mi lascio spaventare dall'attività che svolge. O almeno ci provo.»

Schumi arrivò a Silverstone per i test. Aveva ancora bisogno di una conferma, però. «Ci sono cose che non puoi stabilire in astratto, in teoria» spiegò. «Dovevo capire come si sarebbe comportata la mia mente una volta messa in moto la vettura. All'inizio, nel primo giro fuori dai box, mi accorsi che stavo andando piano, come se qualcosa mi frenasse, mi trattenesse. Ma il giro successivo era tutto come prima, come prima di Imola. Allora ho smesso di tormentarmi. Avrei continuato a fare quello che sapevo fare.»

Un imbroglione?

Eppure, Michael doveva fare ancora i conti con l'onda lunga della tragedia di Ayrton. Avere superato le sue ansie non bastava. Quando a Montecarlo iniziarono le prove per il Gran Premio, un altro tremendo incidente gettò nel panico l'ambiente della Formula Uno. All'uscita del tunnel l'austriaco Wendlinger perse il controllo della sua Sauber: si schiantò a velocità folle contro le barriere di protezione e venne ricoverato in coma all'ospedale di Nizza.

Schumi lo conosceva bene: con Frentzen, proprio Wendlinger era stato suo partner all'epoca dell'esperienza in Mercedes. Lo schianto dell'austriaco provocò il drastico intervento della Fia: fin lì, la federazione internazionale aveva pensato che il tempo sarebbe riuscito a far dimenticare le conseguenze del doppio disastro di Imola. Adesso, invece, si rendeva necessaria un'immediata modifica delle regole tecniche: in caso contrario, gli sponsor e le televisioni minacciavano di rinunciare per sempre allo show della velocità.

Ormai sicuro di voler continuare a vivere come sempre aveva sognato, Michael vinse con assoluta facilità la corsa monegasca: per la prima volta dal 1988 i principi Grimaldi ricevevano sul palco un pilota diverso da Ayrton Senna. Il brasiliano aveva infatti ininterrottamente conquistato il successo a Montecarlo dal 1989 in poi.

Per quanto intenso fosse il suo sentimento per l'idolo scomparso, Schumi comprese che la fine di Senna aveva scatenato passioni difficili da controllare. Al momento della consegna della coppa molti tifosi avevano fischiato il tedesco, che pure aveva guidato in maniera perfetta, restando in testa alla gara dal primo all'ultimo metro. E la contestazione si sarebbe manifestata di nuovo a Barcellona, in Spagna, qualche settimana più tardi. Alla fine della gara Michael aveva confidato di aver completato il Gran Premio con il cambio in panne: in pratica, potendo disporre esclusivamente della quinta marcia. «Una prodezza assoluta, degna di un fuoriclasse eccezionale» ricorda Ross Brawn, all'epoca direttore tecnico della Benetton. «Controllammo con la telemetria, perché la dichiarazione rasentava l'incredibile. Ebbene, era tutto vero: con la sua sensibilità di guida Schumi era riuscito a gestire macchina e motore anche in quella condizione.»

Ma gli orfani di Ayrton non ci volevano credere: anzi, ci fu chi sostenne che si trattasse di una trovata pubblicitaria, perché un analogo episodio era capitato a Senna, capace di ultimare vittoriosamente un Gran Premio del Brasile con il cambio bloccato in sesta marcia. Se Schumi si inventava una storia del genere – era il sottinteso – doveva evidentemente avere un interesse commerciale, promozionale. Ciò che aveva fatto Ayrton non poteva essere replicato, copiato, imitato. Se non a parole. False, si capisce.

Del resto, gli orfani di Ayrton erano milioni, sparsi per il mondo. E consideravano un usurpatore il figlio di Rolf ed Elizabeth. Non gli perdonavano di essere lì, al posto del più grande. Non lo accettavano come erede. Qualunque cosa Michael potesse dire in omaggio alla memoria di chi non c'era più veniva comunque interpretata alla stregua di un formalismo ipocrita. Le spregiudicate affermazioni di Briatore, che per tutelare l'immagine del suo campione si affannava a ricordarne i meriti e i successi anche in presenza di Senna vivo, non aiutavano: anzi, erano sale su una ferita che non si sarebbe rimarginata tanto presto.

Non solo. Il fantasma di Ayrton venne utilizzato anche per mettere in discussione la legittimità delle imprese di Schumi. Non era stato forse il brasiliano, proprio alla vigilia della funesta trasferta imolese, ad avanzare dubbi sulla regolarità della Benetton? Senna, in verità, non aveva mai tradotto i suoi mugugni in una protesta ufficiale: ma il sospetto che sulla vettura di Michael fossero installati dispositivi elettronici vietati (come l'antipattinamento delle ruote gestito tramite software) era benzina sul fuoco alimentato dalla nostalgia.

Lunghe indagini sull'operato della Benetton non avrebbero mai portato a conclusioni certe, pur generando ulteriori perplessità. Ai tecnici di Flavio Briatore venne anche imputato un intervento sulle procedure per il rifornimento ai box teso ad accelerare lo svolgimento delle operazioni (la macchina del compagno di squadra di Schumi, l'olandese Verstappen, era stata avvolta dalle fiamme durante una sosta in occasione del Gran Premio di Germania). E non era stato proprio un velocissimo rifornimento a favorire il sorpasso del tedesco su Ayrton in occasione del Gran Premio del Brasile?

L'effetto delle polemiche sulla credibilità di Michael era deleterio. Più lui vinceva e più la sua immagine di campione veniva sporcata. A nulla servivano le dichiarazioni del diretto interessato. Alla vigilia dell'appuntamento agonistico in Belgio, dove appena tre anni prima aveva inaugurato la sua carriera in Formula Uno, il tedesco aveva detto al «London Observer» di considerare «l'onestà la più importante di tutte le qualità: se venisse dimostrato che la mia scuderia ha deliberatamente frodato, l'abbandonerei immediatamente».

Non lo presero sul serio. Corinna era sgomenta: «Non so come sia nata questa leggenda secondo la quale Michael è un imbroglione. Io so che lui non tollera chi bara nemmeno quando si gioca a carte in famiglia. Stanno costruendo un'immagine fasulla».

Giustificata o meno che fosse, la trasformazione di Schumi in una sorta di mostro, inquilino abusivo del simbolico palazzo reale che era stato di Senna, stava prendendo sempre più piede. Anche perché il «mostro» ci metteva del suo, un po' per eccesso di confidenza e un po' perché smanioso di dimostrare a tutti di essere il migliore.

Il 10 luglio 1994 si corre a Silverstone il Gran Premio d'Inghilterra. È una «classica», una gara che restituisce l'automobilismo sportivo al teatro delle sue rappresentazioni più gloriose. Qui la Ferrari ha vinto per la prima volta in Formula Uno, con l'argentino Froilán González. Qui ha costruito il suo mito Nigel Mansell, il Leone dell'Isola di Man.

Proprio Mansell era stato individuato da Frank Williams come sostituto di Senna. Ma il Leone ha una serie di impegni in America cui non può rinunciare: si renderà disponibile soltanto per alcune gare. Così la scuderia orfana di Ayrton è stata costretta a puntare tutte le sue chance su un figlio d'arte: Damon Hill.

Hill ha una storia curiosa alle spalle. Suo padre, Graham, è stato uno dei più grandi driver di tutti i tempi. Si è laureato campione del mondo di Formula Uno e si è aggiudicato anche la prestigiosa 500 Miglia di Indianapolis. Il rampollo Damon avrebbe voluto seguire le orme paterne, ma alle quattro ruote aveva preferito la motocicletta. Si era convertito alle monoposto quando ormai sembrava troppo tardi, quando già papà aveva perso la vita in un incidente aereo. Williams, però, aveva deciso di offrirgli un'opportunità.

Compagno di squadra di Prost nel 1993, Hill junior correva con un imbarazzante numero «zero» stampato sul cofano. E la storia si era ripetuta quando Senna aveva sostituito il Professore francese al vertice della scuderia. Bravo ragazzo senza troppe pretese, Damon sembrava perfetto per il ruolo di malinconico gregario. La tragedia di Imola aveva sconvolto progetti e carriere: all'improvviso, il «Comandante Zero», come lo chiamavano i suoi tifosi d'oltremanica, era diventato l'unico avversario di Schumi.

Michael non lo stimava. Come uomo, niente da dire: Damon aveva le qualità di un gentleman anglosassone, era sempre compito e educato, non alzava mai la voce, rispettava i colleghi in pista e fuori. Ma come pilota, insomma, il fatto che proprio lui avesse ereditato la macchina che era stata di Mansell, di Prost e di Senna suonava vagamente assurdo, quasi provocatorio.

Quel 10 luglio 1994 Hill era in pole position. La Williams Renault era nettamente superiore alla Benetton Ford: se Schumi si trovava largamente al comando del mondiale dipendeva esclusivamente dalle sue qualità. Forse fu questa consapevolezza a spingerlo a una smargiassata di cui si sarebbe amaramente pentito: durante il giro di ricognizione, violando i regolamenti, Michael sorpassò per un attimo la monoposto del collega. Probabilmente voleva intimidirlo psicologicamente: in ogni caso, si trattò di una stupidaggine contraria alle norme.

In termini pratici, le conseguenze erano inesistenti: al momento della partenza del Gran Premio la Benetton era comunque alle spalle della vettura del figlio di Graham. Ma i commissari di gara decisero di applicare il codice: segnalarono a Flavio Briatore che Schumi avrebbe dovuto transitare in corsia box per scontare una penalizzazione di cinque secondi.

Buona o cattiva che fosse la decisione, andava rispettata. Viceversa Briatore e Michael la valutarono alla stregua di una provocazione. Poiché quel sorpasso nel giro di ricognizione non aveva minimamente alterato le dinamiche del Gran Premio, avevano oggettivamente ragione. Però avevano torto in termini legali.

Andò così in scena una farsa in mondovisione, dannosissima per l'immagine del tedesco. Che continuò la corsa ignorando i minacciosi cartelli della giuria. I commissari, irritati per la reiterata dimostrazione d'indisciplina, decretarono l'espulsione di Schumi dalla gara: anche in questo caso vennero bellamente ignorati.

Briatore raccontò di non avere ben compreso le parole e gli scritti degli «arbitri»: una spiegazione controfirmata da Michael, che così peggiorò la situazione. Alla fine del Gran Premio, che era stato comunque dominato da Hill, i giudici squalificarono il tedesco e trasmisero gli atti ai vertici della Fia. Le giustificazioni addotte dai reprobi (bandiere non viste, comunicazioni fraintese eccetera) vennero ovviamente respinte: al pilota della Benetton non solo venivano sottratti i 6 punti del secondo posto conquistato in pista, ma anche inflitta l'esclusione da due corse.

In pratica, la lotta all'usurpatore del regno di Ayrton si traduceva nella riapertura «a tavolino» di un mondiale già finito. Hill, estraneo all'intera vicenda, si ritrovò lanciato verso un traguardo che non meritava di tagliare per primo. Emblematico fu il caso del Gran Premio del Belgio, sul finire dell'estate: un'escursione sull'erba, causa testacoda, aveva «limato» lo scalino posto sotto la Benetton. Questione di millimetri: l'alterazione non era comunque attribuibile a dolo e nessuno poteva discutere la legittimità della vittoria di Michael, sul tracciato che amava di più, nel cuore delle Ardenne. Ciononostante, un'altra squalifica scattò implacabilmente: ormai il tedesco aveva appiccicata addosso l'etichetta dell'imbroglione. Togliersela non sarebbe stato facile.

Sommando le quattro gare nelle quali, per motivi diversi, Schumi venne estromesso dagli ordini d'arrivo o non ebbe il permesso di schierarsi sulla linea di partenza, Hill collezionò 40 punti contro 0. Solo per questo il figlio d'arte poteva presentarsi all'ultima tappa della stagione, a metà novembre in Australia, ancora in lizza per la conquista del titolo: una sola lunghezza divideva i duellanti.

«Sul piano sportivo» ricorda Briatore «era una situazione francamente assurda. Hill aveva approfittato al massimo delle disavventure di Michael, ma nessuno poteva affermare che tra lui e il tedesco non ci fosse, nella realtà, una differenza enorme. Eppure a questo eravamo arrivati: alla vigilia della prova finale poteva persino capitare che il mondiale toccasse a un pilota di caratura inferiore. Sarebbe stato uno scandalo, ma tutti gli orfani di Senna ne avrebbero gioito. Per loro Schumi era davvero l'usurpatore.»

A Adelaide, nel cuore dell'Australia, la tensione divorava i protagonisti. Frank Williams aveva convocato Nigel Mansell per l'estremo appello: il vecchio Leone era chiamato a dar man forte a Damon, magari intromettendosi nella battaglia tra i candidati al titolo. Schumi non poteva contare su appoggi esterni: era solo davanti all'ultimo ostacolo. Non che la cosa gli dispiacesse più di tanto: quando a Monza e in Portogallo era stato ridotto a spettatore dalle decisioni disciplinari della Fia, i suoi colleghi della Benetton avevano reso testimonianza, nel caso ce ne fosse stato bisogno, dei limiti della macchina rispetto alla Williams. Infatti Hill, in entrambe le circostanze, aveva vinto senza fatica.

Le qualifiche furono segnate da un ruggito di Mansell, che andò a guadagnare la pole con un giro da urlo. Nigel, però, confidò di non voler giocare sporco: «Io farò la mia parte» disse l'ex campione del mondo. «Ma la partita vera riguarda Michael e Damon. Non intendo interferire nella loro battaglia.»

La battaglia fu spasmodica. Schumi, che aveva collocato la Benetton in prima fila accanto alla macchina del Leone, andò subito in testa. Nigel, onorando il gioco di squadra, permise a Hill di infilarsi nella scia del tedesco. La faccenda apparteneva in esclusiva a loro, ai due rivali.

Per 35 giri il duello si svolse nella maniera più limpida. La Williams era più veloce della Benetton ma Michael riusciva a tener dietro l'avversario. Di giri ne dovevano essere percorsi 81: fino alla bandiera a scacchi, il verdetto sarebbe rimasto in bilico.

Ma a un certo punto accadde qualcosa di strano: Schumi perse il controllo della vettura, picchiò contro il muro e rimbalzò verso il centro della pista. Hill, che lo marcava da vicino, ebbe la sensazione di poter azzardare il sorpasso decisivo subito, senza attendere oltre: fu un errore, perché l'imbizzarrita Benetton si intraversò davanti alla Williams, provocando una rovinosa collisione.

Nell'attimo stesso dell'impatto i telecronisti e i milioni di tifosi incollati davanti al video si posero la stessa, fastidiosissima domanda: si trattava di un incidente inevitabile, dovuto alle circostanze? Oppure Michael, resosi conto di aver ormai perso la gara e quindi il mondiale, aveva cercato deliberatamente di danneggiare il mezzo dell'avversario per garantirsi il titolo?

Entrambe le vetture uscirono irreparabilmente danneggiate dallo schianto. Le conseguenze, però, furono diametralmente opposte. Schumi era campione, Hill era sconfitto. La Williams poteva parzialmente consolarsi con la vittoria di giornata, ottenuta da un incredulo Mansell, all'ultimo «hurrà» della sua complicata carriera. Ma la sentenza inappellabile, perché tale era, avrebbe generato polemiche senza fine.

Nell'immediato, il figlio di Graham fece buon viso a cattivo gioco. Le cose si erano svolte con una tale rapidità che gli sembrava impossibile la malafede del collega. «La mattina dopo» ricorda «incontrai per caso Michael nella hall dell'albergo. Gli feci i complimenti per il titolo, in fondo se lo meritava. E andammo a fare colazione assieme.»

Anni dopo Hill avrebbe cambiato versione. «Ci ho ripensato, anche alla luce di episodi successivi che hanno coinvolto Schumi. Con il senno di poi non mi comporterei più con la stessa sportività. Il tedesco, quella volta a Adelaide, lo fece apposta, mi buttò fuori deliberatamente. È un grande pilota, ma ha un concetto curioso della lealtà.»

In generale gli orfani di Senna non ebbero dubbi, sin dal primo momento: Michael era un imbroglione, aveva propiziato l'incidente perché era disposto a tutto pur di arrivare dove voleva arrivare. Non era stato proprio Ayrton a divulgare i sospetti sulle irregolarità palesi e presunte della Benetton?

Curiosamente, la difesa più accanita delle ragioni di Schumi venne da Alain Prost, che del brasiliano per anni e anni era stato ferocissimo avversario in pista: «Assolvo il tedesco» disse il quattro volte campione del mondo. «Il suo è stato un gesto di autodifesa, non una porcheria. Si è comportato da vero pilota: quando ha visto Hill tentare il sorpasso ha chiuso la porta, non poteva sapere che la sua Benetton non era più in grado di continuare la corsa.»

Lui, Schumi, ignorò le cattiverie e i sospetti dei nemici. Proprio alla memoria di Ayrton dedicò la vittoria: «All'inizio della stagione non avrei mai creduto di potermi laureare campione » sussurrò. «Se Senna fosse ancora tra noi, il titolo sarebbe stato suo. Io ho sempre pensato a lui, in ogni momento.»

Erano parole sincere. Ma pochi erano disposti ad accettarle. Per la consacrazione definitiva Michael avrebbe dovuto aspettare. Almeno un altro anno.

La consacrazione

Adesso che era arrivato dove aveva sempre sognato, Schumi si accorgeva che un albo d'oro non valeva una reputazione. Le circostanze in cui si era laureato campione non erano piaciute a tanti. Anzi, il pregiudizio si era consolidato. Per spazzare via le malignità e le dicerie serviva solo una cosa: il dominio pieno e assoluto della stagione successiva.

Gilberto Benetton, il re dell'abbigliamento casual, grazie a Michael si era venuto a trovare in una situazione vagamente imbarazzante. Lui, che fabbricava maglioni, era il primo italiano campione del mondo di Formula Uno dai tempi di Enzo Ferrari. Il paradosso era clamoroso: mentre l'azienda di Maranello non riusciva a recuperare la gloria perduta, a prenderne il posto era un signore di Treviso, con il suo marchio abbinato alla Formula Uno.

«Fare automobili da corsa non era assolutamente il nostro mestiere» ricorda Benetton. «Ma Schumi aveva trasformato quello che voleva essere un intelligente investimento promozionale in qualcosa di più, in qualcosa di diverso. A un certo punto mi capitò di essere salutato, in giro per il mondo, come un produttore di macchine da Gran Premio: la realtà aveva superato la fantasia.»

Merito anche delle scelte manageriali di Flavio Briatore. Durante le tormentate vicende del 1994 Briatore aveva intuito definitivamente la dimensione del talento di Michael, che con un semplice otto cilindri Ford surclassava le Williams spinte dal dieci cilindri Renault. Ma proprio perché la differenza di prestazioni tra i due propulsori era troppo grande, l'uomo di fiducia dei Benetton per le corse aveva fatto una telefonata a Parigi.

La gente della Renault si era abituata a vincere, nei primi anni Novanta. Con Mansell e Prost al volante della Williams non c'erano stati problemi. Il giovanotto tedesco venuto da Kerpen era una variabile indipendente, un'incognita sempre capace di sovvertire l'equazione della logica. Dunque, quando Briatore fece presente che a Schumi sarebbe piaciuto sperimentare in prima persona la potenza del motore più bello del mondo, i dirigenti transalpini acconsentirono ben volentieri. Ignorando le lamentele di Frank Williams, che si era crogiolato nell'illusione di un rapporto preferenziale.

A Parigi, però, commisero un errore di proporzioni clamorose. Forse perché non ancora consapevoli del talento di Michael, non vincolarono la fornitura del loro dieci cilindri alla permanenza in squadra del tedesco. D'altronde Briatore aveva magnificato le virtù organizzative della scuderia anglotrevigiana, lodando sperticatamente il p rogettista Rory Byrne e il direttore tecnico Ross Brawn. Era tutto vero, ma nemmeno Briatore aveva capito che era Schumi a esaltare il lavoro collettivo, perfezionandolo con la sua sbalorditiva efficienza.

Con lo stesso propulsore di Damon Hill, per Michael la rincorsa al secondo titolo iridato si trasformò in una passerella trionfale. Stavolta proprio non erano ammesse incertezze in sede di giudizio: Schumi faceva quello che voleva, su ogni pista e in ogni circostanza. Non c'era più spazio per le cattiverie e le interpretazioni malevole.

In occasione della prima gara della stagione, in Brasile, la torcida di San Paolo aveva accolto Michael con una sonora manifestazione di disappunto. Fischi, insulti e contumelie. I concittadini di Senna avevano il dente avvelenato con «o alemão», come lo definiva la stampa locale. Schumi si era un po' spaventato: aveva chiesto e ottenuto la protezione della polizia brasiliana, temendo di essere infastidito da tifosi esacerbati.

Ma una volta in pista le cose cambiarono. I fan di Ayrton non potevano amarlo, eppure sapevano riconoscere il talento. Quando lo videro dominare la gara con assoluta facilità compresero che l'eredità dell'indimenticabile Senna era stata raccolta da un degno successore. E non cambiarono parere neppure quando, per una benzina risultata irregolare a un primo controllo, i giudici decisero di togliere Michael dall'ordine d'arrivo (la vittoria gli sarebbe poi stata restituita dalla corte d'appello, una settimana più tardi). Edson Arantes do Nascimento, detto Pelé, il più grande calciatore di tutti i tempi, presente sul circuito in quanto titolare di responsabilità di governo, si rese portavoce del sentimento popolare: «O alemão» disse in televisione «non ha alcuna colpa di quanto è accaduto ad Ayrton. È un grandissimo campione e merita tutto il nostro rispetto». Per Schumi, che ha sempre amato il calcio alla follia, fu un riconoscimento bellissimo.

«È un grandissimo campione»: più o meno le stesse parole pronunciate da Pelé furono dette da Jean Todt in risposta a una domanda di Luca Cordero di Montezemolo. Il presidente della Ferrari, sconcertato dall'imbarazzante avvio di stagione delle Rosse, aveva chiesto al suo manager di riferimento un giudizio sul pilota tedesco. Rubata dal destino la possibilità di far sognare gli italiani collocando Senna al volante delle vetture del Cavallino, era tempo di individuare un'alternativa altrettanto credibile.

Così, mentre gli emissari della scuderia di Maranello avviavano un negoziato preliminare con Willi Weber, l'oggetto di simili attenzioni si incaricava di demolire lo scetticismo residuo di chi ancora non lo accettava sul trono della velocità. Un brutto incidente alla Piratella di Imola, nel Gran Premio di San Marino, proprio in occasione del primo anniversario della scomparsa di Ayrton, non agitava più di tanto il tedesco: «È stata una bella botta, ma non lascerà tracce sul mio modo di essere pilota». Sulla barca con Corinna, un anno prima, aveva deciso che, nei suoi pensieri, per la paura non ci sarebbe stato posto.

Damon Hill fu costretto a adattarsi a una realtà spiacevole. Il nervosismo, in un paio di occasioni, giocò brutti scherzi al figlio di Graham: a Silverstone e a Monza lui e Schumi entrarono in collisione sulla pista e si presero a male parole. Ma non c'era motivo per protrarre le discussioni: semplicemente, Michael era troppo forte. Umiliò l'inglese a Barcellona, a Montecarlo, a Magny-Cours. Il campionato era a senso unico: oltre centomila tedeschi celebrarono tra fiumi di birra e ovazioni da stadio il successo dell'idolo di casa nel Gran Premio di Germania, una corsa che sembrava proibita per Schumi. Mentre in Belgio, sull'asfalto reso umido dalla pioggia, il campione del mondo aveva davvero evocato il fantasma di Ayrton: guidando con gomme da asciutto si era divertito a sfidare Hill, che aveva invece montato pneumatici da bagnato, in un delirante duello ruota contro ruota. «Lì capimmo tutti, ammesso ce ne fosse ancora bisogno, che lui era capace di varcare i confini della logica» racconta Jean Alesi, che stava esaurendo la lunga esperienza in Ferrari. «In teoria molti piloti avrebbero potuto fare quello che fece Michael a Spa-Francorchamps, ma nella pratica nessuno di noi osò imitarlo.»

Ancora davanti al suo pubblico, il 1° ottobre al Nürburgring, Michael suggellò il bis iridato con una spettacolosa rimonta: invece di accontentarsi di un piazzamento, comunque utile per la classifica generale, tirò al limite, moltiplicando i rischi pur di concludere trionfalmente la gara. Hill, lasciato a piedi dalla Williams, attese il passaggio del collega durante il giro dell'onore per tributargli un applauso spontaneo: era l'omaggio del vinto al migliore.

In mezzo a tante soddisfazioni agonistiche (alla fine dell'annata le vittorie del tedesco sarebbero state nove, e al titolo piloti si sarebbe sommato il mondiale a squadre conquistato dalla Benetton) si inserirono due momenti speciali. Il primo era rigorosamente privato: l'8 agosto Michael portò all'altare Corinna. Fu una cerimonia blindatissima: la coppia aveva già maturato il comune desiderio di tutelare al massimo il riserbo personale e famigliare. Per scoraggiare i paparazzi gli sposi fecero sapere di aver firmato un accordo con la rivista «Bunte» per la pubblicazione in esclusiva delle fotografie del rito: il giornale avrebbe versato una robusta somma (circa 600.000

marchi) nelle casse dell'Unesco, l'organizzazione dell'Onu che si batte per la tutela dell'infanzia. Dell'Unesco Schumi sarebbe poi diventato ambasciatore permanente.

L'altra grossa novità riguardava il futuro del pilota. Il contratto con la Benetton era in scadenza. Il fatto che Willi Weber non avesse voluto anticipare i tempi della discussione per il rinnovo lasciava intendere la volontà di Michael di dirigersi verso altri lidi. Non era solo una questione di soldi: all'inizio Briatore lo pagava poco, ma poi i compensi erano stati adeguati.

«È tipico dei campioni desiderare nuove esperienze» commentò Niki Lauda. «Io stesso, dopo due titoli mondiali con la Ferrari, scelsi di cambiare aria. È una questione di stimoli, di sfide. Poi è chiaro che i quattrini sono importanti: ma se sei un campione vero trovi sempre chi te li dà.»

Schumi aveva affidato a Weber un mandato preciso: una volta accertata la consistenza economica delle offerte, doveva essere accordata la preferenza al progetto più affascinante. «Questo significava una cosa sola» spiega Heiner Buchinger, un giornalista tedesco che nella sua carriera si è occupato anche dell'ufficio stampa di Michael. «Andare a vincere con la Williams o con la McLaren non era poi tanto straordinario: a parte le imprese di Schumi con la Benetton, queste due scuderie si spartivano successi e titoli dai primi anni Ottanta. Cioè da quando la Ferrari aveva cominciato a perdere.»

L'ultima gioia, ai tifosi delle Rosse, l'aveva regalata il sudafricano Jody Scheckter nel remoto 1979. Dopo, una catena di disgrazie e delusioni aveva imprigionato il mito. Il Drake di Maranello era morto nel 1988 e la situazione era ulteriormente peggiorata: la Fiat, azionista di maggioranza dell'azienda, non dava l'impressione di amare le corse, i rischi e gli imprevisti dei Gran Premi. In Italia e nel resto d'Europa giravano voci crudeli. Addirittura alcuni giornali avevano ipotizzato la definitiva rinuncia della Ferrari alla Formula Uno, oppure la trasformazione del prestigioso ma decaduto Reparto Corse di Fiorano in un semplice fornitore di motori per clienti più o meno danarosi.

Quando fu chiaro che Schumi avrebbe accettato la scommessa, un ingegnere della Renault, che nel 1995 aveva aiutato Michael a spadroneggiare con il suo dieci cilindri, non nascose il suo stupore: «Non riesco assolutamente a comprendere cosa sia scattato nel suo cervello» disse Bernard Dudot. «Schumi sa benissimo che il nostro motore è infinitamente superiore a quello della Ferrari. Se fosse rimasto con noi avrebbe continuato a collezionare titoli. La sua scelta è assolutamente irrazionale.»

Purtroppo per Dudot, un suo connazionale la pensava in modo diametralmente opposto. Jean Todt, l'8 luglio 1995, nella quiete segreta dell'Hôtel de Paris a Montecarlo, aveva convinto Schumi ad apporre il prezioso autografo sul contratto che lo legava alla casa del Cavallino, un malloppo di quasi cento pagine. Alla fine di una conversazione protrattasi per oltre dodici ore, l'accordo era fatto.

Quella sera il francese e il tedesco si congedarono con una promessa reciproca: «Entro due anni festeggeremo assieme il titolo mondiale». Si sbagliavano. Ma sarebbe stato uno dei pochissimi errori di una coppia perfetta.

V
Il signore in rosso

L'Italia che all'alba del 1996 accoglie Michael Schumacher è un paese diviso su tutto. Dalla politica alla rilettura della storia, dalle questioni sociali alle grandi scelte per il futuro, la frattura tra Destra e Sinistra sembra essere assoluta. Unica eccezione, la Ferrari. «Più ancora della nazionale di calcio» spiega il politologo Edmondo Berselli, che alle due Italie in contrapposizione permanente ha dedicato molti scritti «la macchina rossa aveva e ha la capacità di unire. L'interminabile sequenza di sconfitte in pista, dagli anni Ottanta in poi, ha contribuito a cementare un sentimento nazionale, patriottico: quando la Ferrari ce l'avesse fatta a spezzare il sortilegio, un intero popolo si sarebbe sentito liberato da un metaforico incubo. Michael è stato il catalizzatore di tutto questo: per lui si sarebbero scoperte tifose anche le nonne, mica solo i nipotini.»

Tutto questo Schumi non lo sa. Per il tedesco l'approdo a Maranello è semplicemente uno sbocco professionale, una soluzione temporanea, da sfruttare al meglio, si capisce. «Credo che Michael non avesse proprio la percezione di cosa fosse la Ferrari per gli italiani quando firmò il contratto che lo legava al Cavallino» ricorda Heiner Buchinger, per anni portavoce del pilota. «L'Italia come paese la conosceva poco e non era nemmeno troppo informato sulla tradizione, sul mito ferrarista. Quello che gli interessava era dominare una sfida affascinante, riuscire dove altri grandi assi del volante, come Alboreto, Mansell e Prost, avevano fallito. Sicuramente non immaginava che dalla Ferrari non si sarebbe mosso più. Il suo progetto era semplice, quasi banale: andare a Maranello, vincere e poi continuare a vincere altrove, con un altro team.»

Jean Todt, invece, un'idea ce l'aveva. Al timone del Reparto Corse di Fiorano dall'estate del 1993, il francese aveva faticosamente superato i pregiudizi tipici di ogni straniero venuto a lavorare nel Bel Paese. «È inutile negare l'evidenza» dice. «Per un francese come per un tedesco, ancora negli anni Novanta l'Italia non era un simbolo di efficienza. I luoghi comuni sono difficili da sradicare. Rammento cosa mi dissero molti amici quando decisi di accettare l'invito di Montezemolo: erano tutti scettici, cercavano di dissuadermi. In Italia comanda la politica anche nelle aziende, mi spiegavano. Erano sicuri che dopo un po' mi sarei stufato e avrei gettato la spugna. E non sarei stato il primo.»

Alla cattiva immagine internazionale dell'Italia, insomma, la Ferrari non si sottraeva. Colpa dell'appannamento del mito. Anni di batoste avevano trasformato un marchio da leggenda in una sorta di buco nero. Gli inglesi non perdonavano al Cavallino il flop di Nigel Mansell, il Leone degli autodromi. I francesi facevano notare con sarcasmo che persino un fuoriclasse come Alain Prost, capace di laurearsi campione del mondo con i motori della Porsche, della Honda e della Renault, aveva invece accumulato figuracce al volante della macchina emiliana. E non certo, era il sottinteso, per responsabilità sua.

Quanto ai tedeschi, il loro pessimismo sconfinava addirittura nel dileggio. «Bild Zeitung», il più diffuso quotidiano della Germania, aveva promosso una campagna stampa per esortare Schumi a non cadere nella «trappola italiana». Gli editorialisti di Berlino avevano paragonato la Ferrari a un «cetriolo rosso», chiedendosi come avrebbe potuto Schumi scampare al prevedibile disastro. Ma chi glielo aveva fatto fare? Non sarebbe stato più saggio accettare le lusinghe della Mercedes oppure attendere l'imminente ritorno alle competizioni della Bmw?

«Lui è stato molto bravo a non lasciarsi condizionare da tutte le chiacchiere» sospira Jean Todt. «Gli avevo raccontato come stavamo operando, a che punto eravamo nella ricostruzione della scuderia. Ma sapevo che le parole non sarebbero bastate: doveva vedere, verificare, toccare con mano.»

Il primo contatto è incoraggiante. A gennaio del 1996 Schumi si presenta a Fiorano. Come previsto da Todt, vuole conoscere ogni particolare. Si informa sull'organizzazione. Parla a lungo con i tecnici. Familiarizza con i meccanici. Poi sale sulla monoposto che Alesi e Berger hanno guidato nel mondiale precedente.

«La macchina era spinta da un motore dodici cilindri, l'ultimo V12 nella storia della Formula Uno ferrarista» spiega Claudio Berro, partner di Todt al vertice del Reparto Corse. «Nel nuovo campionato avremmo corso con un dieci cilindri, perché così volevano i regolamenti. Ma Michael aveva una sana curiosità, voleva divertirsi un po' con una vettura già destinata al museo.»

Schumi si appropria simbolicamente di un pezzo della storia del Cavallino, girando sul tracciato di Fiorano sotto gli occhi allibiti dei nuovi colleghi di lavoro. Dà quasi l'impressione di chiudere un'epoca, aprendone un'altra.

«Parcheggiò la monoposto in un angolo dei box, si slacciò le cinture e poi ci chiese: "Be', volete spiegarmi come avete fatto a non vincere il mondiale con un'auto così?"» ricorda Claudio Bisi, meccanico della scuderia. «Probabilmente stava scherzando, ma in cinque minuti la frase fece il giro della fabbrica. Noi la interpretammo come un messaggio: non siete messi male, adesso sono qua io e assieme aggiusteremo le cose.»

Era la stessa filosofia che il presidente Montezemolo aveva utilizzato per vincere le ultime resistenze di Gianni Agnelli quando si era trattato di ottenere il sì della Fiat a un accordo che si annunciava economicamente onerosissimo per la Ferrari.

«Michael valutava benissimo i rischi ai quali si esponeva accettando di venire a correre per noi» racconta Montezemolo. «Se avesse fallito, la sua immagine e la sua carriera avrebbero subito un duro colpo. Era molto motivato, ma giustamente, dal suo punto di vista, chiedeva una remunerazione adeguata. D'altronde non gli stavamo offrendo la macchina migliore in circolazione: anzi, lo stavamo invitando a calarsi nell'abitacolo di una vettura che perdeva ininterrottamente dal 1979. Non solo: tra il 1991 e il 1995 avevamo vinto appena due Gran Premi, a Hockenheim con Berger e a Montreal con Alesi.»

Strappare il «sì» definitivo all'Avvocato non era stato difficile. «Gli dissi che rispetto alle monoposto più competitive avevamo un ritardo tecnologico quantificabile all'incirca in mezzo secondo» spiega Montezemolo. «Per recuperarlo, senza avere la certezza di riuscirci, avremmo dovuto investire ingenti capitali in ricerca e sviluppo. Spendendo meno, avevamo la garanzia di raggiungere la concorrenza: a questo serviva Schumi.»

Mai, nella storia dell'automobilismo, un pilota era stato pagato tanto. La cifra esatta non venne mai divulgata, ma il primo stipendio annuale di Schumi in Ferrari sfiorava i 30 milioni di dollari, più una serie di bonus collegati ai risultati e la possibilità di sfruttare a titolo personale alcune sponsorizzazioni. I facili moralismi di molti osservatori non distolsero Montezemolo e Todt dall'obiettivo.

«Anche alcuni cari amici mi dissero che stavo esagerando» rammenta Montezemolo. «Com'era possibile che un uomo solo valesse tanto? In fondo, mi facevano notare, Enzo Ferrari aveva dimostrato che per vincere le corse non era necessario coprire d'oro campioni come Juan Manuel Fangio o Niki Lauda. Ma adesso la situazione era completamente diversa. Avevamo bisogno di Michael così come il papa per affrescare la Cappella Sistina aveva avuto bisogno di Michelangelo. E dovevamo essere bravi a far sì che Schumi arrivasse ad aver bisogno di noi, della nostra macchina, del nostro lavoro.»

Divisi su tutto, curiosamente i politici dell'Italia datata 1996 si trovarono d'accordo nell'approvare la scelta della Ferrari. Il leader del Centrosinistra Romano Prodi, vittorioso a primavera nelle elezioni, aveva un passato da presidente della Maserati e da buon emiliano si sentiva molto legato alla tradizione dell'azienda di Maranello. Da capo del governo in più occasioni avrebbe salutato con simpatia i successi «italiani» del «tedesco» Schumi, visti come una metafora del grande sforzo nazionale teso a guadagnare al Bel Paese l'ingresso nell'euro.

Quanto a Silvio Berlusconi, capo del Centrodestra, non sarebbe stato lui a stupirsi di una spesa tanto grande per l'acquisto di un fuoriclasse assoluto: come presidente del Milan aveva fatto saltare tutti i tetti del calciomercato per vestire di rossonero i campioni più forti, da Gullit a Van Basten. Inoltre l'imprenditore Berlusconi aveva sempre guardato alla Formula Uno come a un promettente business. Non solo le sue televisioni avevano conteso alla Rai l'esclusiva dei Gran Premi: negli anni Ottanta, il Cavaliere aveva vagheggiato un ingresso in prima persona nel rumoroso mondo dei box. Gli sarebbe piaciuto sponsorizzare Ayrton Senna, ribattezzando «Five», cioè «Cinque», la scuderia del brasiliano. Poi gli amici spiegarono a Berlusconi che con il calcio si sarebbe divertito di più e il progetto sfumò.

L'interesse della politica per la Ferrari di Schumi trovò conferma in un'improvvisa mossa della Rai: Letizia Moratti, allora presidente, firmò un sontuoso contratto con Bernie Ecclestone per assicurare alla televisione di Stato i diritti per la trasmissione in esclusiva dei Gran Premi di Formula Uno. Nell'immediato l'operazione venne criticata, sembrando eccessivo l'esborso finanziario per l'emittente pubblica: invece fu un affare, perché con Michael al volante della Rossa gli indici di ascolto delle corse subirono una clamorosa impennata, con benefici effetti sulle entrate pubblicitarie. In pratica, Schumi ferrarista fece raddoppiare, o quasi, lo share.

Mentre attorno a lui accadevano tutte queste cose, Michael non si lasciava distrarre. Aveva in mente solo la macchina. A lui, le convulsioni della politica sono sempre state estranee.

L'amico Kohl

Chiuso in un mondo tutto suo, Schumi non ha mai manifestato un'attenzione particolare per le vicende dei palazzi e del potere. Si tiene informato, sa cosa sta capitando sul pianeta, ma ha sempre evitato di prendere posizioni che fossero riconducibili a questo o a quel partito. Ideologicamente è un moderato. «Mi definirei un conservatore che però non ha paura delle innovazioni» ha spiegato in una rara intervista su temi extrasportivi.

«L'evento che mi ha colpito di più» ha raccontato una volta «è stato il crollo del Muro di Berlino. Avevo vent'anni, nel 1989. Ricordo il televisore acceso per l'intera notte, le immagini che arrivavano, lo stupore di tutti noi tedeschi, quelli come me che avevano la fortuna di stare a Occidente e quelli che stavano a Oriente. È stato un momento magico, irripetibile, indimenticabile. Forse per la mia generazione la notte in cui il Muro si sbriciolò segnò l'irreversibile passaggio dalla giovinezza alla maturità.»

La riunificazione della Germania, sancita ufficialmente nell'ottobre del 1990, fu fortissimamente voluta dall'uomo che allora occupava la carica di cancelliere della Repubblica federale: Helmut Kohl. Come tanti suoi connazionali, Schumi si è identificato nella figura di Kohl e non ha cambiato idea quando il coinvolgimento in uno scandalo finanziario ha messo fine alla carriera politica del leader democristiano: «Kohl occuperà sempre un posto speciale nella storia tedesca» ha detto Michael. «Ha messo fine alla divisione del nostro paese, nessuno potrà togliergli un merito tanto grande.»

Con Kohl, il cittadino Schumi ha avuto più di un incontro. Ma la cortesia dei rapporti personali non si è tradotta in un'adesione di Michael alle campagne propagandistiche della Cdu, il partito dell'ex cancelliere. Vivendo all'estero (a Montecarlo prima, in Svizzera poi) per ragioni fiscali, il pilota ha ritenuto inopportuno un coinvolgimento nelle beghe di partito. E ha intrattenuto relazioni cordiali anche con il successore di Kohl, il socialdemocratico Schroeder.

D'altronde, non sempre Schumi ha condiviso le posizioni del cancelliere della riunificazione. È stato Kohl a convincere faticosamente i tedeschi che la fine della separazione nazionale tra Est e Ovest comportava un prezzo da pagare: l'adesione della Germania all'euro, con la sofferta rinuncia all'amatissimo marco. Della moneta comune, Michael non è un fan: «Mi riesce difficile pensare che un giorno a Helsinki o a Barcellona avremo tutti in tasca gli stessi soldi» disse proprio quando il dibattito in patria era accesissimo. «Dovessi decidere io, continuerei a tenere nel portafoglio il caro Deutsche Mark.»

In questo, la storia e l'amico Kohl gli hanno dato torto.

L'11 settembre

Il 12 settembre 2001, un mercoledì, Jean Todt viene svegliato da una telefonata. All'altro capo del filo c'è Schumi. «Io a Monza a correre non ci vengo. Anzi, penso proprio di non correre più. Mai più.»

Il giorno prima, l'11 settembre, nei cieli degli Stati Uniti i terroristi di Osama bin Laden si erano impossessati di quattro aerei di linea. Li avevano trasformati in armi di distruzione di massa: fra New York, Washington e la Pennsylvania, tremila persone erano state massacrate. Il crollo delle Torri Gemelle aveva sconvolto il mondo.

«È stata l'unica volta, in tanti anni, in cui ho capito che qualcosa dentro di lui si era spezzato» ricorda Todt. «All'orrore Michael ha avuto una fortissima reazione emotiva. Come tanti, si è sentito vuoto, incredulo, indifeso, annichilito. Penso che non sia stato l'unico a porsi certe domande, in un momento così crudele e cruciale per l'umanità.»

L'angoscia di Schumi si sarebbe tradotta, grazie alla persuasione di Todt, in una tormentata presenza al Gran Premio d'Italia, in programma domenica 16 settembre, cinque giorni dopo le stragi. La Ferrari rimosse tutte le scritte pubblicitarie dalle sue vetture e dipinse di nero la parte anteriore delle monoposto, in segno di partecipazione al lutto planetario. Controvoglia, Michael onorò gli impegni contrattuali, una volta rivelatasi vana la sua richiesta di non prendere parte all'evento. Il suo stato d'animo era comunque chiaramente percepibile: qualche minuto prima della partenza il ferrarista aveva cercato di convincere i colleghi ad azzerare i rischi nelle concitate fasi della partenza. «Perché» aveva spiegato agli altri piloti «nessuno è nelle condizioni di spirito ideali, non noi che corriamo perché ce lo impongono e non la gente che ci guarderà in televisione, magari per distrarsi un po'.» In corsa, si guardò bene dal conquistare un posto tra i migliori tre: non aveva alcun desiderio di salire sul palco delle premiazioni. «Era veramente stravolto, intendeva tornare a casa il più presto possibile» confida Todt. «C'è stato chi ne ha criticato l'atteggiamento, perché in casi del genere non manca mai chi sostiene che "the show must go on", lo spettacolo deve continuare sempre e comunque. Be', Michael non riesce a ragionare in questo modo. È una persona molto sensibile, non vive chiuso in una torre d'avorio.»

La stessa sensibilità ha portato Schumi, negli anni, ad accettare gli inviti dell'Onu per un ruolo di ambasciatore per le cause umanitarie. Su sollecitazione del segretario generale delle Nazioni unite, il ghanese Kofi Annan, si è messo a disposizione dell'Unesco per le campagne a favore dell'infanzia abbandonata. «Credo sia un dovere, per chi ha ottenuto tanto nella vita, aiutare chi non ha niente» ha spiegato. «Ragionavo così anche quando non ero una star. Nel 1990, quando vinsi le gare intercontinentali di Formula Tre in Estremo Oriente, invitai gli organizzatori a donare ai poveri il premio economico che mi spettava. Se il mio nome e la mia popolarità possono alleviare le sofferenze del prossimo, sono contento.»

È stato di parola. Si è recato a Sarajevo per contribuire alla rinascita della martoriata capitale bosniaca dopo lo scempio della guerra civile: è stato lui a inaugurare un ospedale riservato ai bambini feriti dalle mine o dalle schegge dei bombardamenti. Ha finanziato la costruzione di un polo scolastico a Dakar, in Senegal. Ha stanziato somme importanti per la realizzazione di un centro d'accoglienza per gli orfani a Lima, in Perú. Assieme a Todt, ha promosso lo sviluppo di un'associazione parigina per la cura delle malattie al midollo spinale.

Nel gennaio del 2005 Michael ha devoluto 10 milioni di euro a sostegno delle popolazioni del Sudest asiatico colpite dal terrificante maremoto costato la vita a più di 250.000 persone. Quasi dieci anni prima, per celebrare la firma del faraonico contratto che lo legava alla Ferrari, aveva donato in beneficenza una forte somma di denaro.

Tra i canguri

Il 10 marzo 1996, sotto il sole di Melbourne, Schumi inaugurava la nuova scommessa. Lui, già due volte campione del mondo, si calava in una dimensione insolita. Non era il favorito. Anzi, molti pensavano non avesse alcuna possibilità di difendere il titolo. La Ferrari era ancora troppo lontana dalla Williams, indiscutibilmente la vettura migliore. E c'era chi riteneva che la Benetton, abbandonata dal tedesco, avrebbe avuto modo di dimostrare di non essere orfana: in un rigurgito revanscista, Flavio Briatore aveva ingaggiato gli ex driver delle Rosse, Jean Alesi e Gerhard Berger. «Chiariremo in pista che non era Michael a farci vincere» aveva dichiarato un Briatore battagliero alla vigilia del mondiale. «E offriremo ad Alesi e Berger la chance di farsi rimpiangere dalla gente di Maranello.»

Fantasie. Esagerazioni divulgate per far coraggio alle maestranze della Benetton, che con il tedesco capivano di aver perso ben più di un pilota. D'altronde, nemmeno Berger si faceva troppe illusioni.

«Quando annunciammo l'ingaggio di Michael» rivela Montezemolo «pensavamo di accoppiarlo a Gerhard, che conosceva bene la realtà del team e aveva una grande esperienza. Ma l'austriaco fu molto onesto: venne a trovarmi e mi disse che preferiva andarsene. Mi spiegò che non se la sentiva di reggere il confronto con il tedesco. "Non mi è simpatico" mi raccontò Berger. "Però" aggiunse "la verità è che è troppo forte per me ed è meglio per la Ferrari fare piazza pulita, cominciare una storia originale."»

Il gran rifiuto dell'ex compagno di strada aprì le porte di Maranello a un allegro irlandese: Eddie Irvine era un tipo in apparenza sin troppo disinvolto, perennemente a caccia di gonnelle. Come playboy era irresistibile. Come frequentatore di discoteche alla moda, inimitabile. Come pilota se l'era cavata dignitosamente al volante della Jordan: in più di un'occasione si era rivelato più veloce di Rubens Barrichello, un brasiliano che Bernie Ecclestone aveva raccomandato a Todt. Il mercato sudamericano era importante, per i costruttori di automobili e per gli sponsor. Ma a Maranello scelsero Irvine.

«Schumi per me era quasi uno sconosciuto» racconta Eddie. «Ci eravamo incrociati in pista e nel paddock, ma non avevamo mai avuto occasione di frequentarci: per questo non credo sia stato lui a suggerire il mio nome. Quando la Ferrari mi chiamò, le cose furono chiarissime sin dall'inizio: c'era un capo e c'era un vice, i ruoli erano assegnati preventivamente. A me andava bene comunque: meglio guidare per una grande scuderia piuttosto che sbattersi nell'anonimato.»

Anche a Michael il bizzarro irlandese andava bene. «Non ci debbo mica uscire a cena tutte le sere» aveva spiegato il tedesco. «La cosa importante è collaborare, sommare gli sforzi. Eddie è sicuramente diverso da me, ma sul piano professionale è ineccepibile.»

Colleghi di mestiere, compagni per forza, Schumi e Irvine avrebbero sempre avuto poco da dirsi e da darsi. La coabitazione e la stima non si sarebbero mai trasformate in amicizia. Figuriamoci dopo la gara di Melbourne, che segnava l'avvio della pluriennale esperienza ferrarista per entrambi: Michael, protagonista di una buonissima partenza, aveva tallonato a lungo le Williams ma era poi stato costretto a un prematuro ritiro da problemi tecnici, mentre il gregario irlandese aveva sorprendentemente trovato spazio sul podio, chiudendo il Gran Premio d'Australia in terza posizione.

«Paradossalmente quel risultato mi danneggiò» racconta Irvine. «Avevo fatto meglio di lui, sia pure a causa di circostanze esterne. Evidentemente la cosa non era piaciuta: dal giorno dopo, per quattro mesi, non mi fecero più provare la macchina.»

Forse c'era un po' di gelosia nella decisione di Schumi di accollarsi in prima persona l'intero sviluppo della macchina. Oppure, più probabilmente, il tedesco non si fidava sul serio del partner. Aveva fretta: fretta di recuperare la leadership in una Formula Uno che non lo avrebbe aspettato a lungo. Inoltre la F310, la prima Ferrari di Michael, era una vettura molto particolare. L'aveva progettata John Barnard, un bizzarro ingegnere britannico, un soggetto francamente originale: per due volte si era impegnato a lavorare per l'azienda di Maranello, ma sempre aveva messo come condizione il suo rifiuto di stabilirsi in Italia. Dove, sosteneva Barnard, non era possibile realizzare un'auto da corsa competitiva, per mancanza di strutture adeguate e di personale competente e competitivo.

«Era una situazione non sostenibile» rammenta Jean Todt. «Presi l'impegno con me stesso di riportare l'intera fabbricazione della Ferrari da Gran Premio nelle nostre officine, a Maranello. Entro la fine del 1996 il rapporto con Barnard si sarebbe esaurito.»

Nel frattempo Schumi si trovava chiamato a gestire una fase di transizione. Nessuno osava chiedergli nulla di particolare nell'immediato. Ma l'attesa cresceva, e con essa si moltiplicavano le speculazioni. Perché il tedesco doveva riuscire dove avevano fallito altri grandi campioni dell'automobilismo?

«Noi a Maranello ci rendevamo conto di non avere alternative» rammenta Montezemolo. «Avessimo perso anche con Michael al volante, le prospettive agonistiche della Ferrari sarebbero diventate molto incerte. Questa consapevolezza alimentava la tensione. Credo che Michael abbia imparato giorno per giorno quanto grande fosse la pressione alla quale eravamo sottoposti.»

Dopo un deludente terzo posto in Brasile, a un giro dal vincitore Hill, dall'Argentina filtra un raggio di speranza: Schumi piazza la F310 in prima fila. Non concluderà il Gran Premio, eppure è il segnale che qualcosa sta cambiando. L'inversione di tendenza forse è dietro l'angolo: la fiducia si rafforza il 28 aprile al Nürburgring, quando Michael contende la vittoria fino all'ultimo giro alla Williams di Jacques Villeneuve.

«Io ero ai box il giorno della gara» confida Montezemolo. «Dopo tanti anni di frustrazioni ebbi la percezione che la svolta fosse a portata di mano. Sentivo i capi delle altre scuderie, li sentivo parlare e per la prima volta provai la sensazione che ci temessero, che avessero paura della Ferrari. Non accadeva da una vita. La sera telefonai a Gianni Agnelli e gli dissi: Avvocato, fra un po' ci divertiremo.»

Sei giorni dopo, sabato 4 maggio, a Imola l'autodromo scoppia di gente. L'effetto Schumi si sta materializzando: la gara del Ring ha alimentato l'entusiasmo, tra i tifosi si è sparsa la voce che la Rossa possa, finalmente, tornare a vincere sulla pista che porta i nomi di Enzo e Dino Ferrari. Non capita dal 1983.

«La corsa la conclusi al secondo posto» racconta Michael. «Stavolta a battermi fu la Williams di Hill. Ma l'esperienza indimenticabile fu quella delle qualifiche. In extremis conquistai la pole position: l'urlo della folla penetrò sotto il mio casco. Per un attimo pensai: questi italiani sono tutti matti. Poi mi accorsi che stavo diventando come loro: quando scesi dalla macchina mi misi a esultare come un centravanti che ha appena segnato il gol che vale la Coppa del mondo. Mi avevano contagiato.»

Altre due settimane e la rinascita della Ferrari pare certezza acquisita. Guidando la F310 come se fosse un kart, Schumi domina le prove a Montecarlo. Nel Principato, chi parte davanti a tutti ha il trionfo in tasca. Decine di migliaia di italiani si riversano sulle tribune e sulle alture di Monaco. Quindici anni dopo l'impresa di Gilles Villeneuve, primo nel 1981, avrebbero avuto qualcosa da festeggiare.

No, invece. «Fece qualche curva e poi uscì rovinosamente di pista» rievoca Claudio Berro. «La pista era umida per via di un temporale. Ma si trattava in ogni caso di un errore da principiante. In occasioni del genere, spesso la squadra cerca di proteggere il pilota, ci si inventa qualche problema tecnico e buonanotte. Michael si ripresentò ai box a piedi, con il casco in mano. Aveva una faccia avvilita. Non andò alla caccia di alibi. Ho sbagliato io, ci disse. E volle chiedere scusa a tutti: agli ingegneri, ai meccanici, ai tifosi. Poi sospirò: va bene, vi prometto che vinceremo la prossima volta.»

Due settimane più tardi, il 2 giugno, Schumi mantenne la

promessa. Aiutato da uno spaventoso diluvio, venuto a compensare i limiti della Ferrari nei confronti della concorrenza, il tedesco diede spettacolo sulla pista bagnata di Barcellona. Infilò sorpassi con la maestria di chi non è minimamente infastidito dalla pioggia. Alla fine i meccanici lo portarono in trionfo.

«Così comincia un'era» titolò un giornale tedesco. Nell'immediato, mai profezia fu meno esatta.

Un'estate nera

Il capolavoro nel diluvio del Gran Premio di Spagna venne salutato con entusiasmo dai ferraristi sparsi per il mondo. L'euforia spinse i supporter più accaniti a ipotizzare una miracolosa rimonta nel mondiale: avendo intascato 26 punti nelle ultime quattro prove, Michael poteva candidarsi al sorpasso nei confronti di Hill e Villeneuve, che si scannavano in un duello fratricida sotto il tetto comune della Williams.

Era una pericolosa illusione. «Dobbiamo tenere i piedi ancorati al suolo» ripeteva Schumi a gente che non aveva troppa voglia di ascoltarlo. «Siamo indietro, ci stiamo avvicinando alle macchine migliori ma non possiamo pensare di aver sistemato tutto in pochi mesi.»

Aveva ragione, ma in fondo era colpa sua: le prestazioni stavano restituendo ai fan della Rossa emozioni dimenticate. Nel delirio, quasi nessuno faceva caso a un dettaglio solo in apparenza marginale: le limitate risorse della F310 erano sottolineate dai mediocri risultati di Irvine, che con la seconda Ferrari era regolarmente confinato nelle retrovie. Insomma, era Michael a fare la differenza.

Sosteneva Enzo Ferrari che in un connubio vincente il rapporto fra auto e pilota è paritario, 50 per cento. La rivoluzione aerodinamica ed elettronica aveva drasticamente cambiato la relazione tra macchina e uomo: negli anni Ottanta, nemmeno Senna o Prost sarebbero riusciti a essere competitivi con una vettura di medio livello. Adesso Schumi stava tentando di portare indietro le lancette della storia dell'automobilismo, stava cercando di dare ragione al Drake: ma era una missione impossibile, persino per lui.

Se ne accorse in Canada, quando clamorosamente sulla Rossa in uscita dai box dopo un pit stop si frantumò il differenziale. Se ne accorse in maniera ancor più bruciante il 30 giugno in Francia. Sul circuito di Magny-Cours il tedesco aveva confezionato il consueto prodigio nelle prove, soffiando alle Williams la pole position. Ma la Ferrari era finita sotto inchiesta per un'irregolarità tecnica. Comunque, non ci fu bisogno, da parte degli avversari, di presentare ricorsi: la domenica il motore della Rossa andò arrosto durante il giro di ricognizione. Una figuraccia in diretta mondovisione. Su Jean Todt, responsabile del Reparto Corse, soffiavano venti di bufera. Da più parti ne veniva sollecitato il licenziamento in tronco. Il capo d'accusa era circostanziato e impietoso: in tre anni il manager francese non era stato capace di riportare in alto il Cavallino. Stava fallendo anche con un fuoriclasse come Schumi nell'abitacolo. Alla maniera del calcio, l'unica soluzione era l'esonero.

«Fu un momento durissimo» confessa Montezemolo. «Ero sottoposto a pressioni molto forti, l'opinione pubblica era irritata e delusa. Personalmente, non avevo dubbi, apprezzavo la serietà di Todt, il suo metodo di lavoro, il clima che stava creando all'interno della scuderia. Ma la Ferrari è davvero come la nazionale del pallone: se si perde e se si perde male, scatta la caccia al capro espiatorio. Ci trovammo, tutti, sull'orlo di un metaforico burrone. Decisi che o ci saremmo salvati assieme o saremmo stati sconfitti assieme.»

Schumi, in verità, era estraneo alla tempesta. Aveva già zittito quanti si erano lamentati per l'entità dell'ingaggio. Non era lui il colpevole se la macchina perdeva i pezzi in pista o se un dieci cilindri preparato per percorrere oltre 300 chilometri si scassava dopo poche centinaia di metri. Né veniva messo in discussione il suo prestigio: era opinione comune che se il tedesco fosse stato a bordo della Williams, il campionato non gli sarebbe certo sfuggito.

Eppure Michael non se la sentiva di restare a guardare. Pochi mesi in Italia, da ferrarista, lo avevano dotato di una certezza granitica: aveva compiuto la scelta giusta. Con Todt si trovava benissimo, sia umanamente sia in termini professionali. Le critiche rivolte all'amico francese lo stupivano e lo irritavano. Le polemiche sui giornali e in televisione davano ragione a quanti si erano battuti per sconsigliargli l'avventura nel Bel Paese: in Italia, era la tesi, pensano troppo alla politica e poco alla tecnologia; nella patria dei Borgia anche la Formula Uno diventa un affare di potere e dunque meglio starsene alla larga.

«Voglio che sappiate tutti una cosa: ho scelto la Ferrari perché sapevo che c'era Jean Todt. Quando e se lui non fosse più il capo a Maranello, non mi sentirei obbligato a restare. Su questo è bene non ci siano equivoci»: il 13 luglio, con le spalle alla parete della sala stampa di Silverstone, in Inghilterra, Schumi esce dal silenzio e gioca la partita del Palazzo. Parla ai giornalisti italiani, li ha convocati perché desidera far conoscere la sua opinione. Ma in realtà non lo fa a esclusivo beneficio dei reporter: Michael sa che a Torino i vertici della Fiat, azionista principale della Ferrari con il 90 per cento delle quote, stanno valutando la situazione. Vuole che il messaggio arrivi a chi di dovere: l'opera di ricostruzione e rilancio del Cavallino, per quanto lo riguarda, è appena iniziata e non avrebbe senso intervenire in modo drastico. Lui sta con Todt e non accetta soluzioni alternative.

Gianni Agnelli si fa leggere le agenzie che riportano le frasi del tedesco. Non è sorpreso: Montezemolo lo aveva messo al corrente dei pensieri di Schumi. «Non sarebbe giusto affermare che il pilota determinò le nostre decisioni» avrebbe rivelato anni dopo il senatore a vita. «Ma sicuramente fu un'indicazione importante: se un campione come lui la pensava così, era opportuno rispettarne le idee. Ci stava chiedendo di dare stabilità al gruppo. Era un consiglio utile.»

Così, il tedesco salva la poltrona del francese. La sua presa di posizione spazza via le ipotesi, già rumorosamente circolate in Italia e all'estero, di un'ennesima rivoluzione a Maranello. Alle parole, si capisce, debbono seguire i fatti: il fuoco cova sotto la cenere. Schumi fa smentire da Willi Weber le voci che lo segnalano disponibile a lasciare la Ferrari alla fine del 1997: non me ne andrò dall'Italia, spiega, prima di aver conquistato il titolo mondiale. Ma la crisi di affidabilità della F310 non è finita: proprio in Inghilterra si rompe di nuovo il motore e la macchina lascia Michael a piedi anche in Ungheria. Nel mezzo, un sofferto quarto posto nella gara di casa, in Germania. Sofferto per colpa di una partita di pallone giocata per beneficenza: l'entrata ruvida di un terzino ha danneggiato una costola di Schumi. Che tiene segreta la notizia dell'incidente. Se si venisse a sapere che non è al meglio causa un'esibizione calcistica, le polemiche dilagherebbero. Invece la Ferrari ha un bisogno disperato di tranquillità. E di risultati.

Il 25 agosto, a Spa-Francorchamps, Michael celebra il quinto anniversario del suo ingresso in Formula Uno. Ormai è la star assoluta, sebbene non sia in lotta per il titolo. Gli amici di Kerpen e i tifosi tedeschi sanno che sul tracciato delle Ardenne il loro idolo ha la classica marcia in più. In Germania i giornali scrivono che in compenso stavolta non ha la macchina giusta: ma si sbagliano.

Il Gran Premio del Belgio è memorabile. Schumi sa di dover interpretare il copione con audace spregiudicatezza. La Williams Renault è più veloce, ma può essere battuta con una tattica corsara. La squadra applicherà una strategia coraggiosa, giocando sulle soste. Il resto dipende da chi guida. La sera del sabato, alla fine dell'ultima riunione tecnica, Michael incoraggia gli ingegneri: «Domani vinciamo». Todt sorride: «Sarebbe ora».

In effetti, è l'ora. Enzo Ferrari può essere orgoglioso: si rivede un pilota che divide equamente i meriti del successo con la macchina. La Williams viene surclassata dall'uomo al volante della Rossa. Per Todt, e per tutta la gente del Reparto Corse, è la fine di un incubo: sul podio, l'abbraccio tra il tedesco e il francese ha un sapore liberatorio. La lunga estate nera può essere gettata alle spalle. «Lì abbiamo capito che il futuro ci apparteneva» ricorda Montezemolo. «La fiducia non ci aveva mai abbandonato ma dovevamo mostrare qualcosa di concreto a chi ancora dubitava. Spa fu il segnale che eravamo pronti per ottenere il massimo. Michael aveva dato la sua impronta alla scuderia.»

La strada, adesso, è in discesa. L'ottimismo colora di rosso l'epilogo della stagione. L'8 settembre il tedesco si impone a Monza nel Gran Premio d'Italia: era dal 1988 che una vettura del Cavallino non trionfava in Brianza. È troppo tardi per infastidire Damon Hill, lanciato verso la consacrazione iridata. Ma il bilancio della stagione è incoraggiante: quando cala il sipario, ci sono da mettere in conto altre due presenze sul podio, in Portogallo e in Giappone.

Con una squadra che non vinceva mai, Schumi ha tagliato per primo il traguardo in tre occasioni. Ha chiuso il campionato al terzo posto, con 59 punti. Soprattutto, si è impadronito della Ferrari.

«Adesso ho le chiavi di casa» dice prima di partire per le vacanze. «Comincio a sentirmi un po' italiano. E credo di aver capito cosa rappresenta la macchina rossa per gli italiani e cosa aspettano gli italiani dalla macchina rossa. Darò tutto me stesso per farli felici.»

VI
Il lato oscuro

La notte tra il 25 e il 26 ottobre 1997 Michael Schumacher non somigliò per nulla al principe di Condé. Costui, secondo quanto racconta Alessandro Manzoni nei *Promessi sposi*, dormì profondamente alla vigilia della decisiva battaglia di Rocroi. Invece Schumi, che non aveva mai dedicato attenzione ai capolavori della letteratura, limitandosi a sfogliare di tanto in tanto qualche romanzo giallo («Lo ammetto, leggere non è il mio hobby preferito»), non riuscì a chiudere occhio nella sua camera d'albergo di Jerez de la Frontera.

Affascinante e intrigante come un thriller in presa diretta, il campionato del mondo di Formula Uno era giunto all'epilogo. Un epilogo incredibile: nelle qualifiche dell'ultimo Gran Premio dell'anno, il Gp d'Europa, ben tre piloti avevano ottenuto lo stesso tempo. Heinz-Harald Frentzen, l'ex fidanzato di Corinna, aveva fermato i cronometri sull'1'21"072. Michael Schumacher, che di Corinna era il marito, aveva eguagliato al millesimo la prestazione del connazionale. Jacques Villeneuve, che di Frentzen era il compagno di squadra, non era stato da meno: 1'21"072 anche per lui. Al canadese, che per primo aveva stabilito il risultato, spettava, per regolamento, la pole. Il tedesco della Ferrari sarebbe partito al suo fianco. Poiché nella classifica iridata i due erano divisi da un solo punto, a vantaggio del tedesco, tutto si sarebbe deciso allo spareggio. Cioè in una gara «ruota a ruota».

Una simile situazione rappresentava il trionfo di Bernie

Ecclestone. Piccolo di statura ma grande di ingegno, il manager britannico aveva avviato la modernizzazione della Formula Uno già negli anni Settanta. Aveva convinto Enzo Ferrari e gli altri costruttori ad affidargli pieni poteri in materia di gestione commerciale. Si era inventato, copiandolo dall'America, il meccanismo della cessione collettiva dei diritti televisivi. Aveva trasformato l'ambiente dei Gran Premi, che prima del suo intervento era una sorta di suk dell'artigianato meccanico, in un business con prospettive di crescita esponenziale. Coinvolgendo sponsor e network, Ecclestone era stato capace di collocare la Formula Uno, in termini mediatici, sullo stesso piano di un'Olimpiade o di un mondiale di calcio. La differenza, come il geniale Bernie amava ripetere, era scandita dal calendario: la F1 andava in scena ogni due settimane, Olimpiadi e Mondiali ogni quattro anni.

Ma la spettacolarizzazione dell'evento esigeva la presenza di personaggi in grado di suscitare l'entusiasmo delle folle. Come un astuto regista, da dietro le quinte Ecclestone aveva sfruttato alla perfezione l'aspro dualismo tra Senna e Prost. E si aspettava grandi cose dalla rivalità tra il brasiliano e l'astro nascente Schumi. La tragedia di Imola aveva stravolto i suoi piani: al dolore per la scomparsa di Ayrton, del quale era buon amico, si era sommata la preoccupazione per un mondiale di F1 presto trasformato in un «one man show», cioè monopolizzato dalla schiacciante superiorità di Michael.

Per questo già nel 1995 l'infaticabile Bernie aveva messo sotto osservazione un giovanotto canadese che aveva, sui coetanei, un enorme vantaggio: il fascino del cognome. Jacques Villeneuve, classe 1971, non amava gli inevitabili paragoni con il padre, anzi, sinceramente li detestava. Ma, piacesse o meno al diretto interessato, l'etichetta di figlio d'arte avrebbe giocato un ruolo decisivo nella sua carriera.

Jacques era l'erede di Gilles. Il papà aveva incarnato l'ultima scommessa di Enzo Ferrari: fare di un perfetto sconosciuto, quale Villeneuve senior era al momento della chiamata a Maranello, un campione assoluto. Gilles aveva preso all'improvviso il posto del celebre Niki Lauda, sul finire del 1977.

In poco più di un anno aveva affascinato le masse: guidava con un ardimento estremo, non conosceva limiti, veniva ripetutamente accostato a una figura leggendaria come Tazio Nuvolari. Sbagliava anche molto, ma gli errori ingigantivano il fresco mito: l'ex autista di motoslitte era la dimostrazione che a tutti, persino nella sofisticata Formula Uno, poteva essere concessa una chance. Fra Gilles e il Rocky del cinema la differenza non era poi eccessiva.

Il ricordo di un padre così, fatalmente, era ingombrante per il giovane Jacques. Che era ancora un bambino quando Gilles morì in pista a Zolder, in Belgio, nel maggio del 1982. La memoria straziante non aveva comunque alterato il Dna dell'erede: arrivato all'età giusta, Villeneuve junior si era lanciato sulle orme paterne. Sempre rifiutando qualunque accostamento, sempre infastidendosi se qualcuno evocava il babbo per un paragone o per un complimento.

Da lontano, Bernie Ecclestone aveva seguito i tentativi di Jacques di farsi largo nel mondo dell'automobilismo. Il progetto che il manager inglese coltivava era molto semplice: al momento opportuno, la Formula Uno avrebbe garantito al nuovo Villeneuve una vettura competitiva. Il richiamo suscitato da *quel* cognome giustificava la potentissima raccomandazione. Inoltre il rampollo canadese stava rivelandosi all'altezza delle aspettative: in Nordamerica era regolarmente tra i più veloci nelle gare di Formula Cart, l'equivalente statunitense della F1.

Il 28 maggio 1995, Michael Schumacher a metà pomeriggio vinceva per la seconda volta consecutiva il Gran Premio di Montecarlo, consolidando la sua dittatura sui Gran Premi orfani di Senna. Ma per Ecclestone fu molto più stimolante la notizia arrivata in serata da Indianapolis: Jacques Villeneuve si era aggiudicato la 500 Miglia nel catino dell'Indiana. Non c'erano più dubbi e non era il caso di temporeggiare ulteriormente: al figlio di Gilles doveva essere offerto un contratto al di qua dell'Oceano Atlantico. Aveva tutte le caratteristiche per andare a occupare il ruolo più difficile: l'anti-Schumi.

L'idea, persino banale, aveva un corollario: naturalmente,

Villeneuve junior *doveva* calarsi nell'abitacolo della macchina che aveva reso famoso papà. Il figlio di Gilles sulla Ferrari: lo schema disegnato da Ecclestone non prevedeva alternative. A Bernie non passava nemmeno per la mente un «no» da parte dei vertici di Maranello.

Invece, a giugno del 1995, Jean Todt quel «no» lo scandì con forza. Nulla di personale, l'azienda del Cavallino aveva anzi un eccellente ricordo di Villeneuve e famiglia: ma ormai per la scuderia riconquistare il titolo mondiale era l'imperativo assoluto. Jacques non aveva esperienza al massimo livello e non sarebbe stato saggio mandarlo allo sbaraglio accanto a un certo Michael Schumacher, ormai promesso sposo della Signora in Rosso.

Le spiegazioni di Todt non facevano una grinza. Lo stesso Ecclestone nulla ebbe da obiettare: tra l'altro lui voleva portare il figlio di Gilles in Formula Uno per farne il rivale dichiarato del campione tedesco e dunque non avrebbe avuto molto senso inserirlo nella stessa squadra.

Saltato il piano «A», Bernie passò al piano «B». A Villeneuve non intendeva rinunciare: era il nome, anzi, il cognome da spendere in cartellone per la seconda metà degli anni Novanta. Se la Ferrari aveva altre esigenze, Frank Williams sarebbe invece stato disposto ad ascoltare. Williams aveva sempre avuto una venerazione per il Drake di Maranello. Conosceva benissimo la romantica storia di Gilles. Replicarla con il figlio, vent'anni dopo, non gli sarebbe dispiaciuto.

A Schumi non garbava tanto tutto questo agitarsi attorno a un collega che ancora doveva disputare un Gran Premio. Trovava francamente eccessivo il battage pubblicitario che accompagnava lo sbarco in Europa di Villeneuve. E se nel 1996, stagione del debutto del canadese, non aveva avuto una Ferrari all'altezza della Williams, non si era comunque sorpreso nel verificare il verdetto finale del campionato del mondo. Pur disponendo della monoposto migliore, Jacques non aveva conquistato il titolo, guadagnato invece dal non irresistibile Damon Hill.

«Hill sappiamo quanto vale, eppure ha battuto Villeneuve»

disse Michael a Todt alla vigilia della stagione 1997. «Se riusciamo a portare in pista una Rossa non troppo lontana dalla Williams, è il nostro anno.»

I due nemici

La F310 B era la macchina con la quale Schumi doveva spezzare un digiuno che per milioni di ferraristi si era trasformato in crisi d'astinenza. Il 1979, anno dell'ultimo trionfo iridato di Jody Scheckter, era ormai troppo lontano. La pazienza dei tifosi e dell'azionista Fiat era quasi agli sgoccioli.

Luca Cordero di Montezemolo lo sapeva benissimo. Aveva ottenuto da Gianni Agnelli il benestare per il costosissimo ingaggio del tedesco, ma qualcosa ancora mancava. Nel 1997 la Ferrari avrebbe celebrato con sontuose iniziative il suo cinquantesimo compleanno: nessuna festa, però, sarebbe stata gradita quanto la conquista del titolo mondiale.

Sebbene estraneo alla mentalità degli italiani, Schumi percepiva l'ossessione dei ferraristi. Si era calato anima e corpo nella realtà della scuderia. Il suo scrupolo maniacale aveva contagiato l'intero ambiente: a Maranello avevano imparato ad apprezzarne serietà e professionalità, qualità che si accompagnavano all'indiscutibile talento. Tanto che nessuno si stupì quando il marito di Corinna avanzò un'insolita richiesta a Jean Todt: poiché erano necessarie moltissime giornate di test sulla pista di Fiorano, forse era il caso di trovargli da dormire all'interno del circuito. «Così non perderò tempo per andare e venire dall'albergo» spiegò il tedesco. Gli venne messa a disposizione la stanza che Enzo Ferrari utilizzava come piccolo ufficio personale a pochi passi dai box.

«La cosa che mi colpì subito» ricorda Giorgio Ascanelli, che nel 1996 fu il primo ingegnere di pista al servizio di Michael «fu la mancanza assoluta di presunzione nel personaggio. Schumi aveva già vinto due volte il mondiale e sarebbe stato giustificato un atteggiamento di sufficienza nei confronti di chi, come noi, accumulava sconfitte in serie da tempo immemorabile. Invece nel lavoro quotidiano non ci faceva mai pesare il passato negativo della scuderia. E quando qualcosa non funzionava, non diceva mai: avete sbagliato. Diceva: abbiamo sbagliato. Per i meccanici e per i tecnici l'ammirazione diventò in fretta amicizia, affetto.»

L'amicizia e l'affetto non impedivano peraltro al Fenomeno, come ormai la stampa italiana lo aveva etichettato, di cogliere le lacune nell'organizzazione della squadra. Lunghe conversazioni con Todt avevano spinto il manager francese ad allacciare discrete trattative con due persone che, nella carriera di Schumi, avevano contato molto.

Rory Byrne era un progettista geniale. Sudafricano di origine, si era insediato in Gran Bretagna per dar sfogo alla sua passione per le automobili da corsa. Prima di disegnare la Benetton della doppia impresa iridata aveva lavorato anche con un giovanissimo Ayrton Senna alla Toleman. Poi, ottenuto il massimo con la vettura anglotrevigiana guidata da Schumi, si era ritirato su un'isola in Asia. Adorava la pesca subacquea e i Gran Premi pensava di guardarseli in televisione.

Ross Brawn aveva imparato una cosa, in tanti anni spesi negli autodromi: più la tecnologia avanzava e più diventava importante l'elemento umano, nella gestione delle corse. Ottimizzare le prestazioni di una vettura, sfruttando le opportunità offerte da soste per il rifornimento e cambi gomme, era un esercizio di altissima strategia. Nella sua testa Brawn si sentiva, alla vigilia di ogni Gran Premio, come un generale a poche ore da una grande battaglia: muovere gli eserciti al momento giusto faceva la differenza, un'abile manipolazione delle risorse disponibili valeva persino più della potenza delle armi.

Anche Brawn aveva partecipato ai trionfi della Benetton. Lui non era scappato su un atollo del Pacifico e per Todt intavolare un negoziato con il direttore tecnico inglese fu più semplice della laboriosa trattativa con il «pescatore» Byrne. L'uno all'insaputa dell'altro, erano i primi nomi della «lista della spesa» che Schumi, alla fine del 1996, aveva compilato.

Arrivarono a Maranello, Brawn e Byrne, quando la F310 B era in avanzata fase di gestazione. Ci misero le mani per correggerne i difetti più evidenti, badando soprattutto a elevarne la soglia di affidabilità. Sapevano che Michael, con un pizzico di fortuna, sarebbe stato in grado di lottare per il titolo: quanto a vincerlo, era un altro discorso.

Per Brawn, comunque, Schumi era una garanzia assoluta. «Non ho mai collaborato con Senna o con Prost» ricorda l'ingegnere inglese «ma sono sicuro che lui appartiene alla stessa categoria, la categoria dei fuoriclasse. C'è del metodo nel suo talento: Michael ha un'implacabile capacità di analisi. Riesce a memorizzare la prestazione della vettura che gli affidi curva per curva e poi riversa sui tecnici tutte le informazioni che ha raccolto, traducendole in suggerimenti per migliorare la situazione. La cosa impressionante è che ci prende sempre: quando ti raccomanda di intervenire qui o là, puoi stare sicuro che una volta tornata in pista la monoposto sarà inesorabilmente più veloce. C'è chi sostiene che per gli ingegneri debbano essere sufficienti le rilevazioni fornite dalla telemetria, le indicazioni dei computer. Contano anche quelle, ma la sensibilità di un pilota non può essere rimpiazzata dai software.»

Nonostante tutto ciò, all'alba del 1997 la Williams Renault conservava un robusto margine di vantaggio. Il dieci cilindri della Ferrari non valeva ancora il fantastico propulsore francese. Inoltre la Ferrari non disponeva di un'efficace galleria del vento: Montezemolo ne aveva avviato la costruzione a pochi passi dal Reparto Corse di Fiorano, ma il preziosissimo strumento non sarebbe stato pienamente operativo fino al 1999.

La consapevolezza di un'inferiorità tecnica non contestabile veniva però compensata dalla certezza, illustrata da Brawn in maniera tanto esplicita, di poter contare sul miglior pilota del mondo. Montezemolo e Todt lo dicevano apertamente e le loro parole irritavano profondamente Jacques Villeneuve. Il figlio di Gilles era stato promosso da Frank Williams capitano unico: Damon Hill era stato congedato bruscamente dopo la conquista del titolo iridato e almeno in questo poteva vantarsi di avere eguagliato Mansell e Prost, a loro volta messi alla porta dalla Williams non appena laureatisi campioni.

Villeneuve manifestava una particolare acrimonia nei confronti del Cavallino. Probabilmente non aveva dimenticato il «no» di Maranello all'astuta proposta di Ecclestone. Si era offeso per il modo in cui Todt aveva liquidato l'ipotesi: «Al massimo la Ferrari potrebbe offrire al canadese un posto come collaudatore». Se era una battuta, non era simpatica. Peggio ancora se esprimeva, come esprimeva, un giudizio di merito: era sale su una ferita difficile da rimarginare.

Figurarsi l'effetto che ebbe, sul tormentato rapporto tra il figlio di Gilles e la scuderia che era stata di suo padre, il tumultuoso avvio della stagione. Il 9 marzo il canadese scattava dalla pole position nel Gran Premio d'Australia. Aveva accanto il nuovo compagno di squadra, Frentzen. Molti commentatori tedeschi pensavano quello che Schumi pensava senza dirlo apertamente: Frentzen avrebbe presto ridimensionato Villeneuve e si sarebbe rivelato il più pericoloso avversario del Fenomeno ferrarista.

Deciso a smentire definitivamente gli scettici, Jacques reagì con furore all'episodio che inaugurò il mondiale. Alla prima curva la Rossa di Eddie Irvine piombò addosso alla sua Williams. Non era un evento senza precedenti: gli incidenti in partenza fanno parte della coreografia della Formula Uno. Ma Villeneuve diede della collisione un'interpretazione maliziosa: «Non vorrei» spiegò con gelida rabbia «che questa fosse la strada scelta dalla Ferrari per mettermi in difficoltà: usare Irvine, che è solo un gregario ben stipendiato, per buttarmi fuori».

Era una provocazione studiata a tavolino. Il fragore della polemica faceva passare in secondo piano il sorprendente verdetto della corsa: a Melbourne, dopo oltre tre anni, tornava a vincere una McLaren, quella dello scozzese David Coulthard. Mentre Schumi si era accontentato della piazza d'onore. Non era un brutto modo di iniziare il campionato, soprattutto pensando che entrambe le Williams non avevano tagliato il traguardo. Quanto alle aspre parole di Jacques, la risposta di Michael era stata sferzante: «Forse il mio collega legge troppi libri gialli».

Testa a testa

La contrapposizione tra il canadese e il tedesco faceva la felicità di Bernie Ecclestone. La nascita di un nuovo dualismo, esasperato anche dalla diversità caratteriale dei soggetti coinvolti, era una manna per giornali e televisioni. Rivali in pista, Villeneuve e Schumi erano umanamente incompatibili. Per scelta, Michael era un personaggio rigorosissimo sul lavoro e poco propenso a concedersi in pubblico: faceva eccezione per le partite di calcio, che era sempre pronto a giocare. Ma non si mischiava ai colleghi, non frequentava le discoteche, era impossibile rintracciarlo in un night di Melbourne o di San Paolo. Nelle interviste parlava di macchine, di circuiti, di progetti e di soluzioni tecnologiche: professionalmente esemplare e però non particolarmente eccitante. Invece Jacques conosceva alla perfezione tutte le mode più recenti, aveva amici musicisti, si fidanzava con rockstar del Quebec e poi le piantava in asso, apriva ristoranti di lusso a Montreal e magari li chiudeva dopo qualche mese. Inoltre era un conversatore affabile su qualunque argomento e aveva sempre un'opinione su tutto. Tagliente era il suo giudizio complessivo sulla Ferrari. A sentire Villeneuve la squadra italiana godeva di un potere «politico» eccessivo, mentre Schumi aveva l'arroganza di chi sapeva di essere protetto nelle alte sfere: «Lui crede di potersi permettere qualunque cosa in pista, ma si sbaglia: è uno come gli altri».

Per Michael era difficile, ammesso gli interessasse, diventare amico di un tipo simile. Quanto al presunto appoggio della federazione internazionale, che secondo Jacques faceva il tifo per le Rosse di Maranello, Schumi era piuttosto perplesso. In Brasile, nella seconda gara del mondiale, la giuria aveva ordinato la ripetizione della partenza, rimettendo così in gara Villeneuve, uscito di strada al via. E il canadese aveva vinto. Mentre in Argentina, dove era stata la Ferrari del tedesco a rimanere impigliata nel caos iniziale, i commissari non avevano fatto sconti, la corsa era proseguita e Michael se l'era malinconicamente guardata in Tv.

Fra tanti sospetti e troppe supposizioni, una cosa era sicura: il mondiale era una partita a due. Frentzen stava tradendo le aspettative: aveva trionfato a Imola, proprio davanti a Schumi, ma nelle gerarchie interne della Williams non era riuscito a scalzare Villeneuve. Che l'11 maggio, in compenso, si era arrabbiato di nuovo, stavolta con gli ingegneri della sua scuderia: a Montecarlo una disastrosa previsione meteo lo aveva spedito tra guardrail e marciapiedi con gomme sbagliate. A tutto beneficio del detestato rivale, che per la prima volta nella stagione diventava leader della classifica generale.

«Sotto la pioggia sono rimasto al comando dall'inizio alla fine» aveva commentato Schumi, ebbro di felicità per la prima vittoria della F310 B. «In effetti l'unica preoccupazione è stata la noia: a pochi giri dalla fine mi sono addirittura distratto e sono andato lungo alla curva di Santa Devota. Ma ho una macchina resistente e la mia squadra lavora molto bene. Villeneuve? Non l'ho proprio visto. Il titolo mondiale? Be', quello lo vedo da vicino.»

La Ferrari non trionfava nel Principato da quindici anni. L'ultimo pilota del Cavallino a imporsi nella corsa più assurda e affascinante era stato, nel 1981, il padre di Jacques.

Fratello coltello

La replica di Villeneuve fu perentoria: dominò il successivo Gran Premio di Spagna, lasciando le briciole al tedesco. La tensione fra i duellanti cresceva gara dopo gara. Formalmente il rapporto era ineccepibile, ma i colleghi avevano notato che Jacques e Michael evitavano addirittura di incrociare gli sguardi in occasione delle riunioni collettive che precedevano la partenza delle corse.

«Era proprio un fatto di pelle» ricorda Eddie Irvine, che aveva a sua volta una relazione complicata con il canadese. «Villeneuve era sempre molto aggressivo nelle dichiarazioni. Schumi non riusciva a capirlo: credo che nella sua testa l'avversario fosse semplicemente un cognome celebre. Non lo stimava granché come pilota, ecco.»

Ai box si era creato un clima surreale. Era evidente che se Michael fosse stato al volante della Williams, che era la monoposto migliore, il mondiale non avrebbe avuto storia. La Ferrari era inferiore come tenuta di strada e come velocità di punta. Eppure Villeneuve si era guadagnato il ruolo di Davide, lanciato in una generosa sfida contro il più potente Golia.

«In pratica la verità alla rovescia» racconta Luca Baldisserri, ingegnere della squadra di Maranello. «Noi che lavoravamo con Schumi ci rendevamo conto di come fosse lui a correre in salita. Ma a leggere i giornali o a guardare la televisione sembrava l'opposto.»

Il momento migliore della stagione, per il tedesco, coincise con quello peggiore del figlio di Gilles. Davanti alla sua gente, a Montreal, stressato dall'ennesima polemica con i vertici della federazione internazionale, Villeneuve era incappato in una figuraccia. Schumi, con l'aiuto della fortuna, aveva vinto una corsa drammatica, turbata da un grave incidente al francese Panis, il pilota del team allestito da Alain Prost. E due settimane più tardi, alla fine di giugno, un'eccezionale esibizione di talento aveva permesso a Michael di sbaragliare la concorrenza in Francia. Per Jacques, che nemmeno era riuscito a trovare posto sul podio, le cose si stavano facendo maledettamente complicate.

«Avevamo il mondiale in tasca» aggiunge Baldisserri. «Sarebbe bastato completare il trittico a Silverstone, dove sapevamo che la nostra macchina poteva essere competitiva. Se Villeneuve avesse perso ancora, il discorso sarebbe stato definitivamente chiuso.»

Domenica 13 luglio, le speranze dei ferraristi stavano consolidandosi. Nonostante la pole, la Williams di Jacques era scivolata nelle retrovie. A venti giri dalla conclusione, la F310 B del tedesco aveva acquisito un confortevole margine di vantaggio. Nessuno poteva immaginare di colmarlo. Ma all'improvviso dalla ruota posteriore sinistra della Rossa si levò un filo di fumo. Un cuscinetto, del costo di poche migliaia di lire, cedeva rovinosamente. Non solo: al guaio di Schumi si sommava il crack di chi lo seguiva. Per una clamorosa sequenza di coincidenze Villeneuve si ritrovava padrone della corsa.

«Enzo Ferrari era solito dire che nell'automobilismo la fortuna e la sfortuna non esistono» ricorda Franco Gozzi, che del Drake fu strettissimo collaboratore. «Aveva ragione, se un particolare si rompe su una macchina c'è sempre un responsabile, un colpevole. Ma non c'è dubbio che nell'estate del 1997 il destino fu molto benevolo con Jacques. E ammetto che chi aveva voluto bene a suo padre non riusciva a dispiacersene.»

La volata per il titolo diventò incandescente. Fra Germania e Ungheria Michael raccolse 9 punti, frutto di un secondo e di un quarto posto. Villeneuve fece sua la tortuosa sfida di Budapest, dove un'infelice scelta delle gomme penalizzò pesantemente la Ferrari. La suggestione delle Ardenne ristabilì le gerarchie: viaggiando come un indemoniato sul circuito prediletto, a Spa Schumi inflisse al canadese una dura lezione. A cinque prove dal termine il tedesco era in vetta alla classifica. «Sono ottimista» rispose a chi gli chiedeva un pronostico. «All'interno della squadra si è creata una dinamica positiva. Adesso credo che i problemi siano tutti della Williams.» I suoi tifosi, che in Belgio tradizionalmente celebravano la festa annuale del fan club, esposero uno striscione eloquente: «Non basta un cognome per diventare campioni del mondo».

Se ne sarebbero pentiti. Chi di cognome ferisce, di cognome perisce: infatti sull'economia della stagione stava per giocare un ruolo determinante un altro pilota che si mormorava avesse trovato ospitalità in Formula Uno in ragione esclusiva della registrazione anagrafica.

Ralf Schumacher non aveva mai nascosto di voler seguire le orme del fratellone. Più giovane di sei anni, aveva seguito da lontano le prime imprese sportive di Michael. La differenza di età aveva allentato i rapporti tra i due: Schumi senior girava già per l'Europa quando Ralf era ancora un adolescente. Il legame ovviamente c'era, ma non si poteva dire che fossero cresciuti assieme: si volevano bene senza essere troppo in confidenza.

Fanatico del kart da bambino esattamente come il primogenito, il cadetto si era poi distinto in fretta al volante di vetture più o meno competitive. Ma nel 1997, non ancora ventiduenne, forse non meritava un ingaggio in Formula Uno. Aveva, però, lo stesso manager di Michael, l'abilissimo Willi Weber. Per una scuderia come la Jordan, sempre alla ricerca di sponsor, l'ingaggio di Schumi 2 rappresentava un bel biglietto da visita. «Non avendo avuto il maggiore, mi accontenterò del minore»: così, ricordando la lite del 1991, Eddie Jordan commentò l'assunzione di Ralf. Il ferrarista diede la sua benedizione: non sarebbe stato lui a ostacolare i progetti del fratellino.

Che proprio Ralf potesse ostacolarlo nella lotta con Villeneuve era un'eventualità che Michael non aveva assolutamente considerato. E nell'ambiente circolavano chiacchiere più o meno credibili sugli interessi «di famiglia»: all'Hungaroring, quando la Rossa del maggiore si era trovata in difficoltà nel finale del Gran Premio, molti avevano avuto l'impressione che il minore avesse evitato di sorpassarla, per non sottrarre al fratello un punto prezioso nella battaglia iridata.

Vera o falsa che fosse, l'ipotesi, maliziosamente rilanciata dai fan del canadese, fu presa sul serio da Eddie Jordan: che si premurò di spiegare al suo dipendente che era suo dovere tutelare la causa della scuderia che gli passava lo stipendio.

Fatalmente Ralf soffriva di una sorta di complesso d'inferiorità nei confronti di Michael. Avvertiva l'esigenza di liberarsene, anche perché i sospetti, in Formula Uno, sono un virus potentissimo. Se non vengono stroncati subito, possono minare una carriera.

A Zeltweg, il 21 settembre, si correva il Gran Premio d'Austria. Migliaia di italiani e di tedeschi avevano preso d'assalto la località, che tornava a ospitare una gara valida per il mondiale dopo dodici anni. La Ferrari in pratica gareggiava in casa: ma lo sventolare delle bandiere rosse non impedì a Villeneuve di cogliere un successo fondamentale. In difficoltà dall'inizio alla fine, Michael cercava di limitare i danni: il quinto posto era alla sua portata, ma nel finale un pilota ardimentoso glielo soffiò con una manovra spregiudicata. Era suo fratello.

Peggio ancora le cose andarono, per la famiglia, una settimana più tardi al Nürburgring, dove era in calendario il Gran Premio del Lussemburgo. Una gigantesca carambola in partenza coinvolse numerose monoposto. Ma fu la Jordan di Ralf a speronare la F310 B di Michael.

Fratelli coltelli titolarono i giornali di mezzo mondo senza nemmeno sforzare troppo la fantasia. Non mancarono tentativi di interpretare in chiave psicanalitica l'episodio. Dopo un brusco chiarimento a quattr'occhi, fu il maggiore a incaricarsi di liquidare la vicenda: «Stasera io e lui andremo a cena assieme, non ci sono problemi personali tra noi. Anzi, quanto è accaduto dovrebbe aiutare tutti a comprendere che Ralf è un avversario come gli altri. In pista non esistono amici e parenti. E a me va bene così».

Nel frattempo «il figlio di», cioè Villeneuve, grazie all'involontario supporto del «fratello di», cioè Schumi 2, aveva allungato le mani sul titolo. Restavano da disputare il Gran Premio del Giappone a Suzuka e il Gran Premio d'Europa a Jerez de la Frontera, in Andalusia. Il canadese li avrebbe affrontati con un «bonus» di 9 punti di vantaggio.

Michael aveva bisogno di un miracolo. Invece stava entrando nel tunnel dell'incubo. Dove lo attendeva il peggior nemico. Se stesso.

L'alleato irlandese

Che il titolo potesse essere davvero conquistato da Villeneuve, come ormai l'aritmetica suggeriva, lasciava particolarmente perplesso Eddie Irvine. La seconda guida della Ferrari non provava alcuna simpatia per il canadese. Abituato a rispettare le esigenze di Schumi, in ossequio alle rigide gerarchie interne dettate da Jean Todt, l'irlandese non capiva perché Jacques, che pure era una persona intelligente, si fosse tanto accanito contro di lui. Ogni volta che apriva bocca, il figlio di Gilles contestava platealmente l'organizzazione della scuderia italiana. E puntava l'indice accusatore contro Irvine: «È un impiegato, accetta di essere trattato come un cameriere, è un uomo senza carattere, io al suo posto mi ribellerei».

Eddie all'inizio non se l'era presa più di tanto. Qualcuno gli aveva spiegato che quella di Villeneuve era una sorta di malcelata gelosia: in realtà, a dispetto dei dinieghi ufficiali, il giovanotto aveva sognato a lungo la macchina rossa e vedeva nel playboy venuto dall'Irlanda il mediocre usurpatore di un ruolo che avrebbe potuto e dovuto essere suo. Non potendo contestare Montezemolo e Todt per la scelta di Schumi, che era il miglior pilota in circolazione, se la prendeva con il povero Irvine.

Povero per modo di dire: per far da valletto fedele al tedesco, Eddie percepiva comunque un ingaggio sontuoso. Non che i soldi bastassero a lenire la frustrazione: nelle cattiverie di Jacques, l'irlandese lo sapeva, un fondo di verità c'era. Nel contratto di Irvine c'era scritto a chiare lettere che sempre e comunque sarebbe stato prevalente l'interesse del tedesco: ma che un professionista come Villeneuve fingesse di ignorare l'esistenza di certe realtà, ecco, questa dimostrazione di insensibilità irritava il gregario di Maranello. O forse Jacques credeva che ribellarsi avrebbe cambiato le cose? Le avrebbe cambiate, sì, ma in un altro senso: la Ferrari avrebbe immediatamente trovato un partner ancora più docile di Eddie.

«I patti erano chiari» ricorda Enrico Zanarini, che dell'irlandese era amico e manager. «Todt ha sempre avuto un'idea monarchica dell'automobilismo: dicevano i Savoia che si regna uno alla volta, e per Jean in una scuderia di F1 era la stessa cosa. La rivalità interna non aveva diritto di cittadinanza: tutta la Ferrari era al servizio di Michael, compreso Irvine. Se Todt fosse stato il capo della McLaren all'epoca della loro storica rivalità, Senna e Prost non sarebbero mai stati messi in condizione di litigare. Perché lui, Todt, avrebbe designato preventivamente il numero uno e il numero due.»

Nei primi ventiquattro mesi di coabitazione Schumi non aveva mai avuto bisogno della collaborazione «diretta» del compagno in gara. Eddie raramente poteva provare la macchina tra un Gran Premio e l'altro e quasi sempre doveva adattarsi alle scelte del capitano. La Ferrari del 1997, poi, era una vettura bizzosa, non semplice da guidare. Michael riusciva a tenerla là davanti, ma Irvine, a due gare dalla fine della stagione, aveva raccolto appena 18 punti. Un bottino magrissimo, un bilancio insoddisfacente: Montezemolo aveva anche valutato l'ipotesi di non rinnovargli il contratto.

Nel weekend di Suzuka, però, tutto cambiò all'improvviso. Appeso al filo dell'ultima speranza, Schumi doveva assolutamente vincere la corsa. Era un obiettivo alla sua portata. Solo che poteva non bastare: era necessario che Irvine mettesse la seconda Rossa davanti alla Williams di Villeneuve. L'irlandese doveva sottrarre punti al canadese.

«Finalmente Eddie venne coinvolto nella preparazione strategica della gara» rammenta Zanarini. «Per la prima volta in due stagioni, Brawn lo fece sentire importante. Lui e Todt gli chiesero anche un parere sul modo migliore di sfruttare le gomme. E Michael fu molto gentile: "Eddie" gli disse "io lo so che qui a Suzuka tu conosci ogni centimetro del circuito, se uniamo le forze possiamo ribaltare la situazione". Era sottinteso che la sua permanenza in squadra dipendeva da come si sarebbe comportato in pista.»

Irvine aveva costruito parte della sua carriera proprio in Giappone. A Suzuka aveva debuttato in Formula Uno, nel 1993: era talmente sicuro di sé da permettersi di ritardare il doppiaggio da parte di un certo Senna. Alla fine di quella corsa Ayrton aveva cercato di picchiarlo. E il nome dello sconosciuto irlandese era finito nei titoli dei giornali.

Mentre il clan ferrarista riscopriva le qualità del numero due, Villeneuve si rendeva protagonista involontario di una bizzarra vicenda. La mattina dell'11 ottobre, durante le prove, il canadese non aveva rallentato mentre i commissari sventolavano le bandiere gialle per segnalare una situazione di pericolo. Era un'infrazione non grave: il canadese non ne aveva tratto alcun beneficio, l'irregolarità aveva una valenza puramente formale.

Non la pensarono così i giudici del Gran Premio del Giappone: applicando con incredibile severità le norme del codice, decisero di escludere Jacques dalla corsa. In teoria, la sanzione era ineccepibile. Nella pratica, era un'ingiustizia colossale: a Villeneuve veniva inflitta una pena sproporzionata alla colpa, nel momento più delicato della stagione. A tutto vantaggio di Michael, che aveva 9 punti da recuperare.

A rendere ancora più assurda la situazione provvedevano le farraginose procedure dei ricorsi: inoltrando immediato appello, il figlio di Gilles otteneva il diritto di schierarsi alla partenza, ma il suo risultato sarebbe stato sospeso in attesa di omologazione. Un incredibile pasticcio, che apriva scenari sconcertanti. Cosa sarebbe accaduto se Villeneuve, in pista *sub judice*, avesse buttato fuori strada Schumi? Era lecito esporre un pilota al rischio della competizione, un rischio probabilmente inutile?

Jacques dava della storiaccia un'interpretazione complottarda: ecco la prova finale di quanto aveva sempre sostenuto, che Schumi era il beniamino della federazione internazionale e tutto era stato orchestrato per spingere il tedesco verso la conquista di un titolo mondiale altrimenti perduto.

Tra schizzi di veleno e polemiche assordanti, domenica 12 ottobre il Gran Premio del Giappone fu sorprendentemente regolare. Villeneuve cercò invano il risultato plateale, ma era troppo nervoso. Si classificò quinto, piazzamento poi inesorabilmente azzerato in nome di un'ottusa giustizia. La strategia Ferrari funzionò invece alla perfezione. Irvine fu bravissimo: per 18 giri l'irlandese menò le danze, combinando le sue mosse con le esigenze di Schumi. Protetto dal redivivo compagno di squadra, Michael contenne senza problemi la rimonta dell'altra Williams, quella di Frentzen. I 10 punti spettanti al vincitore lo riportarono in vetta alla classifica iridata. «Ringrazio Eddie di cuore, è stato formidabile» disse il tedesco nella conferenza del dopo gara. «Ho un debito con lui, lo onorerò.»

Sapendo di non poter passare alla storia, Irvine passò subito alla cassa: ventiquattr'ore dopo, Montezemolo migliorava le condizioni economiche del contratto che legava l'irlandese alla Ferrari. Contratto prolungato, si capisce.

«Non sarò io ad avvertire la tensione, per me non è la prima volta, io sono abituato alla pressione. Lui, invece, non so.»

Preceduto da questa spavalda dichiarazione, giovedì 23 ottobre Michael Schumacher fa il suo ingresso nell'autodromo di Jerez de la Frontera. Siamo in autunno, ma in Andalusia la temperatura è ancora estiva. Lo scenario è ideale per l'epilogo di una stagione affascinante come un romanzo d'avventura. Era dal 1990, anno dell'ultima grande sfida iridata fra Alain Prost e Ayrton Senna, che la Formula Uno non viveva un momento tanto eccitante.

I media di tutto il mondo accorrono a frotte in questo angolo di Spagna. Il duello tra Schumi e Villeneuve ha reso popolarissimi i Gran Premi in ogni continente. È stato calcolato che oltre un miliardo di telespettatori seguiranno in diretta la battaglia finale. La sentenza sarà immediatamente esecutiva, senza appello: un punto solo divide il tedesco dal canadese. Chi vince è campione del mondo.

In Italia, dove il ricordo di una Ferrari iridata è lontano nel tempo, l'attesa è frenetica. A Maranello, capitale delle Rosse, viene allestito un maxischermo in piazza per contenere le ventimila persone che si raduneranno per assistere all'evento. A Montreal, la città di Jacques, i suoi tifosi hanno predisposto una notte di veglia: in Canada, per via del fuso orario, scatterà domenica mattina l'ora X della corsa della verità.

Mentre i meccanici della Ferrari e della Williams cominciano a lavorare sulle monoposto dei duellanti, i pronostici si concentrano sul tedesco. Non solo perché può contare sul piccolo, minuscolo margine di un punto. Tra i due, è lui il più esperto. Inoltre a Jerez si è sempre comportato bene: le caratteristiche del circuito andaluso esaltano il suo stile di guida; nel 1994 con la Benetton proprio qui Michael si è aggiudicato un Gran Premio dando spettacolo. Villeneuve, invece, si trova in una difficile situazione psicologica. Il disastro giapponese ha riaperto una partita che credeva già chiusa. «Non può farcela» commenta Niki Lauda. «Il carisma di Schumi lo schiaccerà.»

Niki conosceva bene Gilles, ma non sa nulla di Jacques. Il giovanotto se ne frega del carisma di Michael. Alza la posta nei giorni febbrili della vigilia, spostando l'attenzione sugli aspetti extrasportivi. «L'unica cosa che temo» spiega il canadese «è la slealtà del mio rivale. Lui è abituato a giocare sporco. Vi ricordate cosa combinò a Damon Hill nel 1994? Ma sappia che se stavolta prova a fare il furbo io sarò più cattivo.»

La guerra dei nervi può essere importante quanto la competizione tecnologica. Villeneuve segnala un pericolo concreto. Nel 1989 Alain Prost si laureò campione tendendo una trappola a Senna: in caso di collisione il titolo sarebbe andato al francese. E così fu. Nel 1990 Senna restituì pan per focaccia al rivale, buttandolo deliberatamente fuori nella gara decisiva e sfruttando l'incidente per acquisire la matematica certezza del trionfo iridato. Quanto a Schumi, il controverso precedente di Adelaide continua a far discutere, soprattutto da quando Hill ha modificato la sua valutazione: se in un primo momento aveva assolto il tedesco, più tardi Damon ha fatto sapere di ritenere volontariamente scorretta la manovra che ha garantito a Michael il primo mondiale.

Il timore di una soluzione traumatica della corsa al titolo, alimentato dalle insinuazioni di Villeneuve, spinge Max Mosley, presidente della Federazione internazionale automobilismo, a un insolito intervento. Il numero uno della Fia arriva a Jerez e convoca una conferenza stampa. «Non potremo mai accettare un finale contrario alle leggi dell'etica e dello sport» dichiara Mosley. «Ho avvisato i diretti interessati che se accadesse il peggio applicheremmo sanzioni durissime.»

In apparenza Michael non è turbato dal processo alle intenzioni, che trova ovviamente nella sua persona l'unico imputato virtuale. Ostenta sicurezza: «Sono tutte chiacchiere, in vita mia non ho mai violato le regole».

In realtà Schumi ha i nervi a pezzi. Maschera la tensione scherzando con i meccanici e con gli ingegneri, ma è divorato dall'inquietudine. È stato un campionato difficilissimo. Forse non ha mai guidato così bene in carriera, nemmeno nel 1995, anno in cui ha vinto undici Gran Premi con la Benetton.

Allora però tutto era persino sin troppo semplice, la concorrenza era lontanissima. Stavolta no, stavolta è miracoloso aver portato una Ferrari non irresistibile a giocarsi il titolo all'ultima gara.

Tra la gente che affolla il paddock di Jerez, il solo Todt percepisce il malessere di Michael. Ormai il francese e il tedesco sono ben più che compagni di lavoro. Hanno costruito un rapporto personale basato sulla fiducia reciproca, che si è trasformata in complicità. Jean ha imparato a conoscere l'animo di Schumi. Sa coglierne le emozioni da un dettaglio, da una smorfia improvvisa, da un sorriso tirato. Si considera il suo confidente, quasi un secondo padre. E per Todt, il sabato sera che precede la gara, le sensazioni sono poco piacevoli. Michael ha esaurito il serbatoio delle energie mentali: darà tutto quello che ha, su questo non ci piove. Ma è un uomo in bilico, in bilico tra una gioia sospiratissima e un'angoscia devastante. «Qui nessuno ha capito niente» si sfoga il francese al telefono con il presidente Montezemolo. «Il vantaggio psicologico è tutto per Villeneuve.»

26 ottobre 1997. Il sole illumina la piana di Jerez. Il verdetto delle qualifiche, con tre piloti accreditati dello stesso tempo, ha, se possibile, ulteriormente caricato l'atmosfera. Villeneuve avrà il vantaggio della pole, ma Schumi sarà al suo fianco. Il tracciato misura 4428 metri e dovrà essere percorso 69 volte. Circa cento minuti saranno necessari per completare la gara. Si prevede che tutti i concorrenti effettueranno un paio di soste per i rifornimenti e i cambi gomme. Per perfezionare l'opera di prevenzione, quella domenica mattina Mosley ricorda ai colleghi di Jacques e di Michael che non saranno tollerate «interferenze» nel duello tra i candidati al titolo: che a nessuno venga in mente di danneggiare la Williams del canadese e la Ferrari del tedesco.

In verità, c'è modo e modo di «interferire». Alleanze trasversali possono incidere sull'andamento di una corsa anche senza plateali manifestazioni d'intesa. Per esempio è sufficiente che due scuderie sulla carta concorrenti calibrino entrate e uscite dai box in modo tale da non ostacolarsi a vicenda, trovando invece la maniera di rallentare «scientificamente» un terzo avversario.

«La Williams aveva studiato proprio questa strategia per dare fastidio a Schumi» ricorda Claudio Berro, stretto collaboratore di Todt. «A noi ferraristi non erano sfuggiti i tanti conciliaboli della vigilia tra gli uomini di Villeneuve e i colleghi della McLaren. Intendiamoci, niente di irregolare: ma Hakkinen e Coulthard, che erano i piloti della McLaren, vennero messi al servizio della causa di Jacques.»

Michael sospettava qualcosa del genere: a parte Irvine, suo alleato per dovere contrattuale, sapeva di non avere troppi amici tra i colleghi. Se si fosse tenuto un referendum, la stragrande maggioranza dei driver avrebbe proclamato Villeneuve campione del mondo.

La sgradevole sensazione si sarebbe consolidata durante il meeting tenuto a poche ore dalla partenza. Il tedesco e il canadese si erano scambiati soltanto un gelido cenno di saluto. Tornando verso il motorhome della Williams, Jacques aveva detto al suo manager Craig Pollock: «Quello là stanotte non ha chiuso occhio». E aggiunto con un sorriso: «Io, per la verità, nemmeno».

Il crollo

Si spegne l'ultimo semaforo. A Jerez, il ruggito violentissimo dei motori frantuma i timpani degli spettatori sugli spalti. A Maranello, davanti allo schermo gigante, il capo del governo italiano Romano Prodi unisce la sua voce all'urlo di gioia di ventimila ferraristi: Villeneuve ha lasciato pattinare troppo le ruote della Williams, alla prima curva la Ferrari di Michael è in testa. Sarà lui a dettare il ritmo della corsa: è una delle cose che sa fare meglio, quando ha strada libera il tedesco è micidiale.

«Lo sentimmo gridare via radio: okay, okay, tutto perfetto» racconta ancora Claudio Berro. «Gli attimi che avevano preceduto la partenza erano stati tremendi per tutti. Pensavamo che al via si sarebbe deciso il mondiale, o quasi. Se Jacques non fosse stato capace di sfruttare il vantaggio della pole sarebbe stato costretto a un'affannosa rincorsa.»

A un'affannosa rincorsa, peraltro, il figlio di Gilles è preparato. A Patrick Head, ingegnere capo della Williams, ha confidato il suo piano: «Anche nella peggiore delle ipotesi il tedesco non riuscirà a scapparmi via. Lo braccherò fino all'ultimo metro. Anche oltre il traguardo, se necessario».

Michael è in testa. Vede negli specchietti retrovisori la sagoma della macchina di Frentzen, che è partito meglio del compagno di squadra. Ma certo il connazionale non farà da tappo, non ostacolerà il capitano: infatti a un certo punto alza il piede dall'acceleratore e cede strada a Villeneuve.

«La nostra auto era in condizioni ideali» ricorda Ross Brawn. «Avevamo impostato la gara su due soste: il vantaggio nei confronti della Williams era minimo, eseguire i pit stop senza sbavature era fondamentale. I meccanici della Ferrari non provavano da anni una simile emozione, ma eravamo tranquilli: non avrebbero sbagliato.»

Anche Schumi si fida dei suoi operai. Entra per il primo rifornimento. Risponde a monosillabi, via radio, alle domande di Brawn e Todt: sì, la macchina è bene equilibrata, sì, le gomme non mi stanno dando problemi, sì, le indicazioni del display non segnalano anomalie.

Villeneuve si comporta allo stesso modo. Cambia pneumatici, riparte rabbiosamente. A Montreal, l'intera popolazione della capitale del Quebec si è fermata per seguire il Gran Premio: lungo la centralissima via di Santa Caterina non transita anima viva. Sono deserte anche le chiese dove preti ignari stanno celebrando la messa della mattina.

«Michael, fra un giro ti aspettiamo per la seconda sosta, l'ultima. Dicci se per te va bene.» Sempre leader del Gran Premio, il tedesco risponde con un sospiro: «Yes». Sì, è pronto. Se anche questo pit stop non riserverà sorprese, dopo resteranno sì e no trenta minuti di corsa prima della celebrazione.

«Jacques stava pompando come un matto» rammenta Berro. «Ma non appena Schumi si accorgeva che l'avversario limava di un decimo il distacco, alla tornata successiva ristabiliva le distanze. Segno che si sentiva benissimo e che la macchina rispondeva superbamente alle sue sollecitazioni.»

A Maranello un silenzio carico di speranze accompagna l'ingresso della F310 B nella corsia box. I meccanici sono pronti, hanno le pistole pneumatiche in mano, hanno già attivato le funzioni dell'apparecchio utilizzato per riempire di benzina il serbatoio. Sono secondi lunghi una vita. Oppure, sono secondi lunghi diciotto anni, i diciotto anni che separano la Ferrari dall'ultima conquista iridata.

A Montreal un brusio accompagna il ritorno sulla pista della Williams di Villeneuve. A soste esaurite, il canadese è ancora lontano dal tedesco: quasi 5 secondi. Decisamente troppi, impossibili da recuperare a Schumi in una situazione che vede le due monoposto sullo stesso livello di prestazione.

A Jerez, ospite del garage del Cavallino, Jody Scheckter è combattuto da sensazioni contrastanti. È stato l'ultimo pilota delle Rosse a laurearsi campione ma anche il miglior amico di Gilles, il padre di Jacques. «Pensai, banalmente, che non mi sarebbe dispiaciuto se il titolo fosse stato assegnato a entrambi» ricorda il sudafricano. «Alla Ferrari mi legava un ricordo entusiasmante, ma il piccolo Villeneuve aveva giocato sulle mie ginocchia, mi commuoveva vederlo lì, a pochi passi dal sogno che era costato la vita al suo papà.»

In pista Schumi sembra pienamente padrone del Gran Premio. «A quel punto la corsa era virtualmente conclusa» avrebbe confessato anni più tardi Jean Todt. «Avevamo svolto benissimo il nostro compito, Michael stava guidando da par suo e i momenti difficili erano alle spalle. Dissi a me stesso che, viste le circostanze, la gara era vinta. Mi sbagliavo.»

L'errore di Todt aveva, stavolta definitivamente, un nome e un cognome: Jacques Villeneuve. L'errore di Todt aveva anche una spiegazione: sul più bello, il sistema nervoso di Michael Schumacher, spesso paragonato a un computer per la lucidità delle sue reazioni, stava per cedere. Clamorosamente.

Consapevole di non potersi limitare a difendere un inutile secondo posto, il canadese decide di giocare il tutto per tutto. Per lui è venuto il momento di dare un calcio alla razionalità.

Meglio rischiare una rovinosa uscita di pista piuttosto che accettare la sconfitta. Jacques, che ha sempre rifiutato il paragone con il padre, all'improvviso applica la spregiudicata filosofia del genitore. All'attacco. All'arma bianca.

A Maranello bianche si fanno le facce di migliaia di spettatori soffocati dall'emozione davanti allo schermo gigante: sebbene le gomme appena installate sulla Williams siano ancora «fredde», Villeneuve spinge come un ossesso. In un paio di minuti riesce a infilarsi pericolosamente nella scia del tedesco.

A Montreal una città accelera il battito cardiaco: è evidente che Jacques sta preparando l'assalto della disperazione. Sta cercando di fare qualcosa che non appartiene al suo bagaglio di pilota. Sta cercando di imitare papà.

«Due secondi, Michael. Un secondo e quattro, Michael. Nove decimi, Michael. Hai problemi?» Ross Brawn vede materializzarsi un incubo. Scandisce frettolosamente nel microfono della radio la sinistra progressione di Villeneuve. Curva dopo curva, il vantaggio di Schumi cala paurosamente. Eppure la telemetria conferma che sulla Ferrari non ci sono intoppi, la macchina continua a funzionare.

«Adesso, Jacques, adesso. Gli sei quasi addosso. Adesso, Jacques, adesso!» Al box della Williams Patrick Head ha capito benissimo la situazione: di colpo la situazione si è ribaltata. Forse Michael non ha valutato bene le intenzioni del rivale, forse non si aspetta una manovra aggressiva, forse Schumi, sempre metodico, dà per scontato che Villeneuve non si esporrà al rischio di una staccata da brivido con pneumatici ancora da rodare.

«Quando vedemmo il canadese azzardare il sorpasso all'interno, in fondo a un rettilineo che si chiudeva con una curva non facile da gestire» dice Claudio Berro «pensammo che la Williams non sarebbe rimasta in pista. Sarebbe scivolata fuori, perché era matematicamente impossibile frenare così tardi riuscendo a correggere per tempo la traiettoria.»

In effetti la scena è surreale. La macchina di Jacques si infila accanto alla Ferrari. Per un attimo Schumi dà quasi l'impressione di disinteressarsi della mossa dell'avversario. Pare quasi non vederlo. Ma, in extremis, un morbido colpo di sterzo modifica la linea della F310 B. Le ruote della Rossa puntano verso la Williams. Il contatto è inevitabile.

«Figlio di puttana!» grida Villeneuve sotto il casco. Però dall'urto la sua macchina trae, paradossalmente, un beneficio: «aggiusta» la traiettoria e completa la curva. Invece la Ferrari sbanda e pianta le gomme nel terriccio oltre l'asfalto.

A Maranello un collettivo urlo di dolore squarcia il cielo. Si capisce subito che la corsa di Schumi è finita. È finito anche il sogno mondiale, perché nella collisione la Williams non ha riportato danni di rilievo. Romano Prodi rilascia una malinconica dichiarazione alle televisioni: «Sono sempre stato un ammiratore del tedesco, ma quello che ho visto non mi è piaciuto per niente».

Nella sua villa in collina, a Bologna, il presidente Montezemolo cerca freneticamente di raggiungere telefonicamente Todt a Jerez. L'avvocato aveva in programma di recarsi a Jerez in serata, per la notte dei sospirati festeggiamenti. Decide di partire ugualmente: ha capito subito che alla delusione sportiva si sta aggiungendo un rovinoso danno di immagine.

A Jerez, Michael è sotto shock. Rientra ai box in sella a un motorino guidato da un addetto alla sicurezza. La gara non è ancora finita. Schumi si avvicina a Todt, che è rimasto impietrito al muretto dei box. Allo sbigottito amico francese il tedesco dice: «Dobbiamo preparare subito il ricorso, quel bastardo mi ha buttato fuori». Jean è costernato. Prende tempo: «Michael, credo sia meglio che tu e io riguardiamo assieme, con calma, il filmato dell'incidente. Forse le cose non sono andate come credi».

Nel paddock è scoppiato l'inferno. Il verdetto popolare nei confronti del ferrarista è unanime: Villeneuve aveva ragione a spargere sospetti, quando ha capito di essere battuto Schumi ha cercato di barare. La conseguenza è ovvia: anche nel 1994, all'epoca della collisione con Hill, Michael aveva agito dolosamente.

In tempo reale, in tutto il mondo il tedesco viene processato e condannato seduta stante. Nessuno fa caso allo strano epilogo della corsa: la Williams del canadese rallenta improvvisamente nel finale, regalando vittoria e secondo posto alle McLaren di Hakkinen, al primo successo in carriera, e di Coulthard. Villeneuve non aveva più bisogno della vittoria per laurearsi campione, ma la sua generosità nei confronti di piloti che corrono per una scuderia concorrente è quantomeno sorprendente.

A Jacques, comunque, va tutto bene. Celebra l'impresa con i meccanici e con gli amici. Nei confronti di Schumi è lapidario: «Purtroppo si è comportato esattamente come mi aspettavo. Ha perso prima la testa e poi la faccia. Non è stato onesto».

Intanto, nel motorhome della Ferrari un affranto Todt aziona nervosamente i comandi del videoregistratore. Mostra a Michael quanto è accaduto in fondo a quella dannata curva. Ferma il nastro. Lo manda avanti e indietro una decina di volte. «Non c'è nulla di irregolare nella manovra di Villeneuve» dice con un sospiro. Jean non offre alibi al suo pupillo. Ma non lo abbandona: «Per me sei tu il vero campione del mondo».

A Todt non servono altre parole. Ha capito benissimo: nel momento supremo l'emotività ha tradito Schumi. Per lui non è una sorpresa enorme: proprio perché lo frequenta da vicino, sa quanto il tedesco sia lontano dall'immagine falsa e stereotipata che proietta all'esterno.

Michael non è un Fenomeno. È un uomo in carne e ossa. E come tutti gli uomini talvolta è vittima di quello che George Lucas, il padre delle cinematografiche *Guerre stellari*, ha chiamato «il lato oscuro della forza». La parte meno nobile dei nostri sentimenti più intimi.

Il processo

Eroe fino a pochi minuti dalla bandiera a scacchi del Gran Premio d'Europa, Schumi era diventato un appestato. Un reprobo. Un paria. La sua intera carriera veniva rivisitata alla luce dell'ultimo, sconcertante episodio. Nei commenti dei giornali e delle televisioni, «vergogna» era una delle parole più gentili spesa per commentare la manovra di Jerez. Tutti i suoi comportamenti venivano adesso riesaminati con aspra severità. Pochissimi cronisti, in Italia e in Europa, cercarono di concedergli almeno le attenuanti generiche. Nel furore iconoclasta nessuno più ricordava certi precedenti nella storia dell'automobilismo, le scorrettezze di un Senna o di un Prost.

Inutile si era rivelato un tentativo di rappacificazione con Villeneuve: la sera stessa della gara incriminata Michael e Jacques si erano casualmente incrociati nella hall di un albergo. Il ferrarista gli aveva offerto una birra, complimentandosi per la vittoria. Il figlio di Gilles non si era negato al brindisi, pur non vedendo l'ora di andarsene per i fatti propri.

A niente era servito il fatto che i commissari Fia, forse vogliosi di archiviare in fretta una vicenda sgradevole, avessero assolto Michael nell'immediato dopo corsa. Il comunicato parlava di «normale episodio agonistico». Ma, appena stampato, quel documento era già carta straccia perché un indignato Max Mosley aveva deciso di sottoporre il ferrarista a un sommario processo disciplinare.

E poco aveva aiutato l'apparizione di Schumi nei panni del pentito in una conferenza stampa allestita a Maranello su ordine di Montezemolo: quarantott'ore dopo il disastro Michael ne assumeva pubblicamente la piena responsabilità, correggeva le imbarazzanti dichiarazioni rese nella domenica andalusa (a caldo, si era proclamato estraneo all'incidente), si scusava con Villeneuve e con il mondo intero per il comportamento tenuto in pista, confessava di essere profondamente turbato e prometteva una severa riflessione sul proprio modo di essere uomo e pilota.

«Sfiorammo il confine dell'autodenuncia di stampo staliniano» ricorda Montezemolo ad anni di distanza. «Non fu piacevole né per la Ferrari né per lui ma volevamo porre fine a un linciaggio che stava travolgendo i meriti storici della scuderia e le qualità del pilota. Michael aveva sbagliato e lo ammetteva. Non potevano pretendere che addirittura si suicidasse!»

L'11 novembre, a Londra, il Consiglio mondiale della Fia inflisse a Schumi una sanzione pesante solo sul piano simbolico: il suo nome veniva cancellato dalla classifica finale del campionato del mondo ma non gli venivano tolte le cinque vittorie conquistate in pista. Sulla relativa mitezza della sentenza, forse, influirono le registrazioni radio che Jean Todt consegnò ai giudici: dai nastri emergeva che a Jerez l'ottimo Villeneuve aveva regalato vittoria e secondo posto ai piloti della McLaren perché, curiosamente e misteriosamente, c'era un favore da restituire.

Nell'assolata domenica andalusa forse Michael non era stato l'unico a «giocare sporco».

VII
Dopo la caduta

30 ottobre 1999. In Europa è sera inoltrata. In Giappone sta sorgendo l'alba della domenica. Fra qualche ora, a Suzuka, verrà assegnato il titolo mondiale di Formula Uno. Per il terzo anno consecutivo la Ferrari è in lizza per il trionfo. Ma c'è una novità rispetto alle due stagioni precedenti: la faccenda non riguarda Michael Schumacher. Se non indirettamente.

Gianni e Umberto Agnelli non sono troppo ottimisti. «Non possiamo pretendere dal tedesco che spenda tutto se stesso per garantire il successo di un altro» sussurra quella sera l'Avvocato al Dottore. Che, con un sospiro, dà ragione al fratello: probabilmente il lunghissimo digiuno della Ferrari, una ventennale traversata nel deserto, ancora non è giunto all'epilogo.

E così sarà. «Mio nonno Gianni aveva imparato a conoscere bene la psicologia degli uomini» racconta Lapo Elkann, nipote prediletto del senatore a vita. «Per questo non rimase sorpreso da quanto accadde in Giappone quel 31 ottobre. Ogni persona ha un suo Dna, una sua identità. A un fuoriclasse puoi chiedere di trasformarsi in gregario una volta, non due.»

Ma come si era arrivati a una situazione tanto complicata? Cosa aveva ridotto Schumi, a conclusione del suo quarto anno al Cavallino, al ruolo di comparsa nella volata per l'iride?

La risposta era racchiusa in ventiquattro mesi tumultuosi, zeppi di inconvenienti e di contraddizioni, poveri di soddisfazioni e però ricchissimi di indicazioni preziose per un futuro glorioso che sarebbe cominciato esattamente il giorno dopo la domenica dell'incubo. Perché per Michael, senza finzioni, il 31 ottobre 1999 fu il momento più delicato dell'intera carriera.

Qualcosa di biondo

Il disastro di Jerez, con le inevitabili conseguenze polemiche e il vistoso danno d'immagine, non aveva modificato le convinzioni di chi comandava a Maranello. Il processo e la sanzione della Fia erano una crepa nel monumento del campione tedesco, d'accordo. Però non incidevano sulla considerazione che Schumi aveva guadagnato tra la gente del Reparto Corse.

«L'avventura nel 1997 era finita nel modo peggiore, è vero» ricorda Luca Baldisserri, allora ingegnere di pista di Eddie Irvine. «Eppure non c'era nessuno, tra noi, che avesse cambiato opinione sul suo conto. Avevamo perso per un soffio, avevamo perso male, ma indiscutibilmente lui restava il migliore di tutti. L'unico che potesse portarci là dove volevamo arrivare.»

L'affetto dei tecnici e degli operai ferraristi rappresentava una buona base di partenza: Michael era stanco di doversi continuamente giustificare per la stupidaggine di Jerez. Si era adattato alle richieste della federazione internazionale. Non aveva espresso lamentele contro la decisione di rimuoverlo dalla classifica finale del campionato. Aveva dato la sua disponibilità (gratuita) per una serie di campagne tese a promuovere la sicurezza sulle strade. Aveva anche reiterato l'ammissione di colpa: «Fra le tante cose che ho fatto in carriera» aveva raccontato in un'intervista natalizia «ce n'è una sola che vorrei cancellare. Ed è il mio comportamento nei confronti di Villeneuve».

In verità nell'ambiente non mancava chi riteneva che Schumi fosse responsabile anche di altre cose. Dipingerlo come un cinico sprovvisto di un rispettabile codice morale faceva comodo a tanti. Destabilizzare la Ferrari, che grazie a lui stava diventando sempre più competitiva, non dispiaceva ai rivali d'oltremanica. Quanto al figlio di Gilles, al neocampione del mondo, la sua antipatia per il collega caduto momentaneamente in disgrazia era un fatto accertato.

«Ma non sarà Jacques Villeneuve il rivale più pericoloso nella corsa al titolo»: con questa frase, all'inizio del 1998, Michael dava l'impressione di voler esorcizzare un brutto ricordo. Invece era sincero: aveva capito che la Williams sarebbe uscita molto indebolita dalla fine della collaborazione tecnica con la Renault. Adesso sulle vetture del canadese e di Frentzen sarebbero stati installati motori meno competitivi. Gli effetti non potevano essere che negativi.

Inoltre Jacques stava incappando nella «sindrome di Joe Frazier», dal nome del pugile americano che nel 1971 era riuscito in un'impresa eccezionale: contro tutti i pronostici, Frazier, sul ring del Madison Square Garden di New York, aveva battuto Muhammad Ali, l'ex Cassius Clay, il peso massimo reputato il più grande boxeur di ogni epoca. Era stata una vittoria netta, esattamente come quella di Villeneuve su Schumi nello spareggio di Jerez: ma dal trionfo proprio Frazier era uscito fisicamente e mentalmente a pezzi. La sua carriera era finita, quella di Ali era continuata. Joe aveva preteso troppo da se stesso.

La sbornia d'entusiasmo aveva stravolto Jacques. Il suo rapporto con la Williams si era già deteriorato nei giorni immediatamente successivi alla consacrazione. Più tardi, scelte professionalmente infelici lo avrebbero definitivamente allontanato dall'orbita di Michael. Di fatto, il loro affascinante dualismo si era concluso con l'epilogo di quello che doveva invece essere il primo atto. Schumi lo aveva compreso al volo: forse perché la sua stima per il pilota Villeneuve era sempre stata abbastanza limitata.

Diversa era l'attenzione che il tedesco riservava all'uomo che era pronto a vestire i panni di nuovo sfidante. Con Mika Hakkinen, un giovanissimo Michael aveva già fatto a ruotate nelle formule minori. Non era mancati gli episodi poco chiari: una volta a Macao, dove veniva assegnato un trofeo internazionale caro a entrambi, il tedesco aveva contribuito a determinare una soluzione non limpidissima, fra incidenti in partenza, auto parcheggiate in mezzo alla pista e frenate più o meno ai limiti della correttezza.

Hakkinen se l'era legata al dito. Non che avesse qualcosa da obiettare sul talento del quasi coetaneo Schumi: ma in Finlandia, dov'era nato il 28 settembre 1968, gli avevano insegnato a non dimenticare i torti subiti. Keke Rosberg, il suo connazionale diventato campione del mondo di Formula Uno nel 1982, era stato saggiamente profetico: «Con quello lì» aveva detto indicando Michael «avrai molte occasioni di fare i conti, in futuro».

Mika era sbarcato sul pianeta Formula Uno ancora prima del tedesco. Nel gennaio del 1991 aveva trovato un ingaggio presso ciò che restava di un marchio prestigioso come la Lotus. Archiviata l'epoca leggendaria di Colin Chapman, un bizzarro ma geniale personaggio che aveva spesso sbalordito con le sue intuizioni progettuali persino Enzo Ferrari, la scuderia ormai vivacchiava nelle retrovie dei Gran Premi. Mancavano i soldi e con i soldi erano sparite anche le idee. Ciononostante Hakkinen aveva saputo mettersi in mostra. Era veloce, aggressivo, per niente disposto ad accettare la dimensione di pilota di secondo piano.

Nel 1993 Ayrton Senna fino all'ultimo aveva evitato di impegnarsi con la McLaren per la nuova stagione. Al brasiliano non garbavano i piani tecnici di Ron Dennis e l'idea di non poter lottare ad armi pari con la Williams di Prost lo mandava in tilt. Solo in extremis aveva definito un accordo con la scuderia: avesse tenuto fede ai propositi di ritiro, il suo posto sarebbe stato preso proprio da Hakkinen.

Per un po' Mika fu relegato alle mansioni di collaudatore. Con Senna faceva coppia Michael Andretti, il figlio del grande Mario, campione del mondo nel 1978: era stato Ecclestone, come sempre sensibile alle esigenze commerciali del Circo, a spingere per Andretti junior, sognando di poter così garantire alla Formula Uno le attenzioni degli sponsor statunitensi.

Così, mentre già Schumi diventava protagonista al volante della Benetton, lo scalpitante Hakkinen era costretto a fare lo spettatore. Era vittima di una logica affaristica, peraltro destinata a scontrarsi con la realtà dei cronometri: per una serie di ragioni, in primis la dedizione esclusiva degli ingegneri McLaren alla causa di Senna, il piccolo Andretti non si sollevò mai da una poco aurea mediocrità.

Quando ormai il campionato era agli sgoccioli, il rampollo di Marione se ne tornò in America. Per Mika si materializzava la grande occasione: in Portogallo salì sulla seconda McLaren e fu subito rapidissimo. Per Ayrton non fu semplice tenerselo dietro. Ron Dennis aveva visto giusto: si era messo in casa un potenziale campione del mondo.

Schumi non era stupito. Al di là delle controversie personali, peraltro mai sfociate in acrimonia, la sua ammirazione per il biondino venuto dal Nord era solidissima. «Hakkinen è uno che sa guidare» disse a Todt quando, lasciata alle spalle l'ombra di Jerez, dove proprio il finlandese aveva vinto il suo primo Gran Premio, si erano seduti a tavolino per valutare le prospettive e le insidie del 1998.

Al 1998 Mika era arrivato attraverso vicende anche drammatiche. Abbandonata da Senna alla fine del 1993, la McLaren aveva avuto bisogno di lunghi anni per ricostruirsi. La fallimentare collaborazione tecnologica con i francesi della Peugeot aveva se non altro aperto la strada a un gigantesco accordo con la Mercedes: ma la combinazione tra risorse inglesi e mezzi tedeschi non era stata immediatamente fruttuosa.

Non solo. L'11 novembre 1995, durante le prove del Gran Premio d'Australia a Adelaide, Hakkinen era stato sfiorato dalla morte. Un terribile incidente aveva fatto temere il peggio: faticosamente estratto dalle lamiere della monoposto, il finlandese era rimasto in coma per alcuni giorni. Quasi tutti considerarono dolorosamente archiviata la sua carriera: invece meno di quattro mesi dopo, ancora in Australia, stavolta sul nuovissimo circuito di Melbourne, il biondino era regolarmente al suo posto. La brutta avventura gli aveva lasciato tracce indelebili: lo sguardo aveva qualcosa di strano. Quanto alla cicatrice nell'anima, quella era un segreto che apparteneva esclusivamente a lui.

Fisicamente recuperato in pieno, Mika non si era scoraggiato: mentre Schumi si dedicava al faticosissimo rilancio della Rossa, lui era coinvolto al cento per cento nella riabilitazione agonistica della McLaren. I due viaggiavano su strade parallele, destinate per un po' a non incrociarsi: ancora nel 1997, quando Michael battagliava con Villeneuve per il titolo, un tenace Hakkinen restava sullo sfondo. Stava aspettando il momento giusto. Anzi: lo stava preparando.

Questione di scarpe

La Formula Uno continuava a discutere le conseguenze del pasticciaccio brutto di Jerez quando dal Giappone rimbalzò a Maranello una notizia inattesa: in vista della nuova stagione la McLaren aveva deciso di abbandonare il tradizionale fornitore di gomme, l'americana Goodyear, per stringere un patto con i giapponesi della Bridgestone.

Per Jean Todt fu un fulmine a ciel sereno. Il capo del Reparto Corse ferrarista sapeva che la Goodyear avrebbe dato l'addio ai Gran Premi alla fine del 1998. Un contratto regolarmente stipulato vincolava le macchine del Cavallino all'azienda statunitense. Ma Todt supponeva che lo stesso discorso valesse anche per la McLaren, già considerata la rivale più credibile per il futuro.

Ron Dennis, però, aveva giocato d'anticipo. Per ridurre le prestazioni delle monoposto la federazione internazionale aveva deciso di modificare le caratteristiche degli pneumatici: sarebbero state utilizzate gomme «scanalate». Tecnicamente si trattava di una piccola rivoluzione. Disporre di «scarpe» perfette avrebbe determinato i risultati dei Gran Premi. Esperienze del passato, d'altronde, dimostravano che le gomme potevano fare drasticamente la differenza: tra pneumatici buoni e pneumatici meno buoni saltavano fuori anche 2 secondi di distacco. A giro!

«Noi avevamo già buone relazioni commerciali con la Bridgestone» ricorda Montezemolo. «Ma non ce la sentivamo di mettere in difficoltà gli americani della Goodyear, azienda con la quale i rapporti erano sempre stati eccellenti.

Tra l'altro dagli Usa ci assicurarono che il loro impegno per la Formula Uno non sarebbe stato condizionato negativamente dall'imminente rinuncia ai Gran Premi.»

Probabilmente gli americani erano in buona fede. Solo che avevano trascurato la potenza dei concorrenti orientali. Potendo finalmente disporre di un cliente prestigioso come la McLaren, i samurai della Bridgestone volevano cogliere l'attimo. Dal 1999 sarebbero rimasti fornitori esclusivi dell'intero Circo a quattro ruote: conquistare il mondiale battendo la Goodyear acquisiva un enorme significato simbolico.

Schumi si accorse in fretta di quanto stava accadendo. Già in occasione dei test di fine inverno le nuove «scarpe» permettevano ad Hakkinen di volare. A Maranello l'allarme suonò fortissimo prima ancora del debutto iridato in Australia. Concitate sollecitazioni raggiunsero i vertici della Goodyear: però colmare il ritardo accumulato era un'impresa praticamente disperata.

L'8 marzo, sulle strade dell'Albert Park a Melbourne, la F300, la prima Ferrari interamente progettata da Rory Byrne, sembrava la figlia sgraziata di un dio minore dell'automobilismo. La McLaren era decisamente di un altro pianeta. Norbert Haug, il capo della Mercedes, si affannava a vantare i meriti del dieci cilindri tedesco installato sulla vettura di Hakkinen: ma era evidente come a creare il gap tra la macchina di Mika e quella di Michael fossero in larghissima parte le gomme. A complicare le cose, per il tedesco, arrivò il cedimento del motore.

Peggior debutto non era preventivabile. Con l'altra Rossa il gregario Irvine era stato addirittura doppiato dal finlandese. Che aveva anche goduto di una plateale applicazione del gioco di squadra da parte di Ron Dennis: per un errore commesso ai box, nel finale il biondino aveva perso il primo posto a vantaggio del compagno di scuderia, lo scozzese Coulthard. Ma il team aveva ordinato a Coulthard di fermarsi, per ripristinare le gerarchie. «Lo avessimo fatto noi, alla prima gara del campionato» commentò Schumi «sarebbe scoppiato l'inferno. Direi che c'è un'ostilità preconcetta nei confronti della Ferrari.»

Non era un ragionamento infondato. Ma la sostanza del discorso non cambiava: per quanto aiutato dalle scelte strategiche di Dennis, chiaramente Hakkinen aveva in mano la macchina migliore. Michael era costretto all'ennesima rincorsa in salita. Doveva metterci molto del suo se voleva dare un senso a una stagione che sembrava compromessa sin dal primo atto.

Venti giorni più tardi, in Brasile, nessun segnale positivo. La Goodyear aveva promesso a Montezemolo e Todt una terapia d'urto: solo che ripensare per intero la filosofia costruttiva di una gomma non era cosa che potesse essere fatta nel giro di tre settimane. Avvilito dagli eventi, Schumi doveva combattere contro lo spettro della rassegnazione. Sulla pista cara a Senna, a Interlagos, persino la torcida brasiliana, mai tenera con lui, si rese conto che il vecchio nemico di Ayrton stava tentando di far nozze con i fichi secchi. Sul traguardo le due McLaren si piazzarono in parata, ancora con Hakkinen davanti a Coulthard. Il tedesco faticò per evitare l'umiliazione del doppiaggio: il terzo posto, a un minuto tondo dal finlandese, rappresentava un inutile premio di consolazione.

«Michael, se pensi che non ci sia niente da fare dimmelo, così mi metto il cuore in pace»: al telefono dall'Italia, un depresso Montezemolo cercava conforto alla vigilia della trasferta in Argentina. Il 12 aprile, domenica di Pasqua, a Buenos Aires sarebbe stata corsa una gara che la logica assegnava inesorabilmente ad Hakkinen. Sui 4259 metri dell'autodromo Oscar Gálvez la resa della Ferrari si annunciava definitiva.

«No, io ci credo ancora»: qualcosa era scattato, nella psicologia del tedesco. Ricordava bene le caratteristiche del tracciato argentino: potevano prestarsi a una sorpresa positiva. «Presidente» aggiunse il tedesco «abbiamo solo bisogno di un po' di freddo: ci siamo accorti che le Goodyear rendono meglio se la temperatura scende.»

Nel weekend di Buenos Aires, in un paese che senza saperlo stava allegramente viaggiando verso il disastro finanziario, molti figli e nipoti di italiani si recarono al circuito. Da Fangio a Reutemann, la Ferrari aveva storicamente un buon rapporto con la tifoseria locale. Il primo pilota a vincere un

Gp di Formula Uno con la Rossa veniva proprio dall'Argentina: si chiamava Froilán González, detto «El Cabezón» per la curiosa conformazione del cranio.

Ma i fan sarebbero stati di scarso aiuto se nel cielo si fosse levato il sole. Oppure forse furono le preghiere dei tifosi a risparmiare una domenica di calore alla F300: quando la gara cominciò il termometro non raggiungeva i 15 gradi. Si stava delineando lo scenario sognato da Schumi.

Un grande campione sa quando non può permettersi di sbagliare. A Michael e alla Ferrari la vittoria serviva per sopravvivere. Vincere significava incrinare le certezze della McLaren, spezzandone la serie positiva. Vincere significava reagire allo shock d'inizio stagione: un successo avrebbe restituito motivazione alla squadra, avrebbe cancellato la crisi psicologica, avrebbe spinto la Goodyear a credere nell'opportunità di moltiplicare gli investimenti per azzerare il gap nei confronti della Bridgestone.

Tutte queste cose erano perfettamente presenti nella mente di Schumi quando decise di sferrare un ruvido attacco a Coulthard, al comando della corsa. Fu un sorpasso da brivido, con tanto di ruotata. Quasi un invito a togliersi di mezzo sgarbatamente rivolto allo scozzese. Per nessuna ragione il tedesco avrebbe rinunciato al primo posto.

Lo ottenne, pur non potendo contare sulla vettura più competitiva. Contenne il tentativo di rimonta di Hakkinen, che si classificò secondo. Dopo tre tappe, nella graduatoria del campionato il biondino era saldamente al comando con 26 punti. Ma il ferrarista, risalito a quota 14, aveva riaperto la sfida. «Se questa fosse stata una partita di calcio» affermò Michael nell'intervista dopo la premiazione «potrei dire di aver segnato un gol alla Diego Armando Maradona.»

Voglia di solitudine

Il 12 luglio 1998 un popolo intero aspetta il fischio d'inizio di una partita di calcio. Allo Stade de France, alla periferia di Parigi, è in programma la finale del campionato del mondo.

Per la prima volta i Bleus transalpini, guidati dallo juventino Zidane, possono conquistare il titolo più prestigioso: tra loro e la Coppa Fifa c'è soltanto il Brasile dell'interista Ronaldo.

Tra i centomila spettatori che affollano le tribune, un trafelato Jean Todt è uno degli ultimi a prendere posto. Il manager della Ferrari è arrivato in extremis, servendosi di un aereo privato: poche ore prima, nel pomeriggio, anche lui si è avvicinato al sogno mondiale. Sul circuito britannico di Silverstone, approfittando di un acquazzone improvviso, la Ferrari di Schumi ha ribaltato le gerarchie del campionato: la pioggia ha spinto il tedesco verso il terzo successo consecutivo e adesso Michael è davanti ad Hakkinen in graduatoria.

Todt si siede non lontano da Jacques Chirac, il capo di Stato francese. Negli attimi che precedono il calcio d'inizio la tensione viene stemperata dai complimenti indirizzati dai vip parigini al connazionale «ferrarista»: in effetti, dice a se stesso il piccolo Jean, la squadra di Maranello sembra vicina alla grande impresa. Un po' come i giocatori capitanati dall'altro juventino Didier Deschamps.

Al *suo* mondiale la Rossa di Schumi si è accostata con un colpo di reni inatteso. Dopo il rombo di tuono argentino, il Fenomeno di Kerpen si era arreso ai limiti della macchina. Aveva contenuto il passivo a Imola, raccogliendo un decoroso secondo posto. Ma a Barcellona era scivolato in terza posizione, beccando quasi un giro dalle due McLaren. E ancora peggio le cose erano andate a Montecarlo, dove in teoria l'abilità del pilota avrebbe dovuto compensare i difetti della vettura. Invece l'esasperante inferiorità delle gomme aveva sbriciolato il sistema nervoso di Michael: scattato dalle retrovie, aveva applicato un'assurda strategia di gara, cambiando pneumatici una volta in più degli avversari. Imbottigliato nel traffico, frustrato dall'impossibilità di sorpassare, Schumi si era schiantato contro la Benetton dell'austriaco Wurz, rimediando, con la sconfitta, una figuraccia.

«Quella sera, a Monaco, lui era veramente avvilito» racconta Eddie Irvine, inutilmente terzo in un Gran Premio dominato da Hakkinen. «Mi ricordo che nella riunione tecnica del dopo gara nemmeno aveva voglia di parlare. Sembrava rassegnato. Disse agli ingegneri: "Se questo è il massimo di cui possiamo disporre, è inutile coltivare illusioni".»

Poco più di un mese dopo, in tribuna d'onore a Parigi, mentre un Ronaldo svuotato da un misterioso malore prepartita collabora involontariamente al trionfo dei francesi, Jean Todt rammenta benissimo quei momenti. A quasi tre anni dal suo arrivo a Maranello, forse Michael cominciava a cedere all'idea che non ci fosse nulla da fare. Forse era proprio vero quanto avevano sempre sostenuto i detrattori tedeschi: l'Italia era il posto giusto per spaghetti, pizza e mandolino. Pensare di vincere nel tempio della tecnologia estrema con un prodotto «made in Italy» era stato un azzardo.

Per contrastare la malinconia che minacciava di soffocare il Campionissimo, Todt l'aveva mandato in vacanza. Inutile assillarlo con i test e le riunioni dedicate ai malanni della monoposto. Michael aveva bisogno di staccare la spina.

«Le tensioni cui viene sottoposto un pilota di Formula Uno sono enormi» confida Stefano Domenicali, direttore sportivo della scuderia di Maranello. «Se poi il pilota in questione sta al volante della Ferrari, allora la pressione si moltiplica. Perché la Ferrari è un affare di Stato, è qualcosa che va al di là della semplice dimensione sportiva. Nel 1998 Schumi se ne stava rendendo conto.»

Disperso tra il Texas e l'Arizona, in sella a una motocicletta, accompagnato soltanto dalla fedele Corinna, prima di raggiungere Montreal, sede della tappa successiva del mondiale, Michael apprezzava il bene dell'anonimato. In Nordamerica la Formula Uno è materia che interessa solo una ristretta cerchia di fanatici dell'automobile. I Gran Premi non sono popolari negli States.

Scappare dalla gabbia della notorietà è sempre stato un obiettivo dello Schumacher «pubblico»: in realtà a lui i benefici della fama non procurano entusiasmo. La professionalità dell'individuo si estende al rigoroso rispetto dei doveri connessi al mestiere: Michael non ha mai fatto arrabbiare uno sponsor, non ha mai disertato una cerimonia ufficiale, insomma è un testimonial perfetto per le aziende e un interlocutore corretto per le televisioni. Ma fuori dal lavoro niente: zero assoluto.

«Lo fa per difendersi e per difendere i suoi cari» spiega Montezemolo. «Nel rapporto umano non è freddo e certo non è un egoista. Ma quando nel 1994 Senna morì, lui si trovò, giovanissimo, al centro dell'attenzione in Formula Uno. Era l'unico protagonista rimasto in Formula Uno. Mansell e Prost si erano ritirati. Se non avesse creato un'area tutta sua, per la vita privata, sarebbe stato massacrato dai media. Ha avuto l'intelligenza di capirlo e si è comportato di conseguenza.»

L'isolamento rispetto al resto del mondo è una scelta. Schumi adora la moglie, crede profondamente nella famiglia, ha rari e selezionati amici. Ama passare inosservato. «Per le vacanze invernali ho comprato una casa in Norvegia» ha raccontato. «I posti sono belli, ma la geografia c'entra fino a un certo punto. È che in Norvegia non sanno nemmeno cosa siano i Gran Premi. Così alla sera posso andare in pizzeria con i miei bambini avendo la certezza che nessuno mi indicherà con il dito. Se proprio sono sfortunato mi imbatto in un turista. Ma capita di rado.»

La fuga nell'anonimato è una valvola di sfogo per Michael. Lo era stata anche alla vigilia di quel Gran Premio del Canada, nel 1998: aveva bisogno di ricaricare le batterie, di entrare in una birreria senza sentirsi chiedere l'autografo, senza domande da parte di un tifoso curioso di sapere se e come potesse essere battuto Hakkinen.

Il 7 giugno, giorno della gara sul difficile tracciato di Montreal, proprio Mika era forse l'unico a non considerare ancora chiuso il discorso iridato. Anche i meccanici di Maranello ci credevano poco: durante il weekend si erano organizzati per seguire le cronache dall'Italia sulle fasi finali del Giro. Dopo anni di sfortunate vicende il romagnolo Marco Pantani aveva felicemente indossato la maglia rosa. Schumi aveva partecipato a un brindisi in onore del Pirata di Cesenatico, commentando così la bella notizia: «Vado in bicicletta per curare il fisico, spesso sono uscito assieme allo svizzero Rominger, un ottimo corridore: ma uno scalatore forte e spettacolare come Pantani non l'avevo mai visto in azione».

Per lui, adesso, c'era da scalare una montagna chiamata McLaren. Hakkinen aveva sì dominato le qualifiche del sabato, ma finalmente la Rossa di Schumi si era riproposta su buoni livelli. «Me l'aspettavo, io lo conosco bene il tedesco» aveva detto il finlandese. «Fin quando la matematica non lo condannerà, ci proverà.»

Profezia azzeccata. Dal Canada era scattata la rinascita di Michael. Con una condotta di gara temeraria, culminata in una collisione con la Williams di Frentzen, il ferrarista aveva zittito i fischi dei tifosi di Jacques Villeneuve. Gli abitanti del Quebec non erano riusciti a dimenticare l'episodio di Jerez: anzi, avevano inutilmente invocato una nuova squalifica per il tedesco, colpevole di aver spinto Frentzen fuori pista. Ma la giuria non li aveva accontentati.

Rinfrancato dal colpo a sorpresa, Schumi aveva riattraversato l'Atlantico con il morale alle stelle. Non che pensasse di poter schiantare la McLaren: ma la lotta era riaperta e il calendario presentava subito un'opportunità favorevole.

A Magny-Cours, in Francia, un bravo pilota può sfruttare le caratteristiche del circuito tortuoso: con un buon assetto complessivo, ai migliori non è vietato coltivare sogni di gloria. Il vantaggio aerodinamico della McLaren sarebbe stato messo in discussione dall'aggressività del driver.

«Quella domenica, il 28 giugno, noi calciatori della nazionale italiana di calcio avevamo il pomeriggio libero» racconta Fabio Cannavaro, difensore della formazione azzurra. «Il giorno prima, a Marsiglia, avevamo eliminato la Norvegia negli ottavi di finale dei mondiali. Stavamo iniziando a preparare la partita con la Francia, che avremmo affrontato nei quarti. Per rilassarci un po' ci piazzammo tutti davanti al televisore: per vedere cosa riusciva a combinare Schumi. Come noi, era chiuso dal pronostico: magari ci avrebbe regalato un po' di coraggio.»

Un po' di coraggio? Una vagonata: sfoggiando lo stile di un domatore entrato a mani nude nella gabbia delle belve feroci Michael aveva intimidito Hakkinen sin dalla partenza. La pole del finlandese era stata vanificata subito. Il Campionissimo era in giornata di grazia: portava la vettura al limite, dava sempre l'impressione di essere sul punto di perderla in uscita dalle curve, poi impercettibilmente correggeva la traiettoria e schizzava via. Era un puntino rosso in lontananza, irraggiungibile per la McLaren del finlandese.

«Nel ritiro della nazionale festeggiammo come se fossimo stati noi a vincere» ricorda Paolo Maldini, simbolo dell'Italia calcistica. « Anche perché il trionfo della Ferrari fu completato dal secondo posto di Irvine, per una doppietta memorabile.»

Erano otto anni, dal Gran Premio di Spagna del 1990, che una corsa di Formula Uno non si concludeva con le due Rosse davanti a tutti. Segno che la squadra stava lavorando bene: Schumi non era solo, nella sua battaglia. Peccato che agli azzurri del pallone l'esempio dei ferraristi non bastò: pochi giorni dopo, nella partita contro la Francia, i rigori sbagliati da Demetrio Albertini e da Gigi Di Biagio costarono l'eliminazione alla nazionale diretta dal commissario tecnico Cesare Maldini.

Per buona sorte degli sportivi italiani, il mondiale della Ferrari invece continuava. E nella domenica della finale iridata del calcio, Todt aveva gioito due volte. Da emiliano d'adozione, aveva celebrato nel pomeriggio un altro piccolo record: a Silverstone Michael per la prima volta aveva ottenuto la terza vittoria consecutiva con la macchina del Cavallino, beffando Hakkinen in circostanze avventurose. Da francese, alla sera, il piccolo Jean aveva salutato con entusiasmo la doppietta di Zidane e il gol di Petit: il Brasile era stato travolto, i Bleus erano sul tetto del mondo.

Schumi aveva scommesso sul trionfo di Ronaldo: pagò una cena ai meccanici. Non poteva immaginare che, di lì a qualche tempo, lui e il centravanti dell'Inter, i Fenomeni dello sport di fine Novecento, si sarebbero ritrovati assieme a Parigi. Come pazienti dello stesso medico: il dottor Gérard Saillant.

Trappola sulle Ardenne

Con il suo epilogo tutto francese il mondiale di calcio aveva deluso gli appassionati italiani e tedeschi. Riversare su Michael le attese frustrate dal pallone era persino automatico. Il fatto che Schumi avesse ribaltato una situazione oggettivamente compromessa aveva generato entusiasmi quasi incontrollabili. A Hockenheim duecentomila persone avevano preso d'assalto il Motodrom. Non si erano lasciate smontare dal risultato favorevole ad Hakkinen, che già si era rimesso in carreggiata vincendo in Austria. In agosto, fra Budapest e Francorchamps, al ferrarista si presentava l'opportunità di sferrare il colpo decisivo.

In Ungheria le macchine di Formula Uno erano costrette a correre su una pista buona per i kart. Stretta, tortuosissima, con margini limitatissimi per il sorpasso, la dimensione dell'Hungaroring era un invito a nozze per il talento raffinato di Michael. C'era però un problema: la maggiore potenza del motore Mercedes garantiva ad Hakkinen una tranquilla pole, ulteriormente valorizzata dal secondo posto sulla griglia di partenza del compagno di squadra Coulthard. Lo scozzese ormai veniva utilizzato dalla McLaren come un prezioso gregario al servizio esclusivo delle esigenze del finlandese. La Ferrari si comportava esattamente allo stesso modo nei confronti di Irvine. La differenza era nel trattamento dei media: se era Todt ad applicare gli ordini di scuderia, giù critiche. Quando ad applicarli era Ron Dennis, nessuna obiezione.

Comunque non sarebbe stato il gioco di squadra a decidere la gara ungherese. Partendo da dietro, su un circuito che non tollerava sorpassi, Michael doveva inventarsi qualcosa. Già, ma cosa?

«La sera prima ci scervellammo per ore a cercare di capire come potesse evolversi la situazione in corsa» avrebbe raccontato Ross Brawn, che aveva la responsabilità di decidere le strategie della Ferrari. «Se non ci fossero stati contrattempi, passare Hakkinen in pista era praticamente impossibile. Così, con Schumi, cominciammo a ragionare su una soluzione audace.»

La «soluzione audace» consisteva in un triplo salto mortale senza rete. Cioè in una tripla sosta ai box, per montare gomme sempre fresche. Hakkinen si sarebbe fermato sicuramente soltanto due volte. Ciò significava regalargli all'incirca mezzo minuto di bonus. Ma le simulazioni al computer offrivano un'indicazione preziosa: se Michael fosse stato in grado di viaggiare in gara a ritmo di qualifica, senza concedersi mai una pausa, ignorando il deterioramento degli pneumatici, forse il miracolo si sarebbe realizzato. Naturalmente, al pilota si chiedeva una prestazione senza precedenti: nella Formula Uno del 1998 azzardare tre pit stop era una sfida al buio. E ovviamente i meccanici addetti al cambio gomme e ai rifornimenti dovevano eseguire le operazioni a tempo di record.

«Poteva riuscirci soltanto lui» ammette Eddie Irvine. «La vera superiorità di Michael su tutti gli avversari che ha affrontato in carriera sta proprio qui: nella capacità di martellare giro su giro senza mai accusare una flessione, senza avvertire l'esigenza di alzare il piede per un decimo di secondo. Io, ad esempio, a viaggiare veloce come lui per due o tre giri riuscivo senza problemi. Ma dalla quarta tornata no, il rendimento della mia mente e del mio fisico impercettibilmente calava. Schumi è un fenomeno perché il primo minuto della corsa è uguale all'ultimo.»

Prima della domenica di Budapest non tutti lo avevano capito. Persino Hakkinen, che pure nutriva una stima enorme per il grande avversario, rimase sbalordito dalla stupefacente iniziativa del collega. Sul filo del rasoio, Schumi si stava giocando tutto. La minima imperfezione avrebbe trasformato l'ipotetico trionfo in un disastro. Come un pokerista incallito, il tedesco aveva alzato la posta: se il suo era un bluff, toccava agli altri andare a «vedere».

La spregiudicata operazione fu coronata dal successo. Addirittura un problema tecnico tagliò fuori Hakkinen dalla lotta per il podio: il finlandese scivolò mestamente al sesto posto.

Bruno Vespa, il popolare conduttore di «Porta a porta», era ospite del box Ferrari nella domenica ungherese. «Sono stato testimone di un capolavoro» raccontò il giornalista della Rai. «Persino un profano come me si rese conto dell'eccezionalità dell'evento. La sinergia tra l'uomo che guidava la macchina rossa e gli operai che dovevano assicurare l'esemplare svolgimento di tutte le manovre fu qualcosa di straordinario.»

A questo punto Schumi era virtualmente padrone del campionato. L'appuntamento del 30 agosto a Spa-Francorchamps, sul circuito che da sempre amava di più, sulla pista dove aveva debuttato in Formula Uno e dove aveva conquistato la prima vittoria in un Gran Premio, configurava lo scenario ideale per la definitiva consacrazione. Sulle Ardenne da sempre i tifosi più accaniti di Michael si ritrovavano per la celebrazione annuale. Sulle Ardenne, nel 1995, il Fenomeno aveva letteralmente annichilito Damon Hill, dimostrandosi più veloce dell'inglese sull'asfalto bagnato pur montando gomme da asciutto. Sulle Ardenne, nel 1996 e nel 1997, il tedesco aveva trionfato con la Ferrari, a dispetto di un'evidente inferiorità meccanica.

Anche stavolta, tutto era pronto. Il cielo faceva la sua parte: scaricava tuoni, fulmini e pioggia sul tracciato, come se volesse favorire il pilota notoriamente più abile sotto l'acqua. Un gigantesca carambola alla partenza non aveva alterato il copione: il rito del via era stato ripetuto e dopo pochi minuti Michael aveva inaugurato l'ennesima fuga per la vittoria. Semplicemente, era il padrone assoluto della corsa. Come volevasi dimostrare.

Hakkinen si era perduto nel diluvio. In gara era rimasta una sola McLaren, quella di Coulthard. Ma lo scozzese aveva avuto i suoi guai. Era doppiato e non aveva alcuna possibilità di contrastare la Rossa del Fenomeno.

«Pioveva come può piovere sulle Ardenne» rammenta l'ingegner Luca Baldisserri. «Al box della Ferrari noi eravamo relativamente tranquilli. In circostanze estreme tutto può sempre accadere, eppure Michael conosceva le insidie del posto e della natura meglio di chiunque altro. Aveva la gara in tasca e anche il mondiale, perché Hakkinen era fuori gioco. Quei 10 punti sarebbero stati fondamentali.»

In un clima da tregenda, con le macchine che somigliano dannatamente a motoscafi, fra spruzzi d'acqua che si levano dall'asfalto azzerando la visibilità, Schumi si tiene in costante contatto radio con i suoi tecnici. Ha un vantaggio di assoluta sicurezza sugli avversari meno lontani. Ma non è del tutto tranquillo. Contrariamente a quello che tanti pensano, guidare in mezzo a un temporale non gli piace. «È sempre meglio correre sull'asciutto» ripete da sempre. «Io ammetto di essere piuttosto bravo sul bagnato, ma non è bello essere nell'abitacolo di una Formula Uno quando il cielo è arrabbiato. Se devo essere sincero, quando la pioggia mi impedisce di vedere chi mi segue nello specchietto retrovisore, mi preoccupo. È una situazione che trasmette ansia.»

Chissà se David Coulthard ragiona alla stessa maniera. Nel diluvio delle Ardenne, lo scozzese sta vagando come un'anima in pena. Solo i doveri contrattuali gli impongono di portare a termine la corsa: ha due giri di distacco, non entrerà mai in zona punti. Se potesse metterebbe fine all'agonia rientrando ai box per scappare a cena con la fidanzata top model. Ma, appunto, non può.

Dai box, controllando i dati del computer, Jean Todt fa sapere a Michael che tra un po' gli si paleserà davanti la sagoma della McLaren Mercedes. La Ferrari è nettamente più veloce. Non ci sono problemi. I regolamenti parlano chiaro: chi è doppiato deve immediatamente dare strada al concorrente a pieni giri. Coulthard le norme le conosce: sta nell'ambiente da qualche anno e mai nessuno si è lamentato della sua correttezza.

Ma stavolta c'è in ballo un titolo mondiale. Stavolta i destini di molti uomini si intrecciano nella piccola storia di un sorpasso. In apparenza si tratta di un banale doppiaggio. Nella realtà sarà qualcosa di molto diverso.

Schumi si fida di se stesso e anche del collega scozzese. Quando le circostanze atmosferiche riducono al minimo la visibilità, i driver di Formula Uno applicano un codice di comportamento. Chi sta per essere superato deve mantenere la traiettoria. E deve evitare bruschi rallentamenti, proprio data la scarsa visibilità di chi segue. Errori possono sempre capitare, ma la lealtà reciproca è una garanzia.

Invece sul lungo rettilineo qualcosa non funziona. Da una catastrofica nube d'acqua milioni di telespettatori inorriditi odono prima un rumore sinistro e poi dall'immagine trovano conferma del più atroce sospetto: la Ferrari di Schumi ha violentemente tamponato la McLaren del doppiato Coulthard!

Fossimo in autostrada, non ci sarebbero dubbi: la colpa è di chi tampona, amen. Ma qui siamo in un Gran Premio di Formula Uno. Le regole sono diverse. Inoltre, non è pensabile che un personaggio esperto come Michael abbia affrettato pericolosamente i tempi di un sorpasso ai danni di un avversario non più in lotta per la vittoria.

Insomma, c'è qualcosa che non torna. Lo dimostra, in diretta mondovisione, la furibonda reazione di Schumi. Che parcheggia nel garage il rottame della Rossa, non si ferma a parlare con gli ingegneri, allontana sgarbatamente i telecronisti che tentano di allungargli un microfono e si dirige a passo di carica verso il box della McLaren.

Coulthard è appena rientrato: anche la sua inutile corsa è ormai conclusa. Lo scozzese sta scambiando le prime impressioni con i suoi tecnici e quasi non si avvede del tedesco. Michael è completamente fuori di sé. Tenta di lanciarsi contro il collega. «Tu volevi uccidermi, tu volevi uccidermi!» grida il ferrarista. Un meccanico della McLaren si frappone tra i due: se non intervenisse verrebbero alle mani. Anche perché David, superato lo sbalordimento, replica per le rime: «Sei stato tu a venirmi addosso, tu e la tua stupida mania di crederti in diritto di fare qualunque cosa».

La scena è da Far West. «In tutta la sua vita» ricorda Heiner Buchinger «mai Schumi era stato visto così alterato, così ferocemente indignato. Nemmeno quando litigò ripetutamente con Senna, all'inizio della carriera, aveva manifestato tanta esasperazione.»

Lì, nel paddock allagato di Spa-Francorchamps, qualunque tentativo di sedare la rissa, fortunatamente soltanto verbale, sarebbe destinato al fallimento. Michael è convinto di essere stato attirato in una trappola. Quando Todt riesce a riportarlo sul motorhome della Ferrari la rabbia si sfoga in una crisi di pianto. «L'ha fatto apposta» singhiozza Schumi. «Ha cercato l'incidente per impedirmi di vincere la corsa e il campionato.»

Certezze assolute, sulla dinamica dello schianto, non ce ne sono. Ci si deve affidare all'intuito e a poco altro. Sicuramente è accaduto qualcosa di strano. I dati della telemetria, messi a disposizione dalla Mercedes nel tentativo di placare la polemica, dimostreranno un improvviso e ingiustificato rallentamento, in pieno rettilineo, da parte del compagno di squadra di Hakkinen. Ma innescare volontariamente una collisione, in quelle condizioni, esponeva lo stesso Coulthard a un gravissimo pericolo. Poteva, per fare un favore al finlandese, rischiare la pelle? Improbabile.

A distanza di anni Michael si è convinto della necessità di concedere al collega il beneficio del dubbio. Con una precisazione, però: «Nell'immediatezza del fatto ero assolutamente certo che lui avesse deliberatamente agito per buttarmi fuori» spiega. «Nessun pilota riduce bruscamente la velocità in pieno rettilineo nel bel mezzo di un temporale. Coulthard quel giorno mantenne la traiettoria e quasi bloccò la McLaren. Per me, che mi apprestavo a doppiarlo, era impossibile ipotizzare una manovra del genere, contraria a qualunque logica. Nel buio del diluvio me lo trovai improvvisamente davanti, quasi fermo. Onestamente ancora oggi io provo un sentimento di incredulità se ripenso al suo comportamento.»

Per alcuni mesi i due, ostentatamente, non si rivolsero la parola. Sarebbe stata una partita di calcetto, organizzata a Suzuka a fine stagione da Giancarlo Fisichella, a spingerli verso la riconciliazione. «Visto che dobbiamo passarci la palla» disse Schumi a Coulthard prima del fischio d'inizio «ci conviene dimenticare il passato.»

Nel frattempo Michael era stato costretto a scordarsi pure del mondiale.

Un cuore matto

Il fragoroso disastro delle Ardenne aveva inciso pesantemente sulle speranze iridate della Ferrari. Hakkinen era stato salvato dal caso nel momento peggiore. Adesso, nelle tre gare che restavano, il finlandese poteva fare affidamento sulla superiore qualità delle gomme Bridgestone.

A Monza, per la verità, Michael aveva reagito da par suo alle polemiche infuocate: alla pole aveva sommato la vittoria nel Gran Premio d'Italia, mentre un Irvine sempre più competitivo aveva perfezionato la festa tutta italiana chiudendo la gara al secondo posto. Così, a Mika non era bastato il quarto posto per conservare la leadership nel campionato: Schumi aveva esattamente gli stessi punti del finlandese. Inoltre aveva conquistato il sesto successo stagionale con la Rossa, migliorando le cifre del 1997, quando si era fermato a quota cinque.

La trama del romanzo era esattamente identica a quella di dodici mesi prima. Tutto si sarebbe deciso, stavolta, fra il Nürburgring e il Giappone, teatri delle sfide conclusive. Al Nürburgring la Ferrari non era favorita, ma il pronostico si ribaltava per Suzuka. Gli esperti dividevano equamente le chance tra il tedesco e il finlandese. Forse, si sussurrava dietro le quinte, un ruolo determinante lo avrebbero potuto recitare le seconde guide Irvine e Coulthard. E senza giocare sporco.

«Al Nürburgring gli ingegneri di Maranello avevano preparato benissimo le vetture per le qualifiche» racconta Irvine. «L'idea era molto semplice: dovevamo occupare interamente la prima fila. Io avrei coperto le spalle a Michael, frenando i tentativi di rimonta di Hakkinen. Era un piano perfetto, sulla carta. Però alla teoria non corrispondeva la pratica.»

Il sabato, in effetti, le cose per la Ferrari si misero benissimo. Le soluzioni escogitate da Ross Brawn furono premiate dal cronometro. Pole position per Schumi, secondo posto per Eddie. Hakkinen aveva la bava la bocca: al Ring non è facile superare, per lui si annunciava una domenica da incubo.

«Invece i nostri calcoli non trovarono riscontro nella realtà» ricorda Irvine. «Su entrambe le monoposto avevamo un assetto che usurava le gomme troppo presto. Io venni accusato, anche all'interno della scuderia, di non aver lottato abbastanza per tenere dietro Hakkinen. Ma era una contestazione ridicola. Dopo una decina di giri la Ferrari non stava più in strada. Mika mi infilò in modo pulito e mi sarei vergognato di me stesso se avessi compiuto una porcheria ai suoi danni.»

A poco a poco il sogno di Schumi si dissolveva, mentre migliaia di tedeschi arrotolavano mestamente le bandiere rosse. Hakkinen prese il comando della corsa e non lo mollò più. Sotto la bandiera a scacchi il biondo precedeva il Fenomeno di Kerpen. Adesso, con appena una prova da disputare, il finlandese aveva 4 punti di vantaggio. In Giappone gli sarebbe bastato un secondo posto per laurearsi campione, anche in caso di successo del tedesco. Il meccanismo dei piazzamenti era sfavorevole a Michael. Una sola combinazione avrebbe garantito a Schumi il sorpasso in extremis: la vittoria davanti a qualunque altro pilota che non fosse Mika.

Il 1° novembre, a Suzuka, un bravissimo Irvine la sua parte la fece salendo sul podio. Secondo doveva arrivare, secondo era arrivato. Ma sul gradino più alto non c'era Michael. C'era, di nuovo e definitivamente, Hakkinen.

A Schumi era capitato di non riuscire ad accendere il motore sulla griglia di partenza. Era in pole e poteva ancora giocarsela, perché si era compreso, nelle prove, che la Ferrari era molto competitiva. Fosse andato in fuga, forse la tensione avrebbe dato fastidio a Mika, chiamato a non sbagliare nulla, pena la rinuncia al titolo tanto agognato.

Ma la morsa dell'ansia aveva stritolato, come un anno prima a Jerez, il candidato più esperto. Ufficialmente il flop della Rossa al via venne attribuito a un cedimento dei sistemi elettronici: in realtà il tedesco ci aveva messo qualcosa di suo. Un errore da principiante. L'indole «latina» del carattere era riaffiorata nell'istante supremo. Il battito accelerato del muscolo cardiaco aveva causato il pasticcio. Il cuore matto di Michael si era ribellato all'angoscia: così Hakkinen aveva trovato strada libera. Dal fondo, la Ferrari si sarebbe scatenata in una romantica rimonta: da ultimo che era, Schumi avrebbe trovato la forza di risalire fino al terzo posto. Vedeva in lontananza le sagome di Irvine e del finlandese e stava forse assaporando l'idea pazza di un finale da leggenda: invece il passaggio sui detriti di un'altra vettura provocava l'esplosione di una gomma e l'ennesimo epilogo da sconfitto. Tre anni a Maranello, quattordici Gran Premi conquistati, zero mondiali.

Luca Cordero di Montezemolo, arrivato appositamente dall'Italia per accarezzare il miraggio, si immolava davanti alle telecamere con una dichiarazione inevitabilmente autoconsolatoria: «Vinceremo l'anno prossimo».

Si sbagliava. A metà, ma si sbagliava.

VIII
Tre uomini e una gamba

Nel 1997 era nata Gina Maria. Nel 1999 era arrivato Mick. A Michael e Corinna era sempre piaciuta l'idea di una famiglia patriarcale. Nel giorno del matrimonio, avevano detto di desiderare almeno cinque figli. Evidentemente l'antico pregiudizio di Enzo Ferrari non aveva diritto di cittadinanza nei pensieri del campione tedesco.

Il Drake aveva sostenuto l'esistenza di un legame negativo tra il mestiere di pilota e la paternità. Sulla base dell'esperienza accumulata come «agitatore di uomini», il fondatore dell'azienda di Maranello aveva maturato una convinzione da lui reputata oggettivamente indiscutibile: i figli erano una zavorra appoggiata sul pedale del freno. Erano un handicap insormontabile, per chi aveva il compito di alzare la soglia del rischio al volante di una monoposto.

«È una teoria sorpassata» aveva detto Michael quando Mick era venuto a fare compagnia a Gina Maria. «Io non vedo contraddizione tra il lavoro che amo e i miei bambini. Non andrò più piano perché a casa qualcuno mi aspetta. Anzi, andrò più forte: la felicità privata mi aiuta, mi spinge a essere più competitivo. Chi afferma che dietro un uomo di successo ci sono sempre una grande donna e una grande famiglia ha ragione al cento per cento.»

La cosa importante, per Schumi, era ed è la rigorosa distinzione tra i due mondi. Da una parte la famiglia. Dall'altra la professione. Di qua la tranquillità di un uomo che non ha mai fretta: nelle faccende di casa, Michael adora la pigrizia, non è mai ansioso, si gode ogni minuto di relax. Di là l'ossessione frenetica, la maniacale partecipazione alle vicende della scuderia, la scrupolosa cura per il dettaglio.

«Di Michael Schumacher ne esistono due» conferma Montezemolo. «E uno è complementare all'altro. Non si tratta di schizofrenia, semmai di completezza. Lui è un uomo che ha cercato e trovato un punto di equilibrio tra esigenze diverse.»

I figli invisibili

La frattura tra i due Schumacher, quello pubblico e quello privato, è voluta. È il frutto di una scelta meditata. Pienamente condivisa da Corinna. «Io e mia moglie» ha raccontato Michael «abbiamo visto quello che è successo a tante coppie famose. La popolarità trasforma in proprietà pubblica, chi si presta diventa quasi il protagonista di una soap opera, l'eroe di un reality show permanente. A noi non deve capitare. Non siamo disponibili. E difenderemo sempre l'anonimato dei nostri figli.»

A rafforzare le idee dei coniugi hanno provveduto le disavventure mediatiche di alcuni connazionali famosi. Ad esempio la storia di Boris Becker: grande asso del tennis, il tre volte re di Wimbledon aveva riempito le pagine dei giornali con il suo tormentato matrimonio con la bella Barbara, una donna di colore. Da quel momento la sua famiglia non aveva più avuto un attimo di pace.

Per questo Gina Maria e Mick non hanno mai ammirato dal vivo le prodezze del padre. Non sono mai entrati in un circuito. Non hanno un volto «pubblico». Non sono e non debbono essere i figli del Campionissimo.

«Naturalmente i bambini sanno che mestiere faccio, sanno che guido auto da corsa e ovviamente fanno il tifo per me» ha detto Michael. «La domenica quando ci sono le gare si mettono davanti alla Tv. Gina di solito mi regala un piccolo portafortuna, una volta ha preteso che portassi con me, nell'abitacolo della Ferrari, una spazzolina rosa che usava per giocare con le bambole. Mick invece ha studiato un rito complicato per le cerimonie di premiazione: se vinco, quando salgo sul podio debbo esibirmi in un salto particolare, che abbiamo provato una infinità di volte in piscina.»

Tutto, però, deve rimanere nell'ambito di un rapporto esclusivamente famigliare, privatissimo. «Pretendo per loro un'infanzia assolutamente normale. Hanno un papà e hanno una mamma. Il resto non li riguarda e non li riguarderà. Se li portassi con me a un Gran Premio, verrebbero presi d'assalto dai fotografi, dalle telecamere. Potrebbero pensare che quella è la vita vera. Sarebbe un pericoloso errore.»

È un atteggiamento che vale anche nelle piccole cose della quotidianità. A casa Schumacher, nel limite del possibile, non sono ammesse le baby-sitter. «Se mia moglie mi segue ai Gran Premi, cerchiamo di affidarli ai nonni, ai parenti» ha spiegato Schumi. «Vogliamo che crescano adottando i valori della gente comune. Io e Corinna non eravamo figli di famiglie ricche, eppure abbiamo entrambi un ricordo bellissimo della nostra adolescenza. I soldi sono importanti, si capisce. Ma non debbono essere fondamentali nel determinare la personalità di un individuo. Ai bambini diamo una paghetta di due euro alla settimana, non di più. Voglio che capiscano il valore del risparmio.»

Anche la decisione di mettere su casa in Svizzera fa parte di un progetto esistenziale, al di là dei benefici fiscali, che pure sono importanti. Per indole e per tradizione gli svizzeri non sono ossessionati dalle celebrità. Vivono e lasciano vivere. Nella patria del cioccolato e del segreto bancario è più facile passare inosservati.

«Una volta sono uscito per portare a spasso il cane» ha raccontato Michael. «Con me c'erano i bambini. Ero reduce da una gara molto importante, da una vittoria che mi aveva riempito di soddisfazione. Al parco abbiamo incontrato una coppia. Avevano anche loro il cane al guinzaglio. Ci siamo messi a parlare. Di tutto, ma non del Gran Premio. Probabilmente non sapevano chi ero. Oppure lo sapevano, ma hanno avuto il buon gusto di ignorare la mia immagine pubblica, la mia professione. Ho provato un senso di gratitudine nei loro confronti. Quando io non guido una Formula Uno appartengo interamente alla mia famiglia. E quando deciderò di smettere con le corse tante cose cambieranno, tante cose andranno perdute. Ma non questa.»

Solo una volta Schumi ha avuto il timore di poter perdere tutto.

Imola, finalmente

L'11 luglio 1999 su Silverstone splende il sole. Il Gran Premio d'Inghilterra può dire una parola decisiva nella lotta per il titolo. Come nella stagione precedente, la faccenda riguarda la Ferrari e la McLaren. A Maranello hanno realizzato una macchina, la F399, che sembra in grado di reggere il confronto con la vettura motorizzata Mercedes. Inoltre le gomme non incidono più sui verdetti della pista: la Goodyear si è ritirata, adesso le coperture Bridgestone sono uguali per tutti.

Il primo atto della stagione è stato sorprendente. In Australia Schumi e Hakkinen, i favoriti, sono incappati in una serie di disavventure. Ne ha approfittato Eddie Irvine. L'irlandese non aveva mai vinto una corsa. È al suo quarto anno da ferrarista. Ha già deciso che sarà l'ultimo: per quanto ben pagato, è stufo di fare da valletto a Michael. I rapporti tra i due sono normali. Non hanno mai litigato, le gerarchie all'interno della scuderia sono chiarissime. Il tedesco e l'irlandese si frequentano solo sui circuiti. Fuori, non hanno nulla in comune. Ma sul piano professionale la collaborazione è eccellente: Todt ha capito che a Schumi non giovano le troppe ore spese nelle prove private e ha coinvolto di più Eddie nello sviluppo della monoposto. Un pomeriggio, a Fiorano, l'irlandese percorre più di cento giri di pista per collaudare nuove soluzioni. Alla fine si attacca al telefono: deve raccontare ogni particolare a Michael.

Le cose funzionano. Hakkinen si rimette in carreggiata trionfando in Brasile, ma la Rossa del tedesco è vicinissima. Intanto Irvine colleziona altri punti e resta in testa alla classifica del campionato: a Imola, il 2 maggio, si presenterà come leader del mondiale. È una situazione insolita, che alimenta qualche nervosismo. Anche perché Todt continua a restare fedele ai suoi principi: «La Ferrari ha una prima guida. E questa prima guida si chiama Michael Schumacher».

Forse nemmeno ci sarebbe bisogno di dirlo, ma il manager francese non ha il dono della diplomazia. Comunque nel Gran Premio di San Marino le ambizioni di Eddie vengono ridimensionate: la sua macchina si rompe. Invece quella di Schumi è perfetta: parte dietro Hakkinen ma riesce a mettere pressione al finlandese. In uscita dalla Rivazza, il nervosismo tradisce Mika. Il tedesco ha via libera. È un giorno speciale: sul circuito di casa l'ultimo trionfo della Ferrari risaliva al 1983. Allora Patrick Tambay aveva portato al successo la vettura che era stata di Villeneuve, tragicamente scomparso un anno prima. Dopo, la pista del Santerno aveva riservato ai fan del Cavallino una sequenza interminabile di delusioni. Michael frantuma il tabù. La festa popolare esplode fragorosa. «Non ho mai visto niente del genere» commenta Schumi. «Mi sono commosso. Davvero posso dire di aver capito cosa rappresenta questa macchina per gli italiani. Qui non stiamo più parlando di semplice automobilismo. Sono coinvolto in qualcosa di molto più grande.»

Sembra l'anno buono. Il 15 maggio, nel sabato di Montecarlo, il Campionissimo vorrebbe regalare l'emozione della pole a una signora italiana: si chiama Rossella ed è la sua cuoca preferita. Rossella gestisce un ristorante, il Montana, a pochi passi dal circuito di Fiorano. Quando può Michael va a mangiare da lei. Quando non può si fa portare i pasti ai box. La scoperta dell'Italia passa anche per la cucina.

«All'inizio, della gastronomia non gli importava granché» racconta Rossella. «Poi si è incuriosito. Ma non si è limitato alle mangiate: ha voluto imparare le ricette. Quando è in zona viene a studiare come si prepara un piatto di spaghetti o come nasce un ragù. È diventato un discreto cuoco.»

Per ricambiare Rossella delle lezioni ricevute Schumi l'ha invitata nel Principato. Ma la pole, dopo un duello spaventoso per intensità, viene conquistata da Hakkinen. Il ferrarista deve accontentarsi del secondo tempo. «Non ti preoccupare» dice Michael a Rossella. «Domani Mika me lo cucino allo spiedo.»

A Montecarlo, quasi tutto dipende dal via. Il bizzarro tracciato monegasco non ammette sorpassi. Chi sta dietro, dietro resta, salvo errori o rotture meccaniche di chi è davanti. Lo sa Schumi e lo sa anche Hakkinen.

La partenza di un Gran Premio è un rito quasi esoterico. Il progresso tecnologico ha sottratto ai piloti molte incombenze, trasferendole all'elettronica. Eppure qualcosa rimane affidato alla sensibilità di chi ha le mani sul volante. Schumi ne è consapevole: pochi mesi prima, a Suzuka, si è giocato un mondiale pasticciando con i bottoni e con i pedali.

Stavolta no. Stavolta si è applicato alla materia come uno studentello timoroso di fallire l'esame di maturità. A Fiorano, nei giorni che hanno preceduto il Gran Premio, si è sottoposto a centinaia di test specifici. Li ha interrotti solo per fare una fotografia con un anonimo tifoso. Il tifoso si chiama Giuliano Grandi, è un operaio, è ferrarista da sempre ed è divorato da un male incurabile che presto lo porterà via. Ha chiesto di poter salutare Michael. I due scambiano qualche parola. «Stai attento alla strettoia di Santa Devota» dice alludendo alla prima curva di Montecarlo l'operaio al campione. Che risponde con un sorriso: «Vedrai che non ti deluderò».

Non lo delude. A Santa Devota Hakkinen è già stato dribblato come un birillo. Lo scatto stupefacente di Schumi coglie di sorpresa il biondo. Che poi si complica ulteriormente la vita lasciando a Irvine il secondo posto. Doppietta Ferrari nel Principato: eh sì, sembra sul serio l'anno buono. Tanto che, derogando per una volta dai suoi principi, ferocemente ostili alla vanità delle cerimonie mondane, Michael accetta di partecipare alla serata inaugurale del Festival del cinema di Cannes. Sulla Croisette appare in compagnia di Kate Moss, famosa top model. Ma Corinna può stare tranquilla: si tratta di un impegno dettato dalle esigenze degli sponsor.

La reazione della McLaren alle sconfitte è veemente. Gli

ingegneri della Mercedes varano una versione più potente del dieci cilindri. Hakkinen aggiusta la situazione dominando in Spagna, dove il compagno Coulthard gli copre le spalle. Schumi è solo terzo. Irvine, quarto, non molla. Le buone prestazioni dell'irlandese, mai così competitivo, se non altro dimostrano la qualità della Ferrari.

In Canada, il 13 giugno, Michael e Mika dividono la prima fila. Stavolta la pole non è sfuggita al tedesco, che sul tracciato dell'Isola di Notre-Dame si è sempre trovato benissimo. Al volante della Rossa il tedesco si è imposto a Montreal sia nel 1997 che nel 1998. I bookmaker locali offrono una quota molto bassa per la sua vittoria: lo considerano praticamente imbattibile.

Hanno torto. Assillato da Hakkinen, che non esce mai dalla scia della F399, Schumi commette un errore, arrivando troppo veloce all'ingresso della curva che immette sul rettilineo. Accanto all'asfalto c'è un muretto: i piloti lo sfiorano, lo accarezzano, calcolano con precisione estrema la distanza tra il lato destro delle loro monoposto e la robusta barriera. È un'operazione che diventa routine.

Eppure Michael sbaglia. Sbatte violentemente contro il muretto. Il suo errore coglie di sorpresa persino Mika, che confesserà: «Non me lo aspettavo proprio. Non da lui». Il tedesco non cerca alibi: «Ho fatto una sciocchezza, me ne assumo la piena responsabilità, chiedo scusa a chi lavora con me».

Il mondiale sta prendendo una brutta piega. Il 27 giugno, in Francia, noie al cambio rallentano il ferrarista. Se non altro la Jordan di Frentzen, profittando delle incerte condizioni meteo, nega la vittoria ad Hakkinen. Ma il finlandese guadagna altri punti. Schumi limita i danni piazzandosi quinto, grazie all'aiuto di Jean Todt. Infatti il capo del Reparto Corse ordina a Irvine, che quella domenica sta andando più forte di Michael, di fermarsi per dare strada al compagno. Poiché nella classifica del campionato tra i due ci sono appena 5 punti di differenza, la decisione si presta a molte discussioni. Ma Todt taglia corto: «Il nostro uomo per il mondiale è Schumacher». Due settimane più tardi il destino lo obbligherà brutalmente a cambiare idea.

«È questa la morte?»

Sabato 10 luglio, a Torino, Gianni Agnelli conclude la sua visita nei locali che ospiteranno, il giorno dopo, le celebrazioni per i cento anni della Fiat. Si fa chiamare Montezemolo al telefono. «Caro Luca» dice l'Avvocato «mi farebbe piacere se domani sera, assieme a te, partecipassero alla festa anche i piloti della Ferrari.» È un invito che non si può rifiutare: Montezemolo prega Todt di predisporre un rientro veloce dall'Inghilterra per Schumi e Irvine. Finita la corsa, sono attesi in Piemonte.

A Silverstone le cose stanno andando secondo copione. La battaglia fra la McLaren e la Rossa continua. Hakkinen ha firmato la pole, ma Michael sarà in prima fila accanto a lui. Le differenze di prestazione tra le due macchine sono minime. La partita è apertissima. Il tedesco ha smaltito la delusione del Canada e il disappunto per la mediocre esibizione in Francia. È solo un po' dispiaciuto per l'assenza di Corinna ai box: la moglie ha preferito stare a casa, Mick è ancora troppo piccolo e ha bisogno della presenza della mamma.

La domenica mattina, dopo il warm up, Todt convoca la consueta riunione con ingegneri e piloti. L'atmosfera è tesa, ma senza esasperazioni: la gara è importante, se Hakkinen dovesse vincere ancora, una rimonta diventerebbe ardua per i ferraristi. Il capo francese del Reparto Corse ripete i soliti concetti: «Non ostacolatevi alla partenza e ricordate che siete al servizio di un interesse comune». Viene confermato anche l'ordine di scuderia: se per qualunque circostanza Irvine, alla fine del primo giro, precedesse Michael, dovrebbe immediatamente dare strada al compagno. Il capitano è Schumi.

Sulla griglia di partenza Mika rivolge a Michael un cenno di saluto. Entrambi non ignorano il significato della competizione che li attende. Il finlandese intende rifilare al tedesco il colpo del kappaò. Schumi è consapevole che per lui la vittoria è una necessità assoluta. In caso di sconfitta sarebbe quasi tagliato fuori.

Quando si spengono le luci dei semafori, la McLaren ha

un'accelerazione brutale. Invece la F399 parte al rallentatore. Forse ha sbagliato il pilota, forse qualcosa non ha funzionato alla perfezione nei dispositivi elettronici della vettura. Sia come sia, alla prima curva il tedesco è imbottigliato nel traffico.

Nella residenza bolognese di Villa Fungarino il presidente Montezemolo ha un gesto di stizza. Può darsi sia necessario alzare la voce con gli addetti ai computer del Reparto Corse: non è possibile che Schumi sia così in difficoltà al momento del via.

A Silverstone, però, una segnalazione dei commissari di pista rincuora Jean Todt: c'è stato un incidente alle spalle dei primi, dunque l'intera procedura di partenza dovrà essere ripetuta. Immediatamente scatta la comunicazione via radio a Michael e a Eddie: tutto da rifare, preparatevi.

Ma al tedesco il messaggio non arriva. Sulla sua macchina la radio è in panne. Non che la cosa lo preoccupi: capita spesso, sulle frequenze della Formula Uno. E in ogni caso Schumi ha già deciso come comportarsi: non permetterà alle McLaren di scappare. Salterà subito Irvine, che non avrà motivo di opporsi all'attacco del compagno. Riguadagnare immediatamente i metri perduti è un'esigenza assoluta: Michael ha imbarcato poca benzina, si fermerà abbastanza presto per la sosta. Deve raggiungere e superare Hakkinen. Il più in fretta possibile.

Le due macchine rosse si avvicinano alla Stowe, una delle curve più affascinanti del tracciato britannico. Eddie vede nello specchietto retrovisore la sagoma della monoposto del compagno. È un missile. L'irlandese è allibito: perché il tedesco sta osando tanto? È un azzardo inutile. Gli accordi prevedono che, alla fine del primo giro, l'irlandese dia strada al tedesco.

Così, non sentendosi vincolato da obblighi particolari, Eddie mantiene la sua traiettoria. Sta esercitando un suo diritto. Non sta comportandosi in maniera ostruzionistica. «Io lo spazio per passare gliel'ho lasciato» ricorda Irvine. «Certo non ho facilitato la sua manovra, i patti non dicevano questo. Padronissimo lui di provarci, ma non poteva pretendere che io mi fermassi. Sono un pilota, non un servo della gleba.»

Schumi non si dà il tempo di riflettere. Infatti va dove lo

porta il cuore. Forza l'attacco. Sa che gli basterà mettere le ruote della sua Ferrari davanti a quella di Eddie. Non sa che si sta esponendo a un rischio totalmente inutile: in effetti il Gran Premio è stato interrotto.

Corinna ha un moto di disappunto. Non mette a fuoco immediatamente quanto sta accadendo. Si fida ciecamente del marito, ne conosce l'equilibrio. La sua prima reazione è di dispiacere per l'esito di una gara alla quale Michael teneva tantissimo. Ma un istante dopo la signora intuisce che la realtà è ben peggiore, ben più grave.

Nel salotto di Villa Fungarino, davanti al televisore, Montezemolo ha un sussulto. Capisce, dalle immagini, che qualcosa non sta funzionando. La vettura di Michael non sta completando la curva. Sta andando dritta.

Nella sua casa di Torino, Gianni Agnelli è sbigottito. Non ci sono dubbi: la macchina che si sta lanciando contro le barriere protettive è proprio quella di Schumi. Il senatore a vita chiude gli occhi. Per un attimo, dirà, ho pensato a Senna, all'incidente di Imola.

Sul muretto dei box di Silverstone, l'orrore si materializza davanti a Jean Todt. Il monitor è impietoso: Michael ha perso il controllo della F399, sta viaggiando verso l'incognito, sta per schiantarsi.

Le rilevazioni della telemetria confermano: per quanto rallentata dall'erba e dalla sabbia la Ferrari ha picchiato contro il muro di gomme a 107 chilometri all'ora. Una nuvola di fumo si alza dal luogo dell'impatto. La televisione indugia sulla scena solo per un istante: giusto il tempo di notare Schumi che tenta di alzarsi, tenta di uscire dall'abitacolo. Ma poi ripiomba giù. La radio si è rimessa a funzionare. Ai box, gli uomini del Cavallino sentono un urlo di dolore. Agghiacciante. Poi, il silenzio.

Già interrotto al momento dell'incidente, il Gran Premio d'Inghilterra viene sospeso a tempo indeterminato. Partono le ambulanze. Un silenzio sepolcrale cala sul circuito. La regia della Tv inglese decide di non inquadrare più la curva Stowe. Meglio non mostrare in diretta l'intervento dei soccorritori.

Michael è prigioniero delle lamiere. Non ha perso conoscenza. Tenta di districarsi dal groviglio di rottami. Una fitta lancinante blocca i movimenti della gamba destra. È sotto shock. Ordina a se stesso di mantenere la calma, si sforza di restare lucido: immagina che presto i dottori saranno lì, gli faranno domande, sarebbe importante guidarne l'azione comunicando con loro. Ma su Silverstone è diventato buio. Per tutti, nel cielo c'è ancora il sole. Per lui, è cominciata la notte dell'angoscia.

«Ricordo benissimo il momento in cui ho appoggiato il piede sul freno» ha raccontato Schumi alla giornalista tedesca Sabine Kehm. «Era un'operazione assolutamente normale, stavo completando il sorpasso su Eddie. Di colpo ho capito di trovarmi in un mare di guai: il pedale non rispondeva. La mia Ferrari era rimasta senza freni! Qualunque fosse la mia volontà, ero nelle mani di Dio.»

Con la religione Michael ha un rapporto complicato. Non ama parlare in pubblico delle sue convinzioni interiori: in questo è diversissimo da Ayrton Senna. Non frequenta le chiese, non è un praticante. Ma non ha mai negato di essere credente. E quando ha incontrato Giovanni Paolo II ha confessato di aver provato una profonda commozione.

«L'urto contro le barriere a Silverstone fu violentissimo» ha ricordato ancora Michael. «Ma non sono svenuto. Istintivamente, ho eseguito quello che noi piloti sappiamo essere il primo gesto da compiere dopo un incidente: uscire dalla macchina, subito, nel più breve tempo possibile. Ma non avevo ancora capito in quale situazione mi trovavo: le ruote avevano sfondato il telaio e una gomma aveva ferito in profondità la mia gamba destra. È stato terribile. Ero prigioniero della macchina. Invocavo aiuto, gridavo e piangevo.

«Finalmente sono arrivati i medici con i loro assistenti. Sono riusciti a rimuovermi dalla carcassa dell'auto. Ho pensato: debbo fare qualcosa, debbo alzare una mano, Corinna sta sicuramente guardando la televisione, voglio rassicurarla. Ma non ci riuscivo.

«I dottori mi hanno adagiato a terra, su un lenzuolo. Non ce la facevo a interpretare bene le loro parole. Ecco cos'è la morte, mi sono detto. Sto per morire così, stupidamente. Non vedrò più Corinna e i bambini, è finito tutto. Attorno a me c'era l'oscurità completa. Sentivo solo il battito del mio cuore. Era un rumore violento, ma sempre più flebile. Era come avevo visto in certi film d'azione. A poco a poco l'eroe della pellicola se ne va. Ho pensato: ma io non sono un eroe cinematografico, sono una persona in carne e ossa, non posso morire, non in questo modo.

«Il buio è diventato totale. Il cuore si è fermato. Probabilmente solo per un paio di secondi, ma si è fermato. Era la fine. Poi c'è stato come un lampo, una luce soffusa ha illuminato la scena e ho avvertito di nuovo la pulsazione, il battito del muscolo cardiaco. Ma non capivo assolutamente dov'ero. Forse ero morto.»

Non era morto. Era sull'ambulanza che lo stava trasportando a sirene spiegate verso la clinica del circuito. I medici stavano stabilizzando lo stato del paziente. La gamba destra era malconcia, ma le funzioni vitali non erano compromesse.

Jean Todt aveva immediatamente abbandonato il box della Ferrari. Voleva sincerarsi in prima persona delle condizioni del campione. Poiché la Formula Uno non si ferma mai, di lì a poco il Gran Premio d'Inghilterra sarebbe ricominciato da capo. Eddie Irvine veniva affidato alla gestione di Ross Brawn, il direttore tecnico della scuderia.

I dottori permettono al francese di entrare nella stanza dove hanno ricoverato Michael. I primi accertamenti sono stati rassicuranti. Il tedesco non è in pericolo di vita. Todt chiama Corinna e le organizza un viaggio lampo per l'Inghilterra. L'incubo, per fortuna, si sta dissolvendo. Poi il capo del Reparto Corse si mette in contatto con il professor Saillant: il chirurgo parigino è un luminare dell'ortopedia, ormai è chiaro che il problema riguarda esclusivamente la gamba destra e Todt vuole sia lui a occuparsi della riabilitazione. Saillant è un appassionato di automobilismo e fa il tifo per la Ferrari da quando Todt la dirige: parte subito per Londra.

Intanto il Gran Premio d'Inghilterra ha uno stranissimo svolgimento. Hakkinen pare turbato dalla disgrazia del grande avversario e non riesce a concludere la corsa. Irvine, con l'unica Ferrari rimasta in lizza, potrebbe addirittura vincere, ma un pasticcio ai box lo confina al secondo posto, dietro la McLaren di Coulthard. Ciononostante, adesso, classifica alla mano, l'irlandese è l'avversario più insidioso per il finlandese.

Tra Torino e Villa Fungarino le telefonate si intrecciano. Montezemolo è sconvolto, anche se da Silverstone arrivano notizie confortanti. Il peggio è scongiurato. I sanitari garantiscono sul pieno recupero del tedesco. Ovviamente per lui la stagione è finita, ma potrà tornare a fare il pilota.

Alla festa dei cento anni della Fiat, in serata, Gianni Agnelli fa coraggio al presidente della Ferrari. «Luca, sono cose che nelle corse possono capitare» dice l'Avvocato. «L'importante è non mollare. In attesa del ritorno di Michael dovete provare a conquistare il titolo con Eddie.»

Il giorno dopo, nelle stanze della Fiera di Bologna, Montezemolo riceve Irvine. Il destino ha creato una situazione bizzarra. Con Schumi bloccato in un letto d'ospedale, all'azienda di Maranello resta un'unica chance. Eddie ha appena 8 punti in meno di Hakkinen. Ma l'irlandese ha già avviato le pratiche per un divorzio consensuale, la sua esperienza con il Cavallino è agli sgoccioli. Nel 2000 correrà per la Jaguar, che ha appena rilevato la Stewart. E Todt ha già assunto il brasiliano Barrichello come nuovo partner di Michael.

«Il presidente mi disse che la Ferrari era disposta a fare qualunque cosa pur di permettermi di lottare per il titolo» ricorda Irvine. «Mi spiegò che io ero, per forza di cose, la nuova prima guida della squadra, assicurandomi il pieno appoggio del team. Mi fece il nome del collega che avrebbe rimpiazzato Schumi sin dalla gara successiva: avevano scelto il finlandese Salo, che sarebbe stato interamente al mio servizio. Aggiunse che, se fosse stato necessario, era disponibile a rivedere i piani già definiti per l'annata successiva. Se avessi voluto restare, la Ferrari mi avrebbe prolungato il contratto, aumentandomi lo stipendio. Ma a una condizione: con il ritorno di Michael tutto sarebbe tornato come prima nelle gerarchie della scuderia. Per me questo era inaccettabile. Risposi che a fine campionato ci saremmo separati, come previsto. Adesso avevamo una possibilità di vincere assieme: dovevamo sfruttarla.»

Il martedì Eddie tornò in Inghilterra. Non gli era stato possibile, subito dopo la gara, rendere visita a Michael. Per dissipare eventuali equivoci l'irlandese chiese al suo manager Zanarini di verificare se ci fossero problemi. Non ce n'erano: Schumi non pensava che Irvine avesse una qualche responsabilità nella dinamica dello schianto. Non lo pensava anche perché Todt, dopo aver esaminato i dati dell'incidente, aveva svelato al ferito la cruda verità: sulla F399 c'era stato un guasto, un guasto grave. I freni erano fuori uso al momento del dramma. La colpa era tutta della squadra.

Il dialogo in ospedale, fra Irvine e Schumi, fu breve e scherzoso. «Tu devi dare spettacolo anche quando ti togli dai piedi» disse l'irlandese al tedesco strappandogli un sorriso. «E comunque stai tranquillo» aggiunse. «Tornerò a trovarti da campione del mondo.»

Forse era solo una battuta, ma Michael non riuscì a riderci sopra.

Uno strano paziente

Quando se lo riportò a casa dalla clinica Corinna comprese subito che quella del marito sarebbe stata una convalescenza tribolata. Le raccomandazioni dei medici erano solo un optional: a due settimane dall'incidente Schumi aveva già fatto installare nella palestra della villa svizzera uno specialissimo congegno. Era un simulatore, in pratica una versione «robotizzata» di una Formula Uno. Michael non aveva alcuna intenzione di arrendersi.

«I primissimi giorni, quando proprio doveva stare fermo sul divano» avrebbe confessato la moglie in Malesia, in occasione del ritorno alle gare «ho anche pensato che forse gli sarebbe piaciuto adattarsi a una vita senza corse. Ma non gli ho detto niente perché sapevo che doveva decidere da solo. Lo spavento era stato grosso, eppure mi fidavo di lui. No, non gli ho mai chiesto di smettere.»

A mettere fretta a Schumi, involontariamente, stava provvedendo Hakkinen. Con l'uscita di scena del ferrarista, il finlandese aveva il titolo in tasca. Almeno così credevano tutti. Tutti, meno uno: Eddie Irvine.

«Credo che dovremmo provare a vincerla, questa corsa»: così l'irlandese aveva risposto a Ross Brawn, un sabato sera in Austria, quando dovevano essere varate le strategie per il Gran Premio del giorno dopo. Era, per la Ferrari e per l'intera Formula Uno, la prima volta senza Schumi. Nelle prove le due McLaren avevano dominato. La gente di Maranello non si era ripresa dalla batosta di Silverstone. Le indiscrezioni sul difficile recupero di Michael incupivano ulteriormente l'atmosfera nel box del Cavallino.

Ma Eddie era pronto a giocare la partita per la quale era stato selezionato dal destino. Non aveva nulla da perdere. Per alcune settimane avrebbe persino provato il piacere di essere il leader indiscusso della scuderia. Dopo anni di gregariato, sarebbe stato il capitano unico. Era una sensazione gradevole.

Dall'altra parte della barricata, ugualmente l'assenza di Schumi faceva sentire i suoi effetti. David Coulthard, come Irvine, pensava di essere stato sacrificato sull'altare delle esigenze di squadra. Adesso che il tedesco era prigioniero in casa sua, Hakkinen non aveva più bisogno di essere aiutato: così ragionava lo scozzese, cui la matematica offriva una remota opportunità di reinserirsi nella lotta per il campionato.

A Zeltweg, la domenica, i piloti della McLaren si azzuffarono in pista. «Il gatto non c'è e i topi ballano» commentò sarcasticamente Niki Lauda. Per la verità un gatto c'era: Irvine si infilò tra i litiganti e con un finale «alla Schumacher» andò a prendersi la vittoria tra l'incredulità generale.

Era incredulo anche Michael davanti al televisore. Incredulo e malinconico: non poteva impedire a se stesso di pensare che in due gare Hakkinen aveva racimolato appena 4 punti. «Sembra quasi che mi stia aspettando» aveva detto a Todt la sera al telefono.

Todt non aveva capito bene il senso della frase e del resto aveva altro cui pensare: la sua mancata apparizione sul palco delle premiazioni, accanto a Irvine, aveva scatenato in Italia una furiosa polemica. Molti ferraristi avevano avuto l'impressione che il francese, legatissimo a Schumi, non si sentisse coinvolto nella battaglia che Eddie stava conducendo con la Rossa e per la Rossa contro la McLaren.

«Era un'obiezione assurda, che mi amareggiò molto» ricorda Todt. «Ma come si poteva immaginare una cosa del genere? Ero addolorato per Michael e provavo un senso di colpa, perché a causa nostra aveva rischiato la pelle in Inghilterra. Ma boicottare Irvine sarebbe stato assurdo, controproducente, immorale. A Zeltweg non andai sul podio perché avevamo deciso così in precedenza: per rinsaldare lo spirito di squadra, in un momento tanto delicato, io e gli ingegneri del team ci saremmo alternati sul palco delle premiazioni. Forse avrei dovuto comunicare questa scelta in anticipo, ma non avrei immaginato che sarebbe scoppiato un pandemonio simile.»

L'idea che la Ferrari non godesse più di tanto per l'improvvisa trasformazione di Irvine in campione era smentita dai fatti: la domenica successiva, a Hockenheim, nel Gran Premio di Germania, proprio Todt avrebbe imposto a Mika Salo, il sostituto di Michael, la rinuncia alla vittoria. Alle sue spalle, per quanto decisamente più lento, c'era Eddie. Se il francese avesse voluto danneggiarlo non sarebbe intervenuto per garantirgli 4 punti in più.

Eppure, il sospetto ai box dilagava. E dai box tracimava sui giornali e veniva amplificato dalle televisioni. In sette giorni Irvine aveva trionfato in due gare. Il forfait di Schumi lo aveva liberato da ogni complesso di inferiorità. Chi non aveva mai digerito la totale dedizione della squadra Ferrari al pilota tedesco si sentiva esaltato dalla nuova, imprevedibile realtà.

«C'era un sentimento popolare ben preciso» ricorda Vittorio Feltri, allora direttore del fascicolo nazionale del «Resto del Carlino», della «Nazione» e del «Giorno». «Il tedesco era stato sfortunato, si era fatto male, ma alla gente non dispiaceva che la macchina rossa si dimostrasse vincente anche senza di lui. Per questo titolai i servizi da Hockenheim in un modo volutamente provocatorio: *Schumi, l'inutile fenomeno*. In effetti, tutta l'Italia si era improvvisamente innamorata di Irvine.»

Barricato nella residenza svizzera, Michael i giornali non li leggeva. In compenso leggeva la classifica del campionato del mondo. In sua assenza Hakkinen non si era mosso. Anche in Germania era finito fuori pista. Restavano da disputare sei gare e il gregario irlandese era in testa al campionato. Per quanto assurdo potesse sembrare, a dispetto di tutte le prognosi formulate dai dottori, Schumi era ancora in lizza per il titolo.

«Una mattina, ai primi d'agosto, mi telefonarono da Maranello» racconta Irvine. «Avevamo in programma una serie di test al Mugello. Mi dissero che sul circuito toscano si sarebbe presentato anche Michael. Non era passato un mese dall'incidente di Silverstone. Credevo si trattasse di uno scherzo. Invece era tutto vero.»

Sottoponendosi a lunghe sedute di fisioterapia e verificando la resistenza della gamba operata alle sollecitazioni del simulatore, Schumi si era convinto di poter bruciare i tempi del recupero. Aveva confidato le sue intenzioni soltanto a Todt, assieme al quale aveva trascorso un weekend a Saint-Tropez. Il francese era molto scettico: il professor Saillant, che vedeva le cose da un punto di vista esclusivamente sanitario, considerava addirittura pericoloso un rientro troppo affrettato. «Se la calcificazione delle ossa non fosse completata» aveva spiegato Saillant a Todt «un altro urto potrebbe compromettere definitivamente la riabilitazione del paziente.»

Tre uomini e una gamba: il titolo del film di Aldo, Giovanni e Giacomo sembrava ispirato dalla sconvolgente estate ferrarista. I tre uomini erano Luca Cordero di Montezemolo, Jean Todt e Eddie Irvine. La gamba era quella del tedesco. Una gamba ferita e malconcia: come tutti ebbero modo di rendersi conto in un torrido pomeriggio toscano.

Michael non aveva accettato i consigli dei dottori. Si era

fatto preparare una versione della F399 leggermente ritoccata, per ridurre nel limite del possibile le vibrazioni. E poi, sotto lo sguardo allibito di Irvine, aveva cominciato a girare sul tracciato del Mugello.

«Fu una scena imbarazzante» rammenta l'irlandese. «Ero contento di vederlo lì, umanamente ammiravo il suo coraggio. Ma zoppicava platealmente, non era proprio in grado di partecipare a un Gran Premio. La sua era una follia.»

Il responso della pista fu scoraggiante. Nonostante l'enorme sforzo del diretto interessato, non aveva senso sfidare le leggi della natura. Il 15 agosto, data del Gran Premio d'Ungheria, Schumi sarebbe stato ancora spettatore. Davanti al televisore.

«La sua voglia di rientrare era commovente» rievoca Montezemolo. «Ma ebbe l'onestà intellettuale di capire che stava chiedendo troppo a se stesso. Io capivo il suo stato d'animo, mi ricordavo con quanta tenacia Lauda aveva preteso di tornare rapidamente alle corse dopo il rogo del 1976. Ma non avrei autorizzato la sua iscrizione alla gara di Budapest contro il parere di Saillant.»

Irvine ritiene che la vicenda sia stata comunque dannosa per la scuderia: «Invece di pensare a difendere il mio primato nel mondiale, Todt si preoccupava delle smanie di Michael. Sarebbe stato molto più logico concentrare tutte le risorse della squadra sull'obiettivo primario. Forse il campionato ci sarebbe sfuggito ugualmente, ma almeno non avremmo avuto rimpianti».

Todt invece nega di aver sacrificato l'interesse della Ferrari per favorire il desiderio impossibile di Schumi: «Era un suo diritto provare. Inoltre la Ferrari aveva un debito di gratitudine nei suoi confronti. Rispettare i sentimenti delle persone non è mai un errore. Quella vicenda, per quanto strumentalizzata, ha consolidato il rapporto tra la squadra e Michael. Ci ha reso inseparabili».

Costretto a rinunciare al progetto di una resurrezione agonistica a tempo di record, Schumi stava cambiando idea. Hakkinen si era imposto a Budapest, ma in Belgio era stato beffato dall'irriverente Coulthard. A Monza, poi, un grossolano errore aveva sottratto al finlandese una vittoria di fatto già acquisita. Morale: a furia di piazzamenti incolori, a tre tappe dall'epilogo del mondiale Irvine aveva gli stessi punti di Mika. Se il tedesco fosse rientrato e si fosse messo a disposizione dell'irlandese forse la Ferrari avrebbe potuto coronare un sogno che inseguiva da vent'anni. Ma non con Michael. Con la seconda guida irlandese.

«Emotivamente era una situazione senza precedenti» confida Montezemolo. «A nessuno di noi sfuggiva quanto Schumi avesse contribuito alla rinascita della squadra. Sapevamo anche che diventare campione con la nostra macchina rappresentava ormai l'unico scopo della sua carriera. Ma io avevo il dovere di chiedergli di aiutare Eddie.»

A maggior ragione dopo quanto era accaduto nel Gran Premio d'Europa, al Nürburgring. Al box delle Rosse era successo di tutto. In diretta Tv, i meccanici erano stati incapaci di trovare una gomma da montare sulla monoposto di Irvine. L'episodio aveva rilanciato le ipotesi sulla congiura. In Italia, da sempre, un bel complotto non si nega a nessuno.

«Se avessimo fatto apposta saremmo stati dei geni del male» ricorda Ross Brawn, direttore tecnico della Ferrari. «Invece si trattava di una disavventura figlia del caso. Eddie ci aveva segnalato all'ultimo momento di voler rientrare per cambiare pneumatici. I ragazzi della squadra stavano eseguendo il cambio gomme sulla macchina di Salo, il suo compagno. In pochi secondi dovevano essere eseguite le due operazioni. Nella confusione, andò persa una ruota.»

Mentre accadeva tutto questo, Schumi si era rassegnato all'idea di completare la convalescenza secondo il volere dei medici. Il titolo, per lui, era irraggiungibile. Non aveva più voglia di accelerare i tempi del rientro. Aveva affrontato altri test a Monza soltanto per concludere che tanto valeva rimandare tutto al 2000.

«Ma io sapevo che c'era ancora una possibilità» racconta Montezemolo. «Così chiesi a Todt di allestire una sessione di prove di nuovo al Mugello, a fine settembre. Hakkinen aveva appena 2 punti di vantaggio su Eddie e la Ferrari aveva la possibilità di conquistare se non altro il mondiale costruttori. Noi avevamo bisogno di Michael ed era bene che lui se ne rendesse conto.»

Sul momento, Schumi non era per niente entusiasta del progetto del presidente. Non gli si poteva negare, pensava, il diritto a un sano egoismo. Quando aveva cercato di rimettersi in piedi per tornare a gareggiare era stato sommerso dalle contumelie. Adesso aveva deciso di recitare la parte del paziente attento alle raccomandazioni dei dottori.

«Ho verificato le mie condizioni e purtroppo non sono in grado di partecipare alle prove finali del campionato: non sarei abbastanza competitivo»: con questa frase, alla fine dei test in Toscana, Michael liquidava le pretese di chi lo immaginava pronto a scortare Irvine verso il titolo iridato. Stava mentendo. E lo sapeva.

Lo sapeva anche Montezemolo. L'avvocato si era fatto consegnare i dati telemetrici. I computer segnalavano la perfetta efficienza del pilota. Era solo una questione di testa. Naturalmente Schumi non poteva essere obbligato a correre se non se la sentiva. Ma Todt era d'accordo: le resistenze di Michael potevano essere superate.

La telefonata di Montezemolo durò circa mezz'ora. «Tu hai subito un danno d'immagine» spiegò il presidente al suo pilota preferito. «Di solito chi rimedia un infortunio diventa automaticamente più simpatico: nel tuo caso, per una serie di circostanze, sei diventato impopolare tra i ferraristi, o almeno tra una parte dei nostri tifosi. Io so che non è giusto, aggiunse il presidente. Ma tocca a te smentire i detrattori in malafede. Vai in Malesia, corri e mettiti al servizio della squadra. Non ti chiedo nulla di eccezionale, solo un gesto di affetto nei confronti miei e della scuderia.»

«Farò qualcosa di più» rispose Michael dopo aver dato il suo assenso, cancellando il rifiuto del giorno precedente. Avrebbe mantenuto la parola.

La vittoria regalata

Quando un pilota torna in pista dopo un grave incidente, è un sorvegliato speciale. Non tanto per i postumi fisici: a garantire, in materia, provvedono i certificati medici e le ispezioni dei sanitari al servizio della federazione internazionale. L'attenzione è massima, invece, sul piano psicologico. Sarà cambiato l'approccio mentale? Quali conseguenze avrà, il ricordo della paura, sul comportamento agonistico di chi è scampato all'irreparabile?

La risposta non è mai identica. La storia dell'automobilismo è piena di driver che non si sono arresi al male, al dolore sulla pelle, ma che, una volta restituiti al volante e alla velocità, hanno palesato un disagio inconfessabile e insopprimibile. «Devi dire a te stesso che sei uguale a prima» racconta Gerhard Berger, sopravvissuto al rogo di Imola nel 1989. «Ma non è così facile. Solo quando sei sull'asfalto, in gara, scopri la verità.»

Schumi era abbastanza tranquillo. Dal suo punto di vista, aver saputo che lo schianto di Silverstone era stato provocato da un errore tecnico, da un'avaria all'impianto dei freni, era un elemento di conforto.

«Prima e dopo Silverstone» racconta il tedesco «episodi spiacevoli nella mia carriera non sono mancati. L'incidente è come una variabile indipendente, può far parte del tuo mestiere. La cosa fondamentale è capire cos'è successo. Se non trovi una spiegazione, allora le conseguenze sulla tua mente possono essere permanenti. In Inghilterra avevo compreso le cause dell'uscita di pista.»

Nei mesi in cui era stato costretto a guardare in Tv il duello tra Irvine e Hakkinen, Michael aveva patito una acuta crisi di nostalgia. Il suo amore per le competizioni si era rinsaldato, persino in anticipo sulle ossa della gamba destra. La reazione del fisico alle prove affrontate con la Ferrari era stata incoraggiante: anzi, Balbir, il fisioterapista orientale che da anni lavorava con Michael per migliorarne le prestazioni atletiche, aveva addirittura l'impressione che dal tunnel dell'infortunio il campione fosse uscito più forte.

«Sto bene e sono pronto a fare quanto Todt e la Ferrari mi chiederanno»: a Sepang, il 13 ottobre, centinaia di giornalisti raccolgono le parole del tedesco. A tre mesi dal botto di Silverstone, rieccolo. In apparenza è uguale a come la gente del paddock se lo ricordava. Anche i movimenti della gamba destra sono normali. Schumi ancora non riesce a fare jogging, ma in Malesia fa un caldo terribile e l'umidità consiglia di evitare sforzi inutili. Il Gran Premio è stato fortissimamente voluto dal governo locale, che punta molto sullo sviluppo del turismo. La Formula Uno è un bel biglietto da visita. E il rientro di Michael si trasforma in un gigantesco spot gratuito.

I colleghi lo accolgono con discrezione. Schumi non ha troppi amici nei box. Durante la convalescenza, pochi si sono fatti sentire per avere informazioni. Hakkinen ci scherza su: «Speravo si riposasse ancora un po', mi ha fregato». Irvine è allegro: prima di lasciare l'Europa ha parlato al telefono con il ritrovato compagno di squadra. «Stai tranquillo, ti aiuterò» ha detto Michael a Eddie.

Lo aiuta davvero. Sin dalle prime prove si capisce che a Schumi la sosta obbligata ha giovato. È straordinariamente lucido. Il circuito di Sepang è una novità assoluta per tutti, eppure dopo pochi minuti lui è padrone della pista, conosce ogni dettaglio del percorso. I tecnici della Ferrari sono sbalorditi.

«Mi sono reso conto che la pausa mi aveva restituito energia» avrebbe spiegato Michael. «Forse prima dell'incidente avevo accumulato troppe tensioni. Adesso ero fresco, rigenerato. Avevo buttato via le pile scariche e ne avevo di nuove, potentissime.»

L'ammirazione si fa sgomento negli avversari. Con una Ferrari che nelle quattro gare precedenti aveva stentato, Schumi il redivivo dà spettacolo. E trasferisce tutte le informazioni al compagno di squadra. Che copia l'assetto di Michael e nelle qualifiche ottiene il secondo tempo. Ovviamente, alle spalle del capitano che sta recitando la parte del gregario.

Ma il bello deve ancora venire. La domenica si corrono in pratica due Gran Premi. Uno viene disputato da venti piloti.

L'altro riguarda esclusivamente il ventunesimo iscritto: l'ex malato. Corre da solo, Schumi. Fa quello che gli pare. Potrebbe permettersi di doppiare chiunque. Non lo fa perché ha una missione da compiere.

«Onestamente, ho visto tantissime cose nella mia carriera di manager di Formula Uno» confida Jean Todt. «Ho provato ammirazione per decine di piloti, per il loro coraggio e per la loro intelligenza. Ma sinceramente penso che quel giorno in Malesia Michael abbia disputato la più grande gara di ogni tempo.»

L'albo d'oro non potrà confermare l'opinione di Todt: infatti il miglior Schumacher di sempre quella gara non l'ha vinta. L'ha regalata a Irvine. Spazzando via i sospetti di una vigilia lunga tre mesi, il tedesco aveva deciso di pagare il debito nei confronti della Ferrari, ammesso che ci fosse un conto da saldare. Aveva dunque studiato a tavolino una strategia tesa a favorire il compagno irlandese. Hakkinen aveva fatto la figura del topo in gabbia: la McLaren del finlandese era stata inesorabilmente stoppata dalla Rossa del miglior gregario. Eddie si era sentito in dovere di ringraziare il socio con una battuta scherzosa: «Sai, forse hai sbagliato mestiere: dovevi fare la seconda guida».

La gioia dei ferraristi fu azzerata in serata da un intervento della giuria, che squalificava le macchine di Michael e Eddie per una presunta irregolarità tecnica. Ma la sentenza venne ribaltata in appello. Irvine si sarebbe presentato allo spareggio in Giappone con 4 preziosi punti di vantaggio.

E Michael era al bivio della carriera.

Il dilemma peggiore

Cosa doveva fare? Impegnarsi allo spasimo? Battersi come un leone sul circuito di Suzuka, al solo scopo di vanificare quattro anni della sua vita, consegnando al ferrarista di complemento Eddie Irvine, su un piatto d'argento, quel titolo mondiale per il quale aveva rischiato addirittura la pelle? Certo, dal 2000 magari il destino si sarebbe incaricato di risarcirlo con gli interessi. Ma l'idea che a raccogliere il frutto proibito fosse un pilota che si meritava l'etichetta di «seconda guida», insomma, non era tale da suscitare gli entusiasmi di chi avrebbe dovuto garantirne la realizzazione.

In termini pratici, la vicenda era chiarissima. Se Schumi avesse vinto a Suzuka, a Eddie sarebbe bastato un modesto quarto posto per essere proclamato campione ed entrare così nella storia, primo uomo dopo decenni a diventare re della Formula Uno al volante della macchina rossa. Viceversa, se in Giappone avesse trionfato Hakkinen, all'irlandese non sarebbe stato sufficiente nemmeno il secondo posto.

Nella sua schiettezza Irvine non aveva dubbi: «Io da solo non ce la faccio» aveva detto alla vigilia dell'estremo appello. «Dipende esclusivamente da Michael.» L'analisi rispecchiava la realtà. Con macchine più o meno simili in termini di prestazioni il finlandese della McLaren era decisamente più competitivo di Eddie. Quando si fa lo stesso mestiere per anni, ci si conosce. In un testa a testa l'irlandese era fuori concorso. Per manifesta inferiorità.

Nei pensieri di Michael la situazione era altrettanto limpida. Lui in Malesia aveva spiazzato i detrattori e spazzato via le malignità. Battendosi come il più umile dei servitori per la causa del compagno di squadra, aveva mantenuto la promessa fatta a Montezemolo. Il suo rientro aveva anche regalato alla scuderia di Maranello una solida ipoteca sulla Coppa costruttori. E non era stato Enzo Ferrari a dichiarare, in tempi non sospetti, che per un'azienda automobilistica il trofeo riservato alla migliore squadra valeva persino più dell'alloro individuale?

Adesso non gli si poteva chiedere di più. In Giappone sicuramente Hakkinen si sarebbe presentato tremendamente determinato. Infliggergli una sconfitta avrebbe comportato un enorme dispendio di energie fisiche e mentali. In certi momenti e a certi livelli, il differente spessore delle motivazioni fa la differenza. Se Irvine pretendeva di laurearsi campione aveva una sola cosa da fare: vincere per conto proprio.

Non poteva accadere. E infatti non accadde. Nella domenica di Suzuka Schumi partiva dalla pole, con il finlandese della McLaren accanto. Il tedesco sbagliò grossolanamente la partenza ma sarebbe stato difficile accusarlo di negligenza: in una situazione analoga, dodici mesi prima, sullo stesso circuito, quando era direttamente coinvolto nella caccia al titolo, gli si era spento il motore. Imputargli la malafede era un esercizio impossibile persino per il miglior Perry Mason.

Hakkinen, lesto ad approfittare dell'errore del ferrarista, andò a prendersi quanto gli spettava. Michael fece una corsa onesta, senza metterci l'anima, senza sacro furore. Si limitò a controllare da vicino la McLaren del biondo. Augurandosi, in cuor suo, che il collega non gettasse via l'opportunità con una sciocchezza. Irvine, troppo modesto per accettare la sfida in prima persona, si accontentò di un inutile terzo posto. La Ferrari poteva comunque festeggiare: a sedici anni dall'ultima conquista, si riappropriava di un mondiale, quello a squadre. Infatti Jean Todt, mentre Schumi andava a brindare con Mika, si dichiarò felice e contento: «Ci dispiace per Eddie, ma il bilancio della stagione è positivo».

A Torino, in casa dei fratelli Agnelli, nessuno fu colto di sorpresa dall'andamento del Gran Premio del Giappone. Del resto Gianni l'aveva spiegato a Umberto: «Ci sono cose che a un fuoriclasse non si possono chiedere due volte».

IX
La fine di un incubo

La conquista del titolo riservato ai costruttori aveva dato un po' di respiro alla gente di Maranello. Sebbene non si trattasse del trofeo più importante, quel successo segnava comunque un'inversione di tendenza. Montezemolo spese tutta la sua abilità di comunicatore per valorizzare la vittoria: alla fine, l'opinione pubblica accettò l'idea che la Ferrari stava uscendo dal tunnel delle delusioni.

Michael Schumacher era d'accordo con il suo presidente, ma fino a un certo punto. Andavano bene i discorsi sull'interesse dell'azienda. Erano perfetti i ragionamenti sulla necessità di «fare squadra». Niente da obiettare sullo spirito di gruppo: aggiudicandosi il titolo delle scuderie, la Ferrari era riuscita a battere un colosso come la Mercedes, partner privilegiato della McLaren. Le implicazioni macroeconomiche non sfuggivano al pilota tedesco: eppure, non era venuto in Italia per questo. O meglio: non era venuto *solo* per questo.

Durante le vacanze natalizie Schumi passò lunghe serate in compagnia di Jean Todt. I due si erano ritrovati in Norvegia per il brindisi di Capodanno. Ormai l'amicizia era più forte del legame professionale. Il rapporto di lavoro valeva meno della complicità. I momenti drammatici dell'incidente di Silverstone e le turbolente settimane della riabilitazione avevano definitivamente consolidato l'intesa tra il francese e il tedesco. Nella storia dell'automobilismo sportivo, mai si era vista una coppia così affiatata.

Sulle nevi del Nord, Schumi e Todt avevano esaminato le prospettive per il 2000. Sarebbe stata la stagione decisiva. Per l'uno e per l'altro. Una nuova sconfitta avrebbe minato la credibilità di entrambi. La pazienza degli azionisti e dei tifosi sarebbe stata messa a durissima prova. Con il calice in mano, salutando il nuovo secolo, Michael e Jean sapevano di essere con le spalle al muro. Dovevano vincere. E basta.

Fisicamente il tedesco si sentiva benissimo. I postumi dello spaventoso schianto nel Gran Premio d'Inghilterra erano stati riassorbiti. La ferrea volontà del protagonista non sorprendeva Todt. Già in Malesia e in Giappone si era capito che la guarigione era stata completa. Soprattutto a livello mentale, Schumi era uscito intatto dal tunnel della paura. Anzi, il ritorno al volante aveva accresciuto la sua determinazione. Era motivatissimo. Pur di realizzare il sogno, pur di diventare campione del mondo con la macchina rossa, era disposto a tutto.

Todt non ne dubitava. «Avevo capito che non era minimamente sfiorato dalla tentazione di andarsene, non gli interessava provare a vincere con una macchina diversa» racconta il manager francese. «Poiché l'incidente di Silverstone era dovuto a un nostro errore, gli sarebbe stato facile assumere un atteggiamento di rivalsa. Invece non si lamentò mai, non manifestò un calo di fiducia. E la fiducia reciproca, nella Formula Uno, è tutto.» In questo periodo Schumi fu contattato da Ron Dennis: il capo della McLaren, d'intesa con la Mercedes, gli offrì un posto nella sua squadra. La risposta fu un cortese ma secco rifiuto.

La rinascita agonistica di Michael costituiva uno stimolo enorme per i ferraristi. Lo staff della squadra aveva vissuto con angoscia il periodo post Silverstone. Il timore di non poter più contare sul migliore dei piloti era stato cancellato dai risultati che il tedesco aveva ottenuto a Sepang e a Suzuka. Adesso, però, al Fenomeno ritrovato doveva essere garantita una vettura all'altezza della McLaren di Hakkinen.

Rory Byrne era consapevole di non poter sbagliare. Ammesso avesse avuto bisogno di sollecitazioni, quasi ogni sera riceveva una telefonata del tedesco. Schumi era avido d'informazioni. Si teneva aggiornato in tempo reale. L'incidente non lo aveva cambiato dentro.

Il progettista sudafricano si era circondato di giovani ingegneri freschi di università. Il loro entusiasmo gli serviva per dribblare le insidie della rassegnazione. Non era vero che oltremanica erano più bravi a costruire auto da corsa. Era venuto il momento di dimostrarlo. Definitivamente.

La creazione della F1-2000, nome in codice della nuova monoposto, era stata caratterizzata da un massiccio ricorso alla galleria del vento: la gigantesca struttura disegnata da Renzo Piano era finalmente affidabile. Byrne lavorò molto su inedite sospensioni interamente in fibra di carbonio. Chiese a Paolo Martinelli, il capo dei motoristi, un dieci cilindri più compatto e più leggero. Dopo mesi di simulazioni al computer la macchina per la grande sfida era pronta. Lunga 4397 centimetri, larga 1795, alta dal suolo 959, era stata studiata tenendo conto delle caratteristiche di Michael, del suo stile di guida, del suo modo di sentirsi padrone di casa una volta calatosi nell'abitacolo.

C'era solo un piccolo problema: anche nel 2000, la Ferrari di piloti ne avrebbe avuti due.

Il Paperino brasiliano

Come previsto, dopo il malinconico epilogo di Suzuka un disilluso Irvine aveva chiuso il rapporto di collaborazione con l'azienda di Maranello. Se n'era andato, Eddie, senza lasciare spazio alle recriminazioni. Aveva l'intima certezza di aver sprecato un'occasione irripetibile e non era rimasto stupito da quanto accaduto in Giappone: che Michael rischiasse l'osso del collo per battere Hakkinen all'esclusivo fine di permettere a lui, il gregario irlandese, di laurearsi campione del mondo, non lo aveva mai creduto possibile. Essendo un tipo molto pragmatico, non si sentiva tradito. Semmai rimproverava a Todt alcune decisioni: «In Francia mi aveva fatto perdere un punto a vantaggio di Schumi e a Monza non aveva fermato Salo per farmene guadagnare uno in più» sussurrava Irvine. Ma era difficile imbastire un processo al manager francese su queste basi: sempre Todt, applicando gli ordini di scuderia in Germania e in Malesia, aveva consentito a Eddie di restare in lizza per il titolo fino all'ultima gara.

E poi c'erano i soldi. La medicina migliore per le ferite dell'anima. L'irlandese aveva monetizzato l'enorme popolarità acquisita nell'estate del 1999 strappando un contratto faraonico alla Ford, neoproprietaria, con il marchio Jaguar, della Stewart. Irvine era, adesso, il pilota più pagato del Circo dopo Michael e Hakkinen. «Questo è il classico caso in cui posso accettare di essere addirittura il numero tre» aveva commentato con un ghigno. Proprietà immobiliari in Florida e sulla Costa Azzurra ne facevano un ricco playboy con l'hobby del volante. Le belle donne affollavano la sua vita e lui non aveva alcuna nostalgia di Maranello. «Umanamente Schumi non mi mancherà neanche un po'» aveva spiegato. «È un partner di lavoro corretto, ma è un maniaco. Non invidio chi prenderà il mio posto. E poi crede sempre di aver ragione lui. Su qualunque argomento. Una volta sul motorhome gli ho fatto ascoltare un disco degli U2, la più grande rock band del mondo. Be', non gli andava bene nemmeno il mio connazionale Bono. E questo per me è intollerabile.»

La musica degli U2 non sarebbe stata un problema per l'uomo che Montezemolo e Todt avevano individuato come sostituto del bizzarro irlandese: a Rubens Barrichello piacevano di più le atmosfere soffuse di Toquinho. Brasiliano di San Paolo, erede di una famiglia di origini italiane, Rubinho, come tutti lo chiamavano, aveva lottato a lungo con se stesso per trovare un punto di equilibrio nella vita. Troppo giovane, era stato schiacciato dal peso di una responsabilità enorme.

Sin da bambino Barrichello aveva sviluppato un amore fortissimo per la velocità. Il nonno abitava proprio dalle parti del circuito di Interlagos, teatro tradizionale del Gran Premio del Brasile. Il piccolo Rubens si affacciava alle finestre e scrutava i comportamenti degli assi del volante. Poi si incaricava di imitarli alla guida di un kart. Era e si sentiva un predestinato.

Classe 1973, l'adolescente Barrichello nel 1988 si era commosso fino alle lacrime per la conquista del primo titolo mondiale da parte di Senna. Il conterraneo Ayrton era il suo idolo, il suo mito, il punto di riferimento assoluto. Conoscerlo e diventarne amico aveva rappresentato il coronamento di un sogno. Proprio Senna aveva incoraggiato Rubens, lo aveva aiutato a trovare un posto in Europa per le competizioni minori e quindi aveva speso una buona parola con Eddie Jordan quando era venuto il momento di tentare il grande balzo in Formula Uno.

La stagione dell'esordio, nel 1993, era stata buona. Un quinto posto in Giappone, in una gara vinta proprio dal maestro Ayrton, aveva accentuato l'euforia di Rubinho. Nel giro dei Gran Premi c'era posto anche per lui. «Avevo un obiettivo» racconta Barrichello. «Entrare nella squadra di Senna. Essere il suo compagno. Lavorare con lui, per imparare tutto, studiandolo da vicino. Ma i tempi non erano maturi.»

La tragedia di Imola sconvolse i suoi progetti e lo gettò in un profondo scoramento. Quarantott'ore prima di morire contro il muro del Tamburello, uno stravolto Ayrton si era precipitato al capezzale del giovane allievo: durante le prove del venerdì Barrichello era rimasto ferito in un terrificante incidente.

«Avevo perso conoscenza» ricorda Rubinho. «Ero adagiato sul lettino della clinica allestita all'interno dell'autodromo. Quando riaprii gli occhi, la prima persona che vidi fu Senna. Mi toccò un braccio e sussurrò: "Ragazzo, non farmi più prendere uno spavento così". Non lo dimenticherò mai.»

Due giorni dopo, Ayrton era già memoria. Per Barrichello lo shock fu tremendo. All'improvviso aveva perso il maestro e l'amico. Il sogno aveva lasciato posto all'incubo. E il peggio doveva ancora venire.

«La disgrazia di Senna gettò il mio popolo nella costernazione» rammenta Rubens. «Lui non era soltanto un pilota, era un simbolo, era un motivo di orgoglio nazionale. La gente cominciò a cercare un erede. Si rifiutavano di accettare la realtà: Ayrton era insostituibile.»

Paulista come la vittima di Imola, pupillo dichiarato dell'eroe che non c'era più, Barrichello venne investito di una missione: doveva farsi carico della malinconia di tutto il Brasile, doveva raccogliere il testimone. Ma non poteva farlo. Non era pronto.

«A parte ogni considerazione sul differente valore» dice Rubinho «io ero troppo giovane. Mi mancava l'esperienza, mi mancava la maturità. La gente pretendeva da me l'impossibile. Avrei voluto ripagare le attese, ma ero soffocato dalla pressione. E poi, onestamente, non disponevo di una macchina all'altezza della situazione.»

Vennero giorni durissimi. La tristezza dei brasiliani si sfogava sull'inadeguatezza del candidato alla successione. Lo chiamavano «Paperino» come lo sfortunatissimo e lamentoso eroe di Disney. Ogni tanto Barrichello azzeccava qualche bella gara, eppure il giudizio nei suoi confronti era sempre severo. Le aspettative deluse lo mortificavano al di là dei demeriti. Un senso di solitudine stava imprigionando il pilota.

Bernie Ecclestone, però, non era brasiliano. Il Padrino della Formula Uno non amava l'emotività. Nelle sue riflessioni, il Sudamerica era un mercato troppo importante. La dolorosa fine di Senna aveva avuto ripercussioni pesanti anche in termini economici. Il mondo dei Gran Premi aveva bisogno di un personaggio capace di coinvolgere le masse in quella fetta del pianeta.

Così, nell'estate del 1995 Ecclestone aveva suggerito a Todt di non dimenticare, nelle sue scelte, l'opzione Barrichello. La Ferrari stava avviando una drastica ristrutturazione e cercava un partner per Schumi. Non era una brutta idea e il francese si dimostrò interessato. Però qualcosa non lo convinceva.

Rubens sembrava ancora pesantemente condizionato dal dramma di Senna. Le sue prestazioni erano caratterizzate da una preoccupante mancanza di continuità. Inoltre Todt conosceva bene gli umori dei brasiliani: se avesse collocato Barrichello accanto al campione del mondo Michael Schumacher, le pressioni sul giovanotto di San Paolo si sarebbero clamorosamente accentuate. Considerato quanto Rubinho aveva patito il costante paragone con Ayrton, era forte il rischio di distruggerlo una volta per tutte. Infine, al presidente Montezemolo era piaciuta la guascona spavalderia del compagno di squadra di Barrichello alla Jordan: valutati i pro e i contro, la scelta di Maranello cadde su Eddie Irvine.

Per Rubens fu un altro shock. Non riusciva a capire. «Non possono dire che vado più piano dell'irlandese» si sfogò. «È una decisione incomprensibile. Forse dovrei esaminare le offerte che mi sono arrivate dall'America, forse dovrei andare a correre a Indianapolis.»

Invece, alla fine del 1996, Jackie Stewart offrì all'allievo di Senna l'opportunità di restare in Europa. Per quanto amareggiato dal rifiuto di Todt, Barrichello comprese che doveva ricominciare da zero. Dimenticare Ayrton: non sul piano umano, cosa impossibile, ma in pista. Doveva ricostruirsi. In fin dei conti era giovanissimo. Non era il tempo a fargli difetto. Piano piano le cose sarebbero cambiate.

Gli anni con Stewart furono positivi. Non più assillato dai compatrioti, che anzi tendevano a ignorarlo, Rubens recuperò la passione per il mestiere. Nel 1999, a Magny-Cours, conquistò addirittura la pole position. Non era la prima volta, ci era già riuscito con la Jordan nel 1994 in Belgio. Ma stavolta l'impresa aveva uno spessore diverso. Non si trattava di una prodezza casuale.

Qualche settimana prima Jean Todt aveva riallacciato i contatti interrotti nel 1995. Irvine avrebbe lasciato la Rossa al termine della stagione. Schumi avrebbe avuto un nuovo compagno. Poiché Montezemolo non aveva intenzione di assumere un italiano, le candidature di Trulli e Fisichella caddero subito. Tra i piloti disponibili, il nome di Barrichello era il primo della lista.

Interpellato in merito, Michael non si era sbilanciato. O meglio: per lui un collega valeva l'altro. Del brasiliano apprezzava la velocità. Non ne sapeva granché sul piano umano. Comunque disse a Todt che condivideva la scelta. L'incidente di Silverstone gli diede altro cui pensare.

L'assunzione di Rubinho venne annunciata da parte della

Ferrari a fine settembre. Paradossalmente, la notizia non scatenò entusiasmi in Brasile. I compatrioti di Senna avevano smesso di appassionarsi alle vicende del presunto erede. Non credevano più in lui, forse perché ci avevano creduto troppo quando ancora non era il momento.

«No, la Ferrari mai»

Mentre Barrichello saliva per la prima volta sulla monoposto del Cavallino, scoprendo ai bordi della pista di Fiorano la neve, a Torino l'Avvocato stava discutendo con Paolo Fresco i contenuti di una trattativa che poteva modificare per sempre gli equilibri del gruppo Fiat.

La preoccupazione per la difficile situazione dell'auto aveva spinto Gianni Agnelli a vagliare varie ipotesi. Il senatore a vita aveva maturato una consapevolezza poco rassicurante: l'apertura dei mercati inevitabilmente avrebbe comportato una riduzione del numero dei produttori. La Fiat, con le sue debolezze strutturali, era esposta ai venti della globalizzazione. Poteva essere venduta al miglior offerente. Oppure, come l'orgoglio suggeriva all'Avvocato, poteva trovare un partner solido per garantirsi un futuro senza ammainare bandiera.

Paolo Fresco era stato scelto da Gianni Agnelli per la presidenza della Fiat in virtù delle sue connessioni internazionali: a lungo apprezzato dirigente della General Electric, Fresco portava in dote un patrimonio di conoscenze e di competenze. Era l'uomo giusto per avviare un laborioso negoziato con la General Motors.

Gli americani erano interessati ad allargare la loro presenza in Europa. Avevano anche una tentazione segreta: la Ferrari. Oltreoceano il mito delle Rosse aveva superato indenne le burrasche delle molte, troppe sconfitte in Formula Uno. A Detroit ricordavano bene il Drake di Maranello, il leggendario costruttore che si era permesso di dire «no» a un certo Henry Ford, riuscendo persino a umiliarlo sulle piste di tutto il mondo.

Quando però gli emissari della General Motors provarono

a inserire nella trattative il marchio del Cavallino, Agnelli ebbe una reazione brusca: «No, la Ferrari mai». Tecnicamente, il rifiuto dell'Avvocato era inattaccabile: l'azienda modenese non era controllata direttamente da Fiat Auto, ma dalla holding di famiglia. Dunque non poteva essere oggetto di scambio. Ma gli americani erano molto insistenti

«In quel periodo giravano molte voci» ricorda Floriana Ferrari, moglie di Piero, l'erede del Drake. «Mio marito era preoccupato. Aveva promesso a suo padre che avrebbe fatto di tutto per impedire che il frutto del suo lavoro, l'impegno di una vita, cadesse in mani straniere. Piero fece sapere di essere pronto ad agire, per quanto poteva, per difendere l'unicità dell'azienda. Montezemolo era d'accordo. Ma Agnelli rassicurò tutti. Alla Ferrari ci teneva. Non era disposto a barattarla.»

Nella primavera del 2000 l'Avvocato e Paolo Fresco conclusero un complicato accordo con la General Motors. La casa di Maranello era totalmente estranea alle intese. Ne veniva quindi riaffermata l'indipendenza. Alcuni mesi più tardi, a Suzuka, la fine di un incubo avrebbe emblematicamente moltiplicato il valore della Ferrari.

Un avvio col botto

La sera dell'11 marzo, a tavola, Michael non aveva appetito. Stava per cominciare la nuova caccia al mondiale e le indicazioni dell'asfalto non erano troppo incoraggianti. Nelle qualifiche la McLaren Mercedes aveva dominato la scena. Hakkinen e Coulthard, l'indomani, avrebbero occupato l'intera prima fila. Nonostante il duro lavoro invernale la Ferrari sembrava ancora in ritardo. La situazione irritava il tedesco: era dal 1995 che non si aggiudicava il Gran Premio inaugurale.

A rendere più pesante il clima contribuiva il difficile rapporto con Barrichello. Animato da grande entusiasmo, il brasiliano si era subito scontrato con un'organizzazione della scuderia tutta al servizio di Michael. Irvine a certe cose era abituato, ci aveva fatto il callo. Rubens, invece, dava segni di insofferenza.

Per allentare la tensione Todt invitò a cena entrambi i piloti. Solo la piena armonia interna, spiegò il francese, poteva permettere alla squadra di vincere la battaglia più importante. Barrichello doveva rendersi conto che Schumi, in Ferrari ormai da cinque anni, aveva diritto a un trattamento preferenziale. Ma l'interesse dell'azienda veniva prima di qualunque altra considerazione.

Il chiarimento produsse i suoi effetti. Il giorno dopo, in gara, Rubinho collaborò pienamente con Michael. Quando i due si trovarono al comando della corsa, non ci fu spazio per equivoci di sorta. Le strategie studiate da Ross Brawn privilegiavano la macchina del tedesco: che infatti tagliò il traguardo per primo, con una decina di secondi di vantaggio sul compagno.

La McLaren si era persa per strada. Hakkinen si era illuso per diciotto giri, ma presto problemi di affidabilità lo avevano costretto alla resa. Per la Ferrari la doppietta australiana rappresentava un avvio col botto. Soprattutto, l'andamento del Gran Premio aveva confermato le sensazioni dell'autunno precedente: dall'incidente di Silverstone era uscito uno Schumacher nuovo. Più forte nel fisico e nella testa.

Due settimane più tardi, in Brasile, stessa storia. La torcida di San Paolo avrebbe voluto applaudire la grande impresa di Barrichello, l'autodromo si era riempito di bandiere rosse in omaggio all'idolo di casa. Ma a Maranello non avevano tempo per riflessioni venate di romanticismo. La logica suggeriva di puntare tutto su Michael. Sfruttare l'incerto debutto della McLaren era l'unico obiettivo.

Luca Baldisserri, all'inizio del campionato, aveva cambiato ruolo all'interno della scuderia. Dopo aver seguito da vicino Irvine, aveva assunto le mansioni di ingegnere di pista del tedesco. «Nella primavera del 2000 Schumi era scatenato» ricorda. «Guidava come una furia. Cinque anni di attesa e di delusioni non lo avevano logorato: anzi, le amarezze avevano moltiplicato le energie. Intimamente non ne poteva più: voleva il titolo e non accettava l'idea di un'altra sconfitta. Per noi che lavoravamo con lui, era un trascinatore. Tra

Interlagos e Imola cominciammo a credere che ce l'avremmo fatta.»

In Brasile la McLaren non aveva dato cenni di ripresa. Al box della squadra di Ron Dennis si respirava un'aria strana. C'era chi coglieva in Mika Hakkinen i sintomi di un'improvvisa crisi psicologica: il finlandese aveva vinto e guadagnato molto. Non riesce più a mantenere la concentrazione per l'intera durata di un Gran Premio, mormoravano i detrattori. Quanto a Coulthard, aveva la dimensione del gregario. Non sarebbe stato lui a salvare la baracca.

Forse i critici avevano ragione: Michael vinse a Interlagos e poi si presentò a Imola per sferrare il colpo del kappaò. Lo scenario tecnico si era delineato. La McLaren aveva ancora qualcosina in più sul giro secco e infatti anche al Santerno la pole, per la terza volta consecutiva, fu conquistata da Hakkinen. Ma la Ferrari consentiva al tedesco l'applicazione di strategie più flessibili in gara. O forse era vero esattamente il contrario: era Schumi a giustificare, con le sue eccellenti prestazioni, qualunque soluzione varata a tavolino da Ross Brawn.

Nel Gran Premio di San Marino, ecco l'ennesima conferma. Per ribaltare le gerarchie di partenza, favorevoli alla McLaren, il tedesco decide di effettuare una sosta in più. È un po' il replay dello schema sperimentato nel 1998 in Ungheria. Per tenere dietro il finlandese Michael deve affrontare ogni giro a ritmo di qualifica. È uno stress micidiale. Ma lui pare nato per queste cose.

«Quel giorno fu semplicemente fantastico» ricorda Baldisserri. «Ai box noi avevamo il cuore in gola, perché la partita si decideva sui decimi di secondo. Sapevamo che lui poteva farcela, a nessun altro pilota sarebbe stato lecito chiedere una cosa del genere. Quando dopo l'ultimo rifornimento tornò in pista, aveva un centinaio di metri di vantaggio su Hakkinen. Credo che il finlandese si stia ancora chiedendo come sia stato possibile.»

Tre a zero. In classifica, 30 punti contro 6. Massimo D'Alema, per poche settimane ancora presidente del Consiglio, da Imola aveva messo il timbro governativo sulla fine dell'incubo ferrarista: «Ho detto al mio amico Schroeder, il cancelliere della Germania, che presto grazie alla Rossa e a Michael gli italiani e i tedeschi avranno qualcosa da festeggiare».

Erano parole condivise da milioni di tifosi. Ma avevano un difetto: erano state pronunciate troppo presto.

La maledizione

La beffa di Imola aveva risvegliato i bellicosi istinti di Hakkinen. Al finlandese non erano piaciuti i commenti del dopo gara. Il verdetto unanime degli osservatori aveva mortificato la sensibilità di Mika: non era bello, per il campione del mondo in carica, leggere che Schumacher aveva ribadito, al di là delle statistiche, la sua assoluta supremazia. Hakkinen non si sentiva inferiore. Non si era mai sentito inferiore. Sin dal giorno del duello in Formula Tre sulla pista di Macao, il biondino aveva accettato la sfida. Ed era sicuro di aver dimostrato una cosa: lui valeva quanto Michael.

Per rilanciare il confronto il finlandese scelse Silverstone. Nella domenica di Pasqua non riuscì a vincere: colpa di Coulthard. Lo scozzese si era trovato davanti dopo il ritiro precoce di Barrichello, che era scattato dalla pole: dal box McLaren nessuno gli chiese di dare strada al capitano e Mika dovette rinviare l'appuntamento con il primo successo stagionale.

Michael, a Silverstone, aveva altro cui pensare. Tornava nel luogo del disastro. Per quanto la sua mente si sforzasse di razionalizzare, l'impatto emotivo con il teatro del più grave incidente della sua carriera era troppo forte. Transitare davanti alla curva Stowe, dove pochi mesi prima il sole si era spento all'improvviso e il buio della morte lo aveva inghiottito, suscitava in lui pulsioni contradditorie.

«È un uomo anche lui ed è un uomo normale» racconta Baldisserri. «Chiaramente non era contento di essere lì. Ma non disse nulla. Non vedeva l'ora di completare il weekend e scapparsene a casa.»

In gara, Schumi mantenne volutamente un basso profilo.

Si disinteressò della lotta per la vittoria. Guidò come un taxista diligente. Quali fantasmi affollassero la sua mente non lo sapremo mai. Alla fine, dopo un anonimo terzo posto, si concesse però una battuta rivelatrice: «Almeno stavolta me ne vado sulle mie gambe».

Per il campionato non sembrava ci fossero motivi di preoccupazione. Un passo falso in Spagna fu compensato da uno spettacolare successo al Nürburgring: in una domenica da tregenda, fra tuoni e fulmini, Michael doppiò tutti, tranne l'irriducibile Hakkinen. E i punti persi a Montecarlo causa foratura vennero recuperati in Canada, ancora sotto il diluvio.

A Montreal, il 18 giugno, Jean Todt chiese a Barrichello di rinunciare a un probabile trionfo: nel finale la Ferrari del tedesco aveva qualche problema. La macchina del brasiliano era invece in perfette condizioni. Rubens accettò senza mugugnare più di tanto. Lentamente e faticosamente il Paperino di Maranello stava inserendosi nelle logiche del gruppo guidato dal francese. Non era facile, ma Rubinho aveva deciso di stare al gioco.

La domenica notte, in Canada, ingegneri e meccanici del Cavallino stapparono spumante. Dopo otto gare il bilancio era straordinariamente favorevole a Michael. Ne aveva vinte cinque, incamerando 56 punti. Hakkinen era lontanissimo: doveva colmare un distacco di 24 lunghezze. Un abisso persino per un combattente come lui. L'opinione pubblica non lasciava speranze al finlandese. A Monza, in settembre, finalmente la Ferrari avrebbe celebrato il trionfo, a ventun anni esatti dall'ultima festa iridata, quella di Jody Scheckter.

Invece, nemmeno sessanta giorni dopo, incredibilmente Mika era al comando del mondiale. In meno di due mesi i ferraristi erano passati dalla gioia alla disperazione. Una sequenza sconcertante di eventi aveva trasformato l'estate in una riedizione di tormenti già vissuti. Lo shock era stato tale che a Maranello avevano rispolverato una bizzarra storiella. Nel 1979, all'epoca della vittoria di Scheckter, il vecchio Ferrari aveva licenziato un dipendente poco solerte. La madre del dipendente aveva vanamente sollecitato un ripensamento: dinanzi all'ultimo no del Drake la signora aveva allora svelato la sua identità di fattucchiera scagliando il terribile anatema: «Non vincerete mai più».

Vera o falsa che fosse, la storia della maga cattiva tornò d'attualità, a Maranello e dintorni, nell'estate del 2000. All'improvviso, al povero Schumi ne erano capitate di tutti i colori. In Francia aveva firmato la pole e sembrava avviato verso una tranquilla vittoria quando un cedimento meccanico lo aveva obbligato al ritiro, condito da aspre polemiche con il solito Coulthard su presunte scorrettezze reciproche. In Austria una carambola in partenza lo aveva eliminato subito dalla gara e Hakkinen aveva consolidato la rimonta a dispetto di un'irregolarità tecnica riscontrata sui dispositivi elettronici della McLaren: la federazione internazionale aveva tolto i 10 punti alla scuderia ma li aveva lasciati al pilota.

A Hockenheim, il 30 luglio, l'anatema della fattucchiera si era ulteriormente materializzato: al via la Benetton dell'incolpevole Fisichella aveva violentemente tamponato la Rossa di Schumi, e lo sconforto si era impadronito di centomila tifosi. Per fortuna ci aveva messo una pezza Barrichello.

«Fu il giorno più emozionante della mia carriera» ricorda Rubens. «Io partivo dal fondo, le mie prove erano andate malissimo. Dai box mi informarono subito dell'incidente di Michael. Ero libero di fare la mia corsa ma mi trovavo in una situazione difficile. In pratica, per vincere dovevo sorpassare tutti.»

Li sorpassò. Gli diede una mano, involontariamente, la Mercedes: il partner della McLaren, nei giorni precedenti la gara, aveva imitato il Ferrari del 1979, cioè aveva bruscamente licenziato un dipendente poco solerte. Costui non l'aveva presa tanto bene: per rendere plateale la sua protesta l'uomo fece una cosa folle. Si lanciò sul circuito mentre il Gran Premio era in pieno svolgimento. Per toglierlo dalla pista si rese necessario l'intervento della polizia.

«Gli organizzatori mandarono sul tracciato la safety car e ciò mi favorì» racconta Barrichello. «Riuscii ad annullare lo svantaggio che avevo accumulato nelle prime fasi della corsa. Ma ero ancora dietro alle due McLaren, che avevano la gara in mano.»

Avvilito dal terzo fiasco consecutivo, Schumi non aveva abbandonato l'autodromo. Era rimasto sul motorhome della scuderia. Seguiva gli eventi in diretta Tv. Aveva il morale sotto zero. Se Hakkinen, come sembrava ormai inevitabile, si fosse aggiudicato il Gran Premio di Germania, sarebbe balzato al comando della classifica generale.

«A dieci giri dalla fine» ricorda Barrichello «il cielo si rannuvolò. Caddero le prime gocce di pioggia. Fu un attimo: dovevo giocare d'azzardo. Se fossi rientrato ai box per montare le gomme da bagnato, come Hakkinen stava facendo, la corsa era finita. Via radio dissi a Ross Brawn che mi sarei preso il rischio.»

La scommessa di Paperino era quasi una pretesa: in pratica aveva deciso di imitare Schumi. In Belgio, nel 1995, Michael aveva vinto alla stessa maniera: tenendo pneumatici da asciutto sull'asfalto umido. Riuscire a guidare in quelle condizioni richiede un'estrema sensibilità. È una delle rare situazioni in cui, nell'automobilismo moderno, il pilota conta più della vettura.

«In alcune curve la Ferrari quasi si intraversava, slittava come una saponetta» racconta Rubinho. «Avevo il cuore in gola, ma non avrei perdonato a me stesso un errore. Quando arrivai sul rettilineo conclusivo cominciai a piangere come un bambino. Avevo dimostrato di meritarmela, la macchina rossa.»

Sul traguardo Schumi accoglieva l'imitatore con un sorriso. Forse la maledizione che gravava sul Cavallino poteva essere vinta.

Monza, lacrime e morte

Paolo Gislimberti a metà agosto aveva deciso di prendere qualche giorno di ferie per appagare la passione per le auto da corsa. A settembre il giovane trentino si sarebbe dedicato all'attività che più amava svolgere nel tempo libero: fare lo «sceriffo» nel cuore di un circuito. Prestava il suo volontariato per garantire il perfetto svolgimento di una gara. La gara in questione era il Gran Premio d'Italia. La data, segnata in rosso sul calendario, era quella del 10 settembre.

Michael Schumacher a metà agosto aveva cominciato a coltivare brutti pensieri. Nonostante la vittoria di Barrichello in Germania, il sogno mondiale si stava dissolvendo all'orizzonte. Nella prova successiva, in Ungheria, la pole position non aveva messo al riparo il tedesco dalle smanie di Hakkinen: un problema di assetto aveva smascherato la fragilità della Ferrari, propiziando il sorpasso del finlandese nella graduatoria iridata. Le certezze d'inizio estate erano svanite. Adesso Schumi doveva inseguire. Aveva l'acqua alla gola.

Paolo Gislimberti, come molti tifosi della Rossa, non disperava: dopo il flop di Budapest, il programma del campionato offriva un'immediata occasione di riscatto. Sulle Ardenne, dove la sua leggenda era cominciata e si era consolidata, Michael sarebbe stato in grado di replicare alla McLaren. Nella peggiore delle ipotesi, il cielo si sarebbe ricordato di lui: in Belgio la pioggia quasi sempre stravolgeva i valori tecnici delle monoposto, favorendo i piloti dotati di maggior talento.

A Spa-Francorchamps, il 27 agosto, un po' d'acqua si rovesciò effettivamente sul circuito e a un certo punto la Ferrari di Schumi, profittando di un errore di Hakkinen, prese le redini del Gran Premio. Tutto si stava svolgendo secondo i piani, in linea con le aspettative dei fan del Cavallino. A dispetto dell'improvvisa apparizione del sole, mai e poi mai Mika sarebbe riuscito a battere Michael nel salotto di casa sua, sul palcoscenico che aveva ispirato le imprese più spettacolari del tedesco.

In tutta la sua accidentata carriera di pilota di seconda schiera Ricardo Zonta non aveva mai conosciuto un attimo di gloria. Brasiliano, era arrivato in Formula Uno grazie al supporto generoso di sponsor munifici. In pratica si era pagato il volante sulla Bar Honda. Aveva come compagno Jacques Villeneuve. Il canadese si affannava per rendere competitiva la vettura, ma i suoi sforzi non erano premiati dai risultati. Di suo, Zonta poteva combinare poco.

Nelle fasi finali della corsa sulle Ardenne il povero Ricardo venne a trovarsi in una situazione che conosceva sin troppo bene. Quando la macchina non si rompeva, finiva regolarmente doppiato. Dunque non avvertì alcun senso di umiliazione nel momento in cui, nel suo specchietto retrovisore, vide materializzarsi la sagoma della Rossa di Schumi.

Michael era molto tranquillo. Mancavano pochi giri al traguardo e stava tenendo a bada l'aggressività di Hakkinen. Un paio di volte il finlandese aveva simulato la manovra di sorpasso: a muso duro, il tedesco gli aveva chiuso la porta in faccia. Non era domenica da gentilezze: si stavano giocando il titolo mondiale, spazio per le cortesie non ce n'era.

Mika sapeva che Schumi sarebbe stato un osso durissimo da spolpare. Tra i due la rivalità non era mai degenerata nell'astio e non si erano registrate scorrettezze plateali. Ma solo un'iniziativa assolutamente spregiudicata poteva permettere alla McLaren di mettere le ruote davanti alla Ferrari. Un gentlemen's agreement, un patto tra gentiluomini sull'orlo del precipizio, era tassativamente escluso.

Forse fu la fantasia a dettare la mossa di Hakkinen. Forse fu la sensazione di disporre di una macchina lievemente superiore alla Rossa. O forse fu la disperata consapevolezza di dover alzare la posta, oltre ogni limite. Senza un colpo di genio la partita era perduta.

Sul lungo rettilineo Michael continuò a ragionare seguendo i criteri della logica. C'era un doppiaggio da eseguire. Zonta avrebbe mantenuto la traiettoria e la Ferrari del tedesco si sarebbe infilata all'esterno, risucchiando nella scia la macchina del finlandese. Dopo, il corpo a corpo si sarebbe protratto fin sotto la bandiera a scacchi.

«Onestamente io non avevo proprio previsto che Hakkinen potesse pensarla in modo diverso» ricorda Schumi. «Quello che fece mi colse totalmente di sorpresa. La sua azione fu clamorosamente insolita. Ma anche, debbo ammetterlo, fantastica.»

Quanto *dura* un sorpasso in piena velocità, in fondo a un rettilineo? Un paio di secondi? Anche meno, forse. Mika concepì il guizzo in un lampo. Vide Michael applicare i canoni della razionalità pura: un bel doppiaggio all'esterno. Vide, o forse immaginò, che all'interno della Bar c'era il pertugio infinitesimale per un azzardo colossale. Si buttò.

«Ho agito d'istinto» rammenta il finlandese. «Per restare in strada dovevo puntare sulla perfezione della manovra. Essendo tutto spostato all'esterno il tedesco non sarebbe stato in grado di cogliere il senso della mia azione. Molto dipendeva dalla reazione di Zonta: in pratica la sua Bar sarebbe stata stretta a sandwich tra la McLaren e la Ferrari, sia pure per un istante. Se inconsapevolmente il brasiliano avesse corretto la sua linea verso l'interno, non so come sarebbe finita.»

Finì con l'esaltazione dell'audace biondino: milioni di persone rimasero a bocca aperta dinanzi al televisore. Tra lo sgomento dei ferraristi Hakkinen andava a vincere anche il Gran Premio del Belgio. Aveva mortificato Schumi nel suo regno. A quattro tappe dalla fine del campionato Mika aveva 6 punti di vantaggio sul tedesco. Aveva, soprattutto, il vento in poppa.

Paolo Gislimberti notò, come tutti, lo sconforto sul volto di Michael: questa era una sconfitta pesantissima, probabilmente senza appello. Ipotizzare una rimonta della Ferrari significava riporre speranze forse infondate nel potere salvifico di Monza. In Brianza, davanti alla sua gente, la Rossa sarebbe stata chiamata a inseguire un miracolo. Il giovane trentino confermò comunque la sua disponibilità agli organizzatori. Il 10 settembre sarebbe stato di servizio a bordo pista.

A Maranello, Luca Cordero di Montezemolo era improvvisamente invecchiato di qualche anno. La sindrome della sconfitta stava contagiando l'ambiente. Margini di errore non ne restavano. «Dopo il Gran Premio del Belgio convocai una riunione in fabbrica» racconta il presidente. «Volevo capire. Erano presenti Todt e tutti gli ingegneri. Mi preoccupava l'ipotesi della rassegnazione. Sentimmo anche Schumi, al telefono. Lui mi disse: "Avvocato, possiamo ancora farcela, semplicemente dobbiamo vincere tre delle quattro gare che restano". Io chiesi ai tecnici se avevamo il potenziale per ribaltare la situazione. Sì, mi risposero. A patto di non sbagliare niente.»

Anche Gianni Agnelli era stato colto di sorpresa dalla mossa di Hakkinen e dalla clamorosa rimonta della McLaren. Decise di manifestare in pubblico le sue attenzioni per le sorti della Rossa: si recò a Monza, dove la Ferrari aveva prenotato il tracciato per una serie di prove private. A Michael domandò spiegazioni sulla stupefacente manovra del finlandese. Poi spese parole di incoraggiamento per la squadra. Di più non poteva fare.

Sabato 9 settembre, nemmeno Schumi e Barrichello potevano fare di più. Il dieci cilindri del Cavallino fu spremuto fino all'ultimo respiro. Il boato di una folla enorme salutò il responso dei cronometri: nel Gran Premio d'Italia le macchine di Maranello sarebbero partite dalla prima fila.

Domenica 10 settembre Paolo Gislimberti ascoltò le raccomandazioni dei commissari di pista. Poi andò a posizionarsi nel luogo che gli era stato assegnato. Si aspettava, come tutti, una gara mozzafiato. Hakkinen non era certo disposto ad alzare bandiera bianca. Per quasi un'ora e mezzo la battaglia tra il tedesco e il finlandese sarebbe stata senza sosta.

Alla partenza la Ferrari di Michael rispettò le consegne. Quella di Barrichello no. La macchina del brasiliano venne risucchiata nel gorgo degli inseguitori. Per Rubens, ma anche per Schumi, si trattava di un mezzo disastro: i progetti della vigilia prevedevano per la seconda Rossa mansioni di copertura. Con il tedesco in fuga, a Rubinho spettava il compito di proteggergli le spalle. Rendendo più arduo l'inseguimento di Mika.

All'improvviso Barrichello udì un rumore violentissimo. Qualcuno aveva frenato troppo tardi, qualcuno si era schiantato contro il posteriore della F1-2000. Michael, già lanciato in fuga, non si accorse di nulla. E nemmeno Hakkinen, che era sulle sue tracce.

L'incidente ebbe conseguenze terribili. Paolo Gislimberti nemmeno si accorse di morire: fu centrato in pieno dai detriti delle macchine coinvolte nel tamponamento, forse da una ruota staccatasi dalla Jordan di Heinz-Harald Frentzen. L'immediato intervento dei soccorsi fu inutile: un giovane uomo, uno sceriffo degli autodromi, un innamorato delle corse, aveva pagato il prezzo più alto.

Per venticinque lunghissimi minuti la gara proseguì in uno scenario agghiacciante. Davanti a tutte le monoposto si era schierata la safety car. I piloti non potevano accelerare, non potevano sorpassare, dovevano mantenere le posizioni. Schumi si rendeva conto che doveva essere accaduto qualcosa di brutto, qualcosa di spaventoso. Ma non aveva informazioni precise. Dai box gli dissero che tutti i concorrenti erano illesi e che la corsa di Barrichello era già finita.

Quando il Gran Premio riprese il normale svolgimento, di normale non c'era niente. Aveva senso ultimare lo spettacolo mentre si consumava una tragedia? Non sarebbe stato più opportuno fermare tutto?

Nessuno si fermò. Non si fermarono Michael e Mika, protagonisti di un duello che tormentava il loro equilibrio nervoso. Al finlandese non bastò il giro più veloce: il tedesco infilò una prestazione superba, riuscendo a conservare il piccolo margine che aveva guadagnato in partenza.

La tensione divorante aveva prosciugato le energie mentali di entrambi. Nel dopo gara erano sfigurati dallo sforzo compiuto. Schumi non trattenne le lacrime: ebbe un crollo emotivo in sala stampa. Aveva appena eguagliato il numero di successi del maestro Senna, lo aveva raggiunto a quota 41. Ma non fu il pareggio con il mito a scioglierlo nel pianto.

«Mi sfogai davanti a tutti perché la pressione era stata davvero mostruosa dopo la delusione del Belgio» avrebbe ricordato Michael. «Se fossi stato battuto pure a Monza il mio sogno sarebbe svanito e sarebbe svanito probabilmente per sempre. Non so se io e la Ferrari saremmo stati in grado di reagire. La bandiera a scacchi fu una liberazione. L'andamento della gara fu micidiale. Non sapevo con certezza cosa fosse accaduto al povero volontario ma intuivo che una disgrazia si era abbattuta sul nostro mondo. A me non piace mostrare in pubblico i miei sentimenti più profondi, eppure quella volta non ce l'ho fatta a controllarmi.»

Sulla «Gazzetta dello Sport» il giorno dopo il direttore Candido Cannavò titolò a tutta pagina: *Grazie Schumi per averci mostrato il tuo cuore.*

«Grazie, grazie, grazie»

Sull'aereo che portava a Nagoya i cento uomini della squadra Ferrari, Modesto Menabue accettava scommesse. «Questa volta» spiegava il tecnico addetto al cambio «non solo Michael diventerà campione, ma vedrete che finalmente parlerà in pubblico in italiano.»

L'idiosincrasia di Schumi per la lingua del datore di lavoro era, da anni, un tormentone. La popolarità del personaggio alimentava discussioni su ogni aspetto del suo carattere. Contrariamente a chi lo aveva preceduto a Maranello il tedesco si ostinava a non esprimersi in italiano. L'esempio di Lauda o di Irvine, che si rivolgevano alle telecamere parlando alla maniera di Stanlio e Ollio, ma rendendosi comprensibili alle masse della Penisola, non aveva attecchito. Illustri commentatori avevano criticato Michael per la preferenza accordata all'inglese: c'era chi coglieva nella sua testardaggine una sorta di disprezzo per il paese che lo aveva scelto come simbolo di una speranza nazionale.

Persino Montezemolo si era posto il problema. Alla fine del 1999 il presidente aveva affrontato la questione con il celebre dipendente. «Tu sei poliglotta» aveva spiegato a Schumi. «Agli italiani farebbe piacere sentirti parlare nella loro lingua. Ne guadagneresti in simpatia. Ho ingaggiato per te un insegnante. Mi raccomando, prendi sul serio le lezioni.»

Michael era abbastanza stupito. Dal suo punto di vista l'ossessione di molti per il linguaggio era assurda. Todt aveva provato a dargli man forte: «A me interessa come guida la macchina, non quale dizionario utilizza». Ma non c'era verso: quasi ogni settimana l'argomento riaffiorava. L'ostinazione del tedesco infastidiva i puristi.

«In realtà lui l'italiano lo capiva sin da quando era arrivato per la prima volta a Fiorano» ricorda Claudio Berro. «Se un meccanico faceva una battuta scherzosa Schumi rideva come gli altri. Il problema era essenzialmente psicologico e riguardava la sua mania per il perfezionismo. Conoscendo poco la nostra lingua si sentiva in imbarazzo. Una volta mi aveva spiegato che non ci teneva a far la parte del tedesco ignorante nelle barzellette sceme. Michael temeva di rendersi ridicolo, tutto qua.»

Poco alla volta, comunque, le cose erano migliorate. Il 24 settembre, subito dopo aver vinto l'importantissimo Gran Premio degli Stati Uniti, il pilota aveva replicato con un sonoro «Benissimo!» al telecronista che gli aveva chiesto come si fosse comportata la macchina sui curvoni di Indianapolis.

A Indianapolis la Formula Uno era approdata nel tentativo di riacquistare credibilità oltreoceano. Con grande scorno di Bernie Ecclestone gli americani avevano espulso i Gran Premi dal loro territorio all'inizio degli anni Novanta. Negli Usa, l'interpretazione che gli europei davano dell'automobilismo non suscitava interesse. Troppa sofisticazione tecnologica. Troppa differenza tra le prestazioni delle vetture. Mancanza di equilibrio e mancanza di spettacolo. Per quanto incredibile potesse sembrare, fino al 2000 il pubblico statunitense non aveva mai visto all'opera Michael Schumacher.

Per recuperare un mercato che faceva gola agli sponsor, Ecclestone aveva raggiunto un accordo con gli organizzatori della 500 Miglia di Indianapolis. All'interno dell'ovale che ospitava la corsa più famosa del pianeta era stato ricavato un circuito adatto alle monoposto di F1. E lì, dopo la tragica domenica di Monza, Schumi e Hakkinen avrebbero vissuto il terz'ultimo atto del loro intensissimo duello.

Il finlandese aveva ancora 2 punti di vantaggio. Niente, nell'economia di un campionato. Molto, sul piano psicologico. L'onere della prova ricadeva esclusivamente sulla Ferrari. Un errore sarebbe stato fatale alle residue ambizioni di Michael.

«Nessuno conosceva la pista, era una novità assoluta» racconta Berro. «A Maranello ci eravamo preparati lavorando sulle simulazioni al computer. Portammo in America versioni potenziate del motore: immaginavamo che a Indianapolis ci sarebbe stato bisogno di tutti i cavalli disponibili.»

In casa Mercedes seguirono lo stesso procedimento logico. Con un'appendice: dalle officine tedesche uscì un dieci cilindri teoricamente in grado di garantire alla McLaren di Hakkinen una spinta in più. Norbert Haug, il responsabile della grande azienda tedesca, aveva personalmente supervisionato le prove al banco. Il propulsore era degno della tradizione germanica. Schumi non avrebbe avuto scampo.

Fu un autogol. Per la disperazione di Mika, il motore esplose in gara. La colonna di fumo bianco fece impazzire il battito cardiaco di Michael: il gravissimo errore della Mercedes era un regalo per la Ferrari. Aggiudicandosi il primo Gran Premio disputato negli Stati Uniti dopo nove anni di assenza, Schumi riconquistava la leadership nel campionato. Con 8 lunghezze di margine sul finlandese. Ciò significava solo una cosa: anche vincendo le due gare che restavano Hakkinen non sarebbe stato sicuro di laurearsi iridato. Al ferrarista, infatti, sarebbero bastati due secondi posti per trionfare.

«La matematica la conoscevo anch'io» ricorda Michael. «Ma non mi interessavano le speculazioni algebriche. Dovevo chiudere la partita alla mia maniera. Mettersi a fare calcoli sarebbe stato troppo rischioso.»

Jean Todt la pensava allo stesso modo. Il francese era terrorizzato dall'idea di un altro spareggio all'ultima tappa. I ricordi delle delusioni accumulate nelle stagioni precedenti lo incupivano. Inoltre, il capo del Reparto Corse temeva il lato oscuro di Schumi: lo aveva visto piangere a Monza, l'uomo era divorato dalla tensione. Se il titolo fosse stato in bilico fino a Suzuka, chissà cosa sarebbe successo.

Per allentare la pressione Michael decise di concentrarsi sulle sane abitudini di lavoro. Tra Indianapolis e il Giappone si spostò al Mugello. Non era necessaria la sua partecipazione ai test in Toscana dedicati alle gomme da portare in Estremo Oriente. Eppure non riusciva a stare lontano dalla macchina. E non riusciva nemmeno a stare lontano da Corinna.

La moglie sapeva come placare le inquietudini del marito. Fu lei a prenotare una minivacanza sulle spiagge della Thailandia. Da lì i coniugi si sarebbero trasferiti a Suzuka. Per evitare di disperdere energie mentali la coppia scelse l'albergo all'interno del circuito. Ma l'ansia non si diradava.

«La notte non riuscivo a chiudere occhio» ha confessato Schumi. «All'inizio pensavo fosse colpa del fuso orario, poi ho capito che non dovevo darmi degli alibi. Semplicemente, ero agitatissimo. La vigilia del Gran Premio del Giappone è stata la più stressante di tutta la mia carriera. Quando ero sulla pista, a contatto con i meccanici e con gli ingegneri, mi controllavo bene, perché la concentrazione sul lavoro non era intaccata. Ma l'attesa mi dilaniava lo spirito.

«Il venerdì, durante le prove libere, una violenta scossa di terremoto ha colpito l'area di Suzuka. Io stavo guidando e non mi sono accorto di niente, però l'episodio ha alimentato il clima di tensione. Con la gente della mia squadra mi sforzavo di ostentare tranquillità, mi rendevo conto che i ragazzi della Ferrari provavano le mie stesse sensazioni. Il loro compito non era meno duro del mio. Ci aspettava una gara da incubo. La macchina andava bene, eppure la McLaren non era lontana.

«Il sabato ci si giocava la pole. Sono arrivato al circuito dopo l'ennesima notte insonne. Però non ero stanco. Ho parlato a lungo con Ross Brawn e con Jean Todt. Per la verità non è che dovessimo raccontarci chissà cosa, era solo un modo di consumare l'agonia. Ai box giravano delle voci strane, poco piacevoli. Qualcuno diceva che Ron Dennis, il capo della McLaren, volesse presentare un reclamo contro di noi per presunte irregolarità tecniche. Non mi sono preoccupato troppo. Non mi avrebbero fatto saltare i nervi in questo modo.

«Hakkinen forse era agitato come me, ma non potevamo raccontarci i nostri stati d'animo. La battaglia per la pole fu come ce l'aspettavamo. La spuntai per un'inezia, un margine minimo. Con 53 giri davanti e 310 chilometri da percorrere non potevo pensare che tutto si sarebbe deciso alla partenza. Era inutile ragionare sulle ipotesi. La sera volevo andare a cena con Corinna, per distrarmi un po'. Al ristorante non ci videro arrivare: avevo cambiato idea, mangiammo qualcosa a bordo pista con i meccanici. Ci sforzavamo di far finta di niente. Nessuno di noi avrebbe dormito. Fu la notte più lunga delle nostre vite.»

Domenica 8 ottobre, primo mattino in Italia. Anche Carlo Azeglio Ciampi ha puntato la sveglia: il presidente della Repubblica si unirà ai milioni di connazionali che seguiranno in diretta l'evento. La Rai ha trasmesso per l'intera notte servizi speciali dedicati all'appuntamento di Suzuka. Se Michael Schumacher vince il Gran Premio del Giappone la storia della Ferrari cambierà per sempre. E la Ferrari è un patrimonio nazionale.

Mika Hakkinen non ha dietro di sé le attese di un popolo. Mika Hakkinen è molto ben voluto in Finlandia, ma guida una vettura inglese spinta da un motore tedesco. È un campione, non si discute. È anche sorretto da un orgoglio fortissimo. Non gli dispiacerebbe rovinare la festa ai ferraristi. Niente di personale. Sta facendo il suo mestiere.

Lo fa, il suo mestiere, nella maniera migliore. Scavalca subito la Rossa del tedesco e imprime alla gara un ritmo infernale. Dietro Michael non molla. Non è lo stesso copione di dodici mesi fa. Allora Schumi non intendeva scannarsi per regalare il mondiale a Irvine. Stavolta lo scontro è tra titani animati da una determinazione feroce. Sul filo dei decimi di secondo, i duellanti giocano a guardia e ladro in un inseguimento senza un attimo di tregua.

Al box del Cavallino Modesto Menabue ha capito che Michael non riuscirà a sorpassare Hakkinen sulla pista. Resta una sola possibilità: scommettere tutto sulla tempistica del secondo e ultimo pit stop. Se i calcoli eseguiti da Ross Brawn sono corretti Schumi dovrebbe rispuntare sull'asfalto giusto davanti al finlandese. Dovrebbe, appunto: il condizionale è d'obbligo.

Menabue e i meccanici della Ferrari completano il cambio gomme e l'operazione di rifornimento. Il rumore della McLaren di Hakkinen è un suono sinistro che giunge da lontano. La vettura del biondino si stava avvicinando al rettilineo. Michael è ripartito. Non può violare i limiti di velocità nella corsia dei box.

«Dovessi campare mille anni» ricorda Schumi «non dimenticherò mai la comunicazione via radio di Brawn. Sotto il casco ero disperato. Ancora qualche secondo e sarei rientrato in pista. Ma dov'era Mika? Sarebbe rimasto davanti? In tal caso la sfida era perduta, perché lui aveva effettuato la seconda sosta prima di me.»

«Sentii la voce di Ross che mormorava: "Sembra buono, sembra buono". Ma ancora non riuscivo a capire. Buono quanto, quanto buono? Poi, di nuovo: "È dannatamente buono, vai, Michael, sei in testa". Il battito cardiaco è esploso. È stato come se il cuore avesse preso il volo.

«Non credevo che la strategia avrebbe funzionato. Poco prima di rientrare per il rifornimento, il testacoda di una Benetton mi era costato qualcosa. Pensavo che il nostro tentativo sarebbe fallito. L'annuncio di Brawn mi restituì la vita.

«Adesso tutto era nelle mie mani. In alcuni tratti del circuito qualche goccia di pioggia aveva reso scivoloso l'asfalto. Dovevo guidare con estrema attenzione. Hakkinen stava tentando di rimontare ma la sua unica speranza consisteva in un mio errore.

«L'ultimo giro. Mi sforzavo di non pensare a niente, mi sforzavo di restare totalmente concentrato sul volante. Ma l'emozione mi stava divorando. Poi, la linea del traguardo. Lì ho completamente perso la testa. Sono impazzito. Ho cominciato a urlare, a urlare, a urlare. E picchiavo i guanti sullo sterzo: l'ho colpito così forte da romperlo! Gridavo e ripetevo: "Ce l'abbiamo fatta, ce l'abbiamo fatta".

«Cinque anni di sofferenza dissolti in un istante. Cinque anni terribili, perché non avevo pensato, nel giorno in cui firmavo il contratto che mi legava alla Ferrari, che l'attesa potesse essere tanto lunga e tanto dolorosa.

«Cinque anni sono un'eternità quando sei abituato a vincere. Figuriamoci ventuno per la squadra. Mentre stavo completando il giro di rientro ho trattenuto il respiro. Non ci sarà mai più niente di così grande, ho detto a me stesso.

«Hakkinen mi ha affiancato e ha fatto un cenno con la mano. So cosa stava provando, ci ero passato anch'io. Era stato bravissimo. Probabilmente avevamo appena disputato, entrambi, la corsa più bella della nostra vita. Un avversario così forte rendeva ancora più preziosa l'impresa.

«Non so come ho fatto a raggiungere la zona dove dovevo parcheggiare la macchina per le verifiche tecniche. Ero fisicamente esausto e psicologicamente schiantato. Ma quando mi sono tolto il casco è stato come entrare nella luce. Attorno alla Ferrari c'era Todt, c'era Brawn, c'era tutta la gente che aveva diviso con me i periodi delle amarezze, delle delusioni, delle sconfitte. Avevano addosso la felicità di chi ha rimosso un incubo. Todt mi ha stretto in un abbraccio che non finiva più e poi ha mormorato una frase che valeva più di mille discorsi. "Niente sarà più come prima" mi ha detto.

«E poi c'era Corinna. Volevo gridarle qualcosa di speciale, ma non ho trovato le parole. Ero così stordito dall'emozione che i pensieri non riuscivano a uscire dalla mente. Ma credo che lei abbia capito tutto lo stesso.»

Anche Modesto Menabue, l'addetto al cambio, aveva capito tutto. E stava per vincere la scommessa fatta sull'aereo che portava la squadra Ferrari in Giappone. Infatti Michael, nella conferenza stampa dedicata al trionfo, aveva spiazzato tutti gli interlocutori. Invece di esprimersi in inglese o in tedesco si era rivolto direttamente a milioni di italiani. La prima frase, quella più attesa, l'aveva pronunciata, in mondovisione, nella loro lingua.

«Grazie, grazie, grazie.» Davvero, l'incubo era finito. Per sempre.

X

La vittoria più brutta

12 maggio 2002. Luca Colajanni, capo ufficio stampa della Ferrari, ha un diavolo per capello. È un interista sfegatato e ancora non si è ripreso dalla botta tremenda della domenica precedente: perdendo 4-2 a Roma contro la Lazio la squadra nerazzurra ha buttato al vento uno scudetto che sembrava già vinto. Per giunta a beneficio della Juventus, nemica storica.

All'improvviso Colajanni si rende conto che avrà finalmente modo di distrarsi, pensando ad altro. Infatti ha appena sentito in cuffia, ai box, le parole che scateneranno un uragano di polemiche.

A Zeltweg, quel 12 maggio, sta per concludersi il Gran Premio d'Austria. È una corsa senza storia: sin dalle prove libere del venerdì Rubens Barrichello ha dimostrato di adattarsi meglio di Schumi alle caratteristiche del circuito. Il brasiliano è stato il più veloce anche nelle qualifiche del sabato. E ha sempre tenuto a distanza il capitano tedesco. In gara il copione non ha subito variazioni. Rubinho è in testa dalla partenza. Merita di vincere e la folla sugli spalti è pronta a tributargli il meritato trionfo. Per lui sarebbe il secondo successo al volante della Rossa: dopo il capolavoro di Hockenheim, nell'estate del 2000, non è più stato capace di ripetersi.

Solo Colajanni sa che non si ripeterà nemmeno stavolta. Infatti ha ascoltato il messaggio che, dal muretto, Jean Todt ha comunicato al connazionale di Senna: ci sono priorità aziendali da rispettare, ci sono ordini di scuderia da applicare. Barrichello deve tirarsi in disparte. Deve regalare la vittoria a Michael. C'è pure un precedente, nello stesso autodromo: dodici mesi prima Rubens aveva alzato il piede nel finale a beneficio del tedesco. Ma allora aveva rinunciato al secondo posto. Non al trionfo.

Stavolta la decisione è ben più imbarazzante, per usare un eufemismo. A Schumi, che si sta confermando globalmente superiore al compagno di squadra, il gentile omaggio non serve granché. È già padrone del campionato. Si è aggiudicato quattro delle prime cinque tappe del mondiale: Australia, Brasile, San Marino e Spagna. Non ha bisogno di favori: tutti hanno capito che il titolo non gli sfuggirà.

Ma Todt ragiona diversamente. Todt è un uomo molto pragmatico. La Formula Uno è una brutta bestia. Gli inconvenienti sono sempre in agguato. L'interesse del team deve essere privilegiato. Nella logica del manager francese l'automobilismo non è una disciplina individuale. Giusto o sbagliato che sia, Todt non ha mai modificato questo approccio filosofico. Quando era il capo della Peugeot, per designare il trionfatore della Parigi-Dakar tra due piloti della squadra francese aveva addirittura fatto ricorso al sorteggio. Era stata una monetina a determinare l'identità del vincitore.

C'è una differenza, però. Una grossa differenza. Alla Dakar nessuno aveva visto niente, i grandi raid motoristici hanno pochissima copertura televisiva. Invece un Gran Premio raduna davanti al video centinaia di milioni di persone, in ogni angolo del pianeta. E poi ci sono gli spettatori in tribuna, quelli che hanno pagato un biglietto per vedere trionfare il più bravo.

A Zeltweg il più bravo è stato Barrichello, non ci sono discussioni. Tra l'altro Schumi ha un rapporto difficile con il tracciato austriaco: non è mai stato capace di imporsi, lì. Sarebbe naturale lasciare andare le cose come stanno andando: per la Ferrari si tratterebbe di una doppietta e il tedesco comunque consoliderebbe il suo primato nella classifica del campionato.

Invece la voce di Todt impartisce il secco ordine figlio della sua ragion di Stato. E scoppia l'inferno. Il pubblico, sul posto, comincia a urlare di rabbia quando, a poche curve dal traguardo, Barrichello rallenta bruscamente per facilitare il sorpasso di Michael. È una scena deprimente. I tifosi ferraristi sono numerosissimi, dalla vicina Italia e dalla vicina Germania hanno preso d'assalto il circuito: invece di celebrare l'ennesima dimostrazione di forza dei loro beniamini arrotolano polemicamente gli striscioni. Quanto è accaduto non può piacere a nessuno. La sensazione che la «politica» abbia umiliato lo sport è fortissima. E non serve ricordare che Schumi, nel 1999 in Malesia, aveva rinunciato a una bellissima vittoria per favorire l'allora compagno di squadra Irvine. A Kuala Lumpur, si fa notare, era in ballo un titolo mondiale, obiettivo fondamentale per la Ferrari. Qui la storia è diversa.

«Ero a casa mia a Bologna quando mi telefonò un giornalista che era sul posto» ricorda Montezemolo. «Mi fece ascoltare i boati di disapprovazione della folla. Decisi che era opportuno staccare il cellulare fino alla mattina successiva. Dovevo capire bene quanto era accaduto e perché era accaduto.»

La reazione popolare spiazza completamente Michael. Quando esce dall'abitacolo della monoposto viene sommerso dagli insulti. Cerca Barrichello per un chiarimento immediato, ma non è aria. Da sotto il casco Rubens gli sussurra un rimprovero: «Mi aspettavo che non accettassi di vincere così, non è da te».

Schumi è in confusione totale. Attorno, il frastuono della contestazione non dà tregua. Michael prova ad alzare un braccio per salutare la gente: forse non ha valutato bene il penoso impatto della vicenda. Il finale taroccato ha mandato in bestia persino i suoi sostenitori, persino gli amici di Kerpen.

Il furore del pubblico non si placa nemmeno quando, sul palco delle premiazioni, Schumi cerca di consolare l'affranto Barrichello cedendogli il gradino più alto del podio e offrendogli la coppa destinata al vincitore. È un gesto spontaneo, non studiato a tavolino. Ma viene male interpretato. Sembra quasi una presa in giro.

In sala stampa, dove i primi tre piloti classificati debbono obbligatoriamente presentarsi dopo la corsa, la situazione precipita. Rubens è senza parole: tutti hanno visto, tutti hanno capito, non è il caso di tormentarlo con troppe domande, lui è un dipendente, ha un contratto da onorare e ha ubbidito alle richieste del datore di lavoro. La sua opinione sull'ordine ricevuto ce l'ha stampata in faccia.

Michael, invece, va al massacro. Oggettivamente la sua posizione è indifendibile. Un giornalista inglese usa la scimitarra. Si rende conto, chiede al campione del mondo in carica, che questo episodio macchia in modo indelebile la sua carriera? Un giornalista svedese è ancora più duro. Non prova vergogna, domanda, per avere indegnamente accettato una vittoria tanto immeritata?

«Quello è stato il punto più basso della nostra relazione» confessa Barrichello ad anni di distanza. «Io non potevo agire diversamente, in Formula Uno gli ordini di squadra esistono e non spetta a un pilota valutare quando sia più opportuno applicarli. Per me, ovviamente, si trattava di un errore. Credo che quello che accadde a Zeltweg sia stata una lezione per tutti. Per me come per Michael.»

Schumi esce stravolto dal circuito. Gli è mancata la capacità di rifiutare il «regalo». Le sue spiegazioni hanno una loro credibilità, ma sono troppo fragili. «Nel nostro mestiere» sussurra «ci sono implicazioni che talvolta esulano dallo sport puro e semplice. E la Ferrari non è certa la prima a fare scelte impopolari.» È vero: ma proprio per questo è stato esposto, lui, a una figuraccia. Pino Allievi, il più autorevole commentatore italiano di cose automobilistiche, scrive sulla «Gazzetta dello Sport» che toccava a Michael dire no, toccava a lui accettare il verdetto della pista, a lui che, essendo il migliore, ben conosceva il valore raro e non sostituibile di una vittoria. Tagliando il traguardo per primo aveva peccato di arroganza.

Il giorno dopo, a Maranello, il presidente Montezemolo chiude il caso con una battuta: «Il Gran Premio ha avuto un trionfatore e questo trionfatore si chiama Barrichello, anche se i 10 punti del successo se li è presi Schumacher». In privato l'avvocato dirà all'amico Diego Della Valle: «Per far prendere 4 punti in più al tedesco ci siamo inflitti un danno d'immagine da 4 milioni di dollari».

Todt, condannato senza appello dal tribunale della pubblica opinione, in verità non rinnega la decisione presa. Ma fa sapere che in futuro la Ferrari, alla luce del malessere manifestato dai tifosi, rivedrà le sue priorità, pur insistendo sulla necessità di tutelare comunque l'interesse aziendale. L'unico a non prendersela per il caos multimediale è il pierre Colajanni: ha avuto talmente tanto da fare che ha potuto dimenticare, per un po', il disastroso 5 maggio interista.

La brutta storia ha una coda processuale: la federazione internazionale apre un'inchiesta. Le regole vigenti, però, autorizzano i team a comportarsi come Todt ha voluto che la sua squadra si comportasse a Zeltweg. Dunque l'unica sanzione possibile è una multa: sul podio Michael non doveva cedere il gradino più alto a Rubens. Tradotto: doveva continuare a recitare, infischiandosene della contestazione popolare.

Dello sconcertante epilogo del Gran Premio d'Austria datato 2002 Schumi non ha più voluto parlare. «È la vittoria più brutta della mia carriera» ha confidato. «Anzi, mi correggo: io quel giorno a Zeltweg sono arrivato secondo.»

Inarrestabile

L'eco enorme della domenica austriaca veniva probabilmente da lontano. Da un lato riaffioravano le vecchie storie sull'antipatico Schumi, sul protagonista assoluto che si sentiva in diritto di comportarsi sempre come meglio credeva, in spregio ai principi della lealtà. E dall'altro c'era, sullo sfondo, un fastidio crescente, in particolare fuori dall'Italia, per la facilità con la quale la Ferrari e Michael avevano instaurato una dittatura sportiva senza precedenti.

Tutto era cominciato quella domenica a Suzuka, quando era finito il biblico digiuno del Cavallino, quando ventun anni di sconfitte erano stati finalmente rimossi, cancellati, azzerati. Michael lo aveva detto subito: «Adesso vedrete cosa saremo capaci di fare: a Maranello ci siamo tolti un peso che minacciava di soffocarci. Siamo liberi, siamo usciti dal tunnel, l'incubo è alle spalle».

Poteva essere uno slogan propiziatorio, invece era una confessione. «Perdere aiuta a perdere, purtroppo» ammette l'ingegner Luigi Mazzola, capo della squadra prove della Ferrari. «Se tutti i tuoi sforzi non trovano mai il conforto del risultato, alla lunga diventi prigioniero dell'ansia. E l'ansia induce a sbagliare.»

Schumi l'aveva capito benissimo. Nell'inverno del 2000, passando da un festeggiamento all'altro, era stato profetico: «Sta per iniziare l'era delle Rosse». Sentiva di avere acquisito una serenità interiore che avrebbe reso tutto più semplice. I rivali si illudevano se pensavano che per la gente di Maranello la troppa euforia sarebbe stata controproducente.

Già in Malesia, in occasione dell'ultimo atto della stagione del riscatto, la contagiosa felicità dei ferraristi si era manifestata in modo plateale. Per celebrare la riconquista del titolo dei costruttori Schumi e Barrichello avevano sfoggiato delle clamorose parrucche rosse ed erano stati imitati dall'intero staff. La goliardia diventava un tratto distintivo del gruppo guidato da Todt: irreprensibili sul lavoro, i suoi uomini e le sue donne adesso potevano sfogare la gioia repressa per due decenni. Suscitando anche qualche voce critica: come quella di Francesco Cossiga.

L'ex presidente della Repubblica, da buon italiano, aveva mandato le sue congratulazioni a Montezemolo. Ma aveva pure esternato malumore per il modo in cui Michael si comportava sul podio: quando partivano le note dell'inno di Mameli i meccanici di Maranello cominciavano a cantarlo a squarciagola e Schumi dal palco dirigeva il coro agitando le mani come un direttore d'orchestra. «È una mancanza di rispetto» aveva tuonato il senatore a vita. Tra le proteste degli operai, che non vedevano nulla di male nel siparietto del dopo gara, Michael decise di accettare l'invito di Cossiga.

Nel 2001 la musica di *Fratelli d'Italia* avrebbe accompagnato molte cerimonie di premiazione. Nove, per l'esattezza: sempre con l'ex direttore d'orchestra nei panni del dominatore. Le sue parole del dopo Suzuka venivano certificate dalla realtà. La Ferrari stava spazzando via la concorrenza. La fine dell'incubo sfociava nell'inizio di un ciclo. E più Schumi trionfava, più la crisi psicologica di chi aveva osato sfidarlo si acuiva.

Mika Hakkinen stava smarrendo gli stimoli. Tra i contemporanei del Fenomeno tedesco, era l'unico che meritava di essere accostato a lui. La doppietta iridata del 1998 e del 1999 aveva enormemente accresciuto l'autostima del finlandese. Nel 2000 fino all'ultimo aveva tentato di bloccare la Rossa di Michael. Si era arreso all'ineluttabile e al cospetto della sconfitta si era sentito svuotato.

«Mika è stato sicuramente il migliore tra quanti mi hanno sfidato» ammette Schumi. «Abbiamo duellato per anni, spesso sul filo del rasoio, sempre con grande lealtà. Quando lui si laureò campione del mondo per la prima volta, ci ubriacammo assieme in un locale di Suzuka. E finimmo sbronzi, nello stesso posto, quando io finalmente ottenni il mio primo titolo con la Ferrari. Tra concorrenti non si può parlare di amicizia, ma la stima reciproca era assoluta. Mi è dispiaciuto quando ha deciso di smettere e gliel'ho detto: a me piacciono le sfide e Mika era un rivale vero. Ha abbandonato l'attività troppo presto.»

Nella testa di Hakkinen, invece, l'idea di piantare baracca e burattini era matura da tempo. La parabola del campione, pervicacemente respinta da Michael, a lui si adattava benissimo. Aveva vinto. Era diventato molto ricco. Si era sposato. Aveva voglia di allargare la famiglia. Perché rovinarsi la vita continuando a battagliare con quel demonio di tedesco?

La decisione definitiva, il biondo venuto dal Nord la prese in un bizzarro pomeriggio di tarda primavera. Il 29 aprile del 2001, a Barcellona, si correva il Gran Premio di Spagna. Schumi, fedele alle dichiarazioni rilasciate dopo l'impresa storica di Suzuka, aveva già impresso il suo marchio sul campionato. Si era imposto nel caldo dell'Australia, in una gara funestata dalla morte di un commissario di pista. Era uscito indenne e trionfatore da un terrificante monsone malese. In Brasile si era accontentato del secondo posto, ma in compenso aveva realizzato un sogno: invitato da Ronaldo, era sceso in campo allo stadio Maracanà, il più grande impianto calcistico del pianeta. Ronaldo stava faticosamente affrontando una dolorosa convalescenza: era stato sottoposto a un doppio intervento chirurgico dal professor Saillant, lo stesso che aveva seguito il recupero di Michael dopo lo spaventoso incidente di Silverstone, nel 1999. «Sono i miei gioielli» amava dire scherzando il luminare francese. In effetti, li ha entrambi restituiti alle gioie dello sport.

Se il calciatore Schumi era stato bocciato in pagella dai severissimi critici di Rio de Janeiro, il pilota era inarrestabile. Aveva una buonissima macchina e correva senza pensieri, senza condizionamenti, idealmente senza freni. Forse solo Hakkinen avrebbe potuto, ancora una volta, rendergli la vita difficile. Ma Mika era angustiato dai tormenti interiori. Chi glielo faceva fare di andare avanti? Forse una vittoria sarebbe servita a placare le ansie e a riaccendere il sacro fuoco della competizione: ma doveva arrivare subito, prima che il desiderio di cambiare vita si consolidasse inesorabilmente.

Quella domenica, in Catalogna, la macchina sembrava aver recepito il disagio interiore di chi la guidava. Così, per una volta, la McLaren Mercedes tornò a essere superiore alla Ferrari. Così, come ai vecchi tempi, Mika aveva trovato la forza di staccare Schumi. Dopo quasi un anno si sarebbe riappropriato del piacere di essere un pilota vincente.

Ma a un giro dalla fine, quando la gara non aveva più storia, un sensore smise all'improvviso di funzionare sulla monoposto del finlandese. A meno di cinque chilometri dal traguardo la McLaren si ammutolì. Un incredulo Michael passò accanto alla vettura ferma del grande avversario.

«Questa beffa è un segno del destino» commentò un pallidissimo Hakkinen. E pochi capirono cosa intendeva, perché non tutti erano al corrente della sua crisi esistenziale. Invece Schumi, che pure non condivideva le motivazioni del collega, si rese conto che quell'episodio avrebbe avuto conseguenze irreparabili. Il tedesco si avvicinò a Mika e gli disse: «Mi dispiace, non te la meritavi una fregatura del genere».

Il finlandese avrebbe ancora avuto le sue soddisfazioni agonistiche, sarebbe riuscito a imporsi in Inghilterra e negli Stati Uniti: ma ormai era troppo tardi. La decisione di abbandonare l'attività era stata già comunicata ufficialmente nel corso dell'estate. La beffa di Barcellona era stata il sigillo su una scelta che sottraeva alla Formula Uno l'unico vero «anti Schumi».

«Non è colpa di Michael» spiegò Alain Prost, quattro volte campione del mondo, «se i suoi avversari presto o tardi si arrendono. A parte i meriti della Ferrari, io credo che sia la forza mentale del tedesco a sgretolare la resistenza dei rivali.»

Ma c'era anche chi vedeva le cose da una prospettiva diversa. Lottando sempre più spesso soltanto contro se stesso, Schumi l'inarrestabile non raccoglieva l'unanimità dei consensi. «Parliamoci chiaro, il tedesco è stato favorito dall'assoluta mancanza di avversari all'altezza» diceva ad esempio Clay Regazzoni, compagno di squadra di Niki Lauda in una Ferrari che aveva fatto epoca. «Se avesse gareggiato ai miei tempi, non sarebbe mai emerso, perché negli anni Settanta i piloti avevano uno spessore ben diverso, c'era una fioritura di campioni. Sarebbe stato uno dei tanti, ecco. Ha avuto la fortuna di vivere in un periodo caratterizzato dalla mediocrità generale.»

La nostalgia canaglia, forse, è sempre una cattiva consigliera. D'altronde a Schumi non poteva certo essere rimproverata la superiorità nei confronti dei contemporanei. Quanto all'inevitabile confronto con gli assi del passato, il dibattito era e restava aperto. Nel presente il tedesco li sfidava sul terreno delle cifre.

Con Prost, in verità, un giovanissimo Michael Schumacher si era confrontato all'inizio della carriera. E qualcosa aveva anche imparato dal Professore, chiamato così dai tifosi per lo stile «cattedratico»: ad esempio l'attenzione da dedicare a tutte le fasi che precedono la corsa vera e propria, perché saper mettere a punto la macchina vale forse persino più della velocità pura.

In pista il francese aveva collezionato grandi numeri. I quattro titoli iridati lo collocavano subito dietro Juan Manuel Fangio, laureatosi campione cinque volte. Mentre i suoi 51 successi nei Gran Premi, tra il 1981 e il 1993, ne facevano il detentore di un record a lungo reputato imbattibile. Il povero Senna era stato fermato dalla morte a quota 41. Nigel Mansell, il Leone d'Inghilterra, di corse ne aveva vinte 31.

In Ungheria, il 19 agosto del 2001, Schumi pareggiava il primo conto con Alain. Il quarto mondiale, il secondo da ferrarista, era la conseguenza di una supremazia umana e tecnica schiacciante. Le malinconie di Hakkinen avevano illanguidito la McLaren, sull'orlo di una gravissima involuzione progettuale. La macchina rossa aveva invece raggiunto livelli di affidabilità stupefacenti.

«Michael stava raccogliendo quanto aveva seminato nei sofferti anni delle delusioni» ricorda Claudio Berro, stretto collaboratore di Jean Todt. «Le amarezze avevano fortificato la squadra e il trionfo del 2000 aveva fatto esplodere il potenziale dell'accoppiata. Si era creata una sinergia perfetta tra l'uomo e la macchina, tra il Campionissimo e la gente della fabbrica.»

La simbiosi tra Schumi e la Ferrari era ormai oggetto di studio. Anche Silvio Berlusconi, tornato alla guida del governo nella primavera del 2001, coglieva il valore emblematico di una partnership che stava assumendo i contorni della grande storia di successo: «Penso che il modello di Maranello andrebbe applicato a tante aziende in difficoltà» aveva detto il primo ministro a commento del successo iridato all'Hungaroring. E qualche mese dopo il Cavaliere avrebbe suggerito una «terapia Ferrari» per i mali della Fiat. Mentre Giuliano Amato, predecessore di Berlusconi a Palazzo Chigi, aggiungeva che «ci vorrebbe uno Schumacher alla guida dell'Italia».

Il 2 settembre il consenso «bipartisan» varcava i confini del Bel Paese. A conferma di un legame indistruttibile, Michael sceglieva la cornice di Spa-Francorchamps per sorpassare Prost: il Gran Premio del Belgio lo incoronava vincitore per la 52ª volta. Il record del Professore francese viene consegnato all'archivio. Alain, che sta vivendo un'infelice esperienza come costruttore, si fa vivo in serata con una telefonata affettuosa: «Sono contento che sia toccato a te spodestarmi» mor-

mora. «Quando dirò ai miei nipoti che soltanto Schumi ha fatto meglio di me, saranno orgogliosi.»

L'evento ha una valenza simbolica, non foss'altro perché sulle Ardenne, dieci anni prima, era iniziata l'avventura del pilota Schumacher in Formula Uno e nello stesso luogo, nel 1992, una folla eccitata aveva salutato il primo successo del tedesco.

«Mentre aspettavo di scendere in pista con la Jordan, nel giorno dell'esordio, avevo esplorato il circuito in bicicletta» rammenta il nuovo primatista. «Il tratto dell'Eau Rouge mi aveva stregato. C'è qualcosa di magico a Francorchamps. Qualcosa che non riesco nemmeno a spiegare con le parole.»

Le parole sono inutili anche a commento della stagione: il ferrarista la chiude dominando a Suzuka. Con 123 punti all'attivo, Michael ha quasi doppiato il secondo in classifica generale, lo scozzese Coulthard, fermatosi a quota 65. E avrebbe vinto da solo il campionato dei costruttori: i piloti della McLaren, compreso Hakkinen, di punti assieme ne hanno collezionati 102.

La cinquina

«Lui è come Muhammad Ali. Ve lo ricordate il pugile prima noto come Cassius Clay? Era talmente bravo da non avere rivali. Proprio per questo il mondo si fermava per assistere ai suoi combattimenti: tutti si chiedevano chi mai sarebbe riuscito a batterlo.»

Così Bernie Ecclestone, all'alba del 2002, nega che Schumi stia danneggiando la popolarità della Formula Uno. Ecclestone ha le qualità del bravo piazzista: si occupa dei diritti commerciali e deve vendere bene il prodotto dei Gran Premi. Non ha tutti i torti: il tedesco è una leggenda vivente, è il monarca assoluto che impone la sua legge, dunque la curiosità spinge il popolo a invocare un'alternativa, una rivolta, una rivoluzione.

Il problema è che Michael non somiglia per niente a chi lo ha preceduto, ad altri simboli dell'automobilismo. Chi è stato grande prima di lui, presto o tardi, ha cercato nuovi stimoli in un'esistenza diversa, lontana dai circuiti e dallo stress delle competizioni. Lauda e Piquet hanno detto basta dopo il terzo titolo. Prost si è ritirato dopo il quarto. Molti campioni del volante sono usciti di scena senza rimpianti. Persino Hakkinen si è stufato.

Schumi no. Più ci si sforza di paragonarlo a qualcuno, compreso Muhammad Ali, e più lui si rivela unico. Estraneo alle logiche tradizionali. Un alieno. O meglio: fuori dalla macchina è un uomo perfettamente normale, quasi noioso nella sua adesione ai valori di una vita borghese. Ma quando si cala il casco sulla testa avviene la trasformazione. Dentro la monoposto Michael è insaziabile. È Clark Kent che veste i panni di Superman. È un orco che divora le vittorie e non si ferma mai a contemplarle.

«Ho studiato un po' la storia di Enzo Ferrari» racconta a Melbourne, quando sta per iniziare il nuovo campionato. «Era un uomo eccezionale e ha lasciato un segno profondo in quanti lo hanno conosciuto. Mi ha colpito una sua frase: a chi gli chiedeva quale fosse la sua auto più bella o la vittoria più grande rispondeva sempre "la prossima". Io la penso come lui.»

Detto, fatto. A metà stagione, a parte il chiacchierato episodio di Zeltweg, Schumi è già virtualmente campione del mondo per la quinta volta. Le polemiche che hanno accompagnato il verdetto austriaco le rimuove confermandosi il migliore di tutti. In Canada e in Inghilterra vince andando a spasso. Al Nürburgring dimostra di poter accettare gli ordini di scuderia anche quando non lo favoriscono: nel finale sarebbe più veloce di Barrichello, ma si limita a coprirgli le spalle.

La F2002 è un missile. Lui è un astronauta. Si integra con la Ferrari come se fosse una protesi del mezzo meccanico. Forse è una questione di Dna: almeno a sentire Andreas Franz, un grafologo tedesco che si è preso la briga di studiare l'autografo del Fenomeno. «Ha un modo di scrivere le lettere» spiega il professore in un articolo per la «Frankfurter Rundschau» «che denota rapidità del pensiero e pragmatismo, assieme alla capacità di prendere dei rischi ma senza esagerare.»

Rapidità del pensiero, pragmatismo, accettazione dei rischi ma rifiuto dell'eccesso: sono caratteristiche che Schumi svela in mondovisione il 21 luglio. Sta partecipando al Gran Premio di Francia. L'aritmetica gli offre l'opportunità di conquistare il quinto titolo ma le cose non si stanno mettendo benissimo. Un'infrazione in uscita dai box gli costa una penalizzazione. Probabilmente la festa dovrà essere rimandata alla gara successiva.

Invece, l'ingordigia del fuoriclasse si manifesta ancora. Sebbene ci sia un distacco consistente da recuperare, Michael decide che val la pena di provarci. È rapido nel determinare modifiche alla strategia di corsa. È pragmatico nel comprendere che, tra quanti lo precedono, deve concentrarsi su Raikkonen. È consapevole dei rischi che si assume salendo sempre più spesso sui cordoli con la F2002, ma si guarda bene dal sottoporre la macchina a sollecitazioni troppo brusche.

Il grafologo ha ragione. Quando vede Schumi nello specchietto retrovisore il giovane Raikkonen va in tilt. C'è dell'olio sparso sulla pista e dal box McLaren è arrivata puntuale la segnalazione: ma l'agitazione gioca un brutto scherzo al ragazzo. Che sbanda, va in testacoda e perde la prima posizione. A dieci minuti dalla conclusione il tedesco si ritrova al comando.

«Gli ultimi cinque giri, quella domenica a Magny-Cours, sono stati i peggiori della mia carriera» confesserà Michael. «Durarono un'eternità. Ero stato aiutato dalla fortuna, ma adesso dipendeva tutto da me. All'improvviso ho sentito addosso il peso di una vita come pilota, una vita che amo e alla quale ho dato tutto me stesso. Cinque volte campione del mondo, come Fangio: ho capito che mi stava accadendo qualcosa di enorme, qualcosa che mi riportava alla memoria un'infinità di ricordi. Mi sono detto: speriamo di arrivare al traguardo e speriamo di arrivarci presto. Quando ho visto la bandiera a scacchi, ho tirato un sospiro di sollievo.»

Il resto è festa. Nel 2002 Schumi si imporrà ancora in Germania, in Belgio e in Giappone. È suo anche il successo di Indianapolis, ma un equivoco con Barrichello, che frena con un attimo di ritardo sul rettilineo finale, assegna per 11 millesimi il primo posto al brasiliano. I commentatori americani si stracciano le vesti, però è chiaro che nell'azione dei due ferraristi non c'è stata malizia, stavano semplicemente cercando di completare la gara in parata, per la felicità dell'azienda che li paga e degli sponsor.

Con 144 punti e 11 vittorie all'attivo Michael non appartiene più alla cronaca. Ha un appuntamento con la storia.

XI

Più grande di Fangio

Da quando era riuscito a laurearsi campione con la Ferrari nel 2000 Michael si era trasformato in una sorta di icona dell'automobilismo sportivo. Lentamente ma inesorabilmente l'opinione pubblica lo metteva a confronto non con i contemporanei, dei quali si stava dimostrando assoluto dominatore, ma con gli eroi del passato. Con gli assi del volante figli di epoche precedenti, se non addirittura remote. Soltanto frugando negli archivi della storia, ormai, era possibile scovare una pietra di paragone.

D'altronde nessun fuoriclasse sfugge alla sfida della memoria. Nel calcio è stato così per Diego Armando Maradona: una volta appurata la sua unicità, inevitabilmente la gente ha cominciato a chiedersi se fosse più bravo persino di Pelé, «O Rey» della pedata tra la fine degli anni Cinquanta e i primi anni Settanta. Nel ciclismo è stato così per Eddy Merckx: più corse vinceva e più gli appassionati lo tormentavano immaginando un impossibile dualismo con Fausto Coppi.

A Schumi il destino aveva negato la chance di un aperto conflitto con Ayrton Senna, il mito della Formula Uno moderna: la tragedia di Imola aveva definitivamente lasciato in sospeso la questione, autorizzando i fan dell'uno e dell'altro a pensarla come meglio credevano.

Sull'argomento Michael ha sempre cercato di non cadere nelle trappole della presunzione: «Sono discorsi da bar» ha spiegato spesso. «In termini razionali, non ha senso confrontare esseri umani vissuti in epoche distinte e distanti. Ogni persona appartiene alla sua era e lo stesso ragionamento vale per un pilota di macchine da corsa. Se i miei tifosi gridano che sono il più forte di tutti i tempi, evidentemente esagerano, forse perché sanno che manca una conferma, come manca una smentita.»

Ma alla suggestiva materia, il parallelo con chi aveva fatto il suo stesso mestiere in condizioni completamente diverse, Schumi ha dedicato, in privato, una riflessione meno banale. È accaduto quando, assieme a Jean Todt, ha visitato la Galleria Ferrari, collocata a metà strada tra gli stabilimenti di Maranello e le officine del Reparto Corse. Era stata allestita una mostra riservata a tutte le Rosse vincitrici del mondiale. Dalla prima, quella di Ciccio Ascari, alla sua.

Viste da vicino, le macchine dei predecessori hanno colpito la sua fantasia. «Se penso a quanto precaria fosse la sicurezza ai loro tempi» ha sussurrato Michael all'amico francese «allora mi convinco che davvero un paragone non è ammissibile. Nel senso che i piloti di una volta erano infinitamente più coraggiosi. Io, con una monoposto come quella di Fangio, non accetterei mai di gareggiare. E credo che con me siano d'accordo tutti i miei coetanei.»

L'ammissione d'inferiorità, più psicologica che tecnica, non avrebbe comunque liberato Schumi dall'ossessione dei numeri: all'inizio del 2003, con una supremazia della Ferrari presumibilmente nettissima nei confronti della concorrenza, l'unico motivo di interesse del campionato riguardava l'impossibile sfida tra il tedesco e Fangio. I due erano appaiati a quota cinque nella graduatoria dei pluriridati. A Michael si presentava l'opportunità di stabilire l'ennesimo record.

Argentino dal piede pesante e dal cervello fino, Juan Manuel Fangio era entrato nella leggenda dell'automobilismo negli anni Cinquanta. Era arrivato tardi alle competizioni di massimo prestigio, ma aveva lasciato un segno indelebile nella storia della Formula Uno. Tanto che, alla sua morte, il presidente della Repubblica, Oscar Luigi Scalfaro, in visita di Stato a Buenos Aires, si sarebbe recato a rendere omaggio alla salma.

Umanamente Fangio aveva poco in comune con Schumi. Il suo cattivo carattere lo rendeva poco gradito a chi lo pagava per averlo in squadra: ma aveva portato al titolo l'Alfa Romeo, la Maserati, la Mercedes. Lo stesso Enzo Ferrari, che pure lo detestava, non aveva esitato a ingaggiarlo, nel 1956, per centrare lo scopo.

Prima di morire, nell'estate del 1995, Fangio aveva avuto modo di vedere all'opera Schumi. Le qualità del tedesco lo avevano favorevolmente impressionato: «Ha uno stile di guida molto personale» aveva detto il vecchio idolo. «È molto sensibile, sembra in grado di cogliere le intime vibrazioni della vettura che sta conducendo. Nella sua generazione è il migliore. Non mi stupirei se dovesse vincere tante corse.»

Forse Fangio non immaginava che Michael, a furia di «vincere tante corse», si sarebbe issato sulla cima dei record: in fin dei conti, la cinquina iridata dell'argentino era rimasta ineguagliata per quasi mezzo secolo.

In apparenza, la simbolica sfida non stuzzicava la fantasia del tedesco. «A me i numeri non interessano, darò un'occhiata alle cifre solo quando sarò in pensione»: così il marito di Corinna ha sempre risposto a quanti gli chiedevano un parere sulle conquiste agonistiche. In realtà, l'assenza in pista di un avversario credibile, soprattutto dopo l'addio alle corse di Mika Hakkinen, aveva trasportato Schumi in una dimensione speciale. Migliorare il primato di Fangio gli stava a cuore. Anche se non immaginava che sarebbe stato tanto difficile.

Senza l'Avvocato

Il 24 gennaio 2003 un male incurabile stronca Gianni Agnelli. Se ne va il più famoso simbolo del capitalismo italiano. Se ne va angustiato dalle dolorose vicissitudini dell'azienda di famiglia, la Fiat: l'ingresso nel nuovo millennio aveva aggravato la crisi della casa automobilistica torinese e le difficoltà del gruppo avevano coinvolto anche la Ferrari. Nel 2002, esigenze di liquidità avevano imposto il rinvio della quotazione in Borsa del marchio del Cavallino: una robusta quota della Ferrari era stata acquistata da un consorzio di banche e la vicenda aveva suscitato più di una perplessità in Luca Cordero di Montezemolo. La malattia non aveva però impedito all'Avvocato di rassicurare il numero uno delle Rosse: «Per voi» aveva confidato Agnelli a Montezemolo «nella sostanza nulla cambierà. Continuate pure a vincere: di soddisfazioni, purtroppo, me ne sono rimaste poche».

Con il senatore a vita, nel tempo, Schumi aveva costruito un rapporto quasi confidenziale, basato sull'ammirazione reciproca. Agnelli non nutriva una particolare passione per le auto da corsa: preferiva il calcio alla Formula Uno e non lo nascondeva. I Gran Premi lo annoiavano, si limitava a seguirli in televisione. Però aveva pienamente appoggiato, nel 1995, la scelta di Montezemolo e di Todt di puntare sul talento del pilota tedesco per riportare la Ferrari al successo. E nei lunghi anni dell'attesa, fino al 2000, era rimasto fedele al progetto, respingendo sempre la tentazione di intervenire negli assetti del Reparto Corse di Maranello.

A Michael, dell'Avvocato piaceva il garbo con il quale si avvicinava all'universo dei Gran Premi: le loro conversazioni erano dialoghi tra un grande campione e un profano, quale, con un po' di civetteria, Agnelli pretendeva di essere considerato in materia di automobilismo sportivo. In più di un'occasione il leader della Fiat aveva visitato il box della Ferrari, per le qualifiche di un Gran Premio o semplicemente per una sessione di prove private. E sempre aveva chiesto spiegazioni a Schumi su un particolare tecnico nuovo, sulle qualità di un motore, oppure su una manovra eseguita in gara dal tedesco.

«Sicuramente Michael ci è costato molto caro, anzi, carissimo» aveva raccontato Agnelli in un'intervista. «Ma ha ripagato in pieno l'investimento. Non ha portato in Italia soltanto l'abilità del pilota: in questo, probabilmente somiglia ad altri assi del volante. In lui, però, c'è la capacità di donare a una scuderia qualcosa di più: ha dato alla Ferrari la sua impronta, si è calato nello spirito di una squadra molto particolare, unica nel suo genere. Ha capito l'Italia e gli italiani, direi che è diventato uno di noi. Come azionista della Fiat, sono orgoglioso di un dipendente come lui.»

Ricordando l'Avvocato, Schumi privilegiava un episodio. «Era la fine dell'estate del 2000» sussurrò il tedesco. «Dopo un bellissimo avvio di stagione le cose si erano complicate. Una serie di incidenti e di sconfitte avevano compromesso le mie chance per il titolo, che da tanto tempo sognavamo. Alla vigilia del Gran Premio d'Italia dovevo recuperare 6 punti ad Hakkinen e la situazione non si presentava facile. Ero a Monza, stavo preparando alcune soluzioni per la gara. Il nostro morale era piuttosto basso, quando l'Avvocato, a sorpresa, si presentò ai box. Fece come sempre molte domande, ma soprattutto ci incoraggiò, ci disse di continuare a lavorare serenamente, il suo giudizio sulla squadra non sarebbe stato condizionato dal risultato finale. Poi aggiunse: non è mai una vergogna arrivare secondi, se si è fatto quanto si poteva per cercare di arrivare primi. È una frase che non ho dimenticato.»

Ai primi di febbraio del 2003 Montezemolo decise di onorare la memoria del senatore a vita dando alla nuova Ferrari un insolito nome: GA, le iniziali di Gianni Agnelli.

Una crisi improvvisa

Per superare Fangio la GA sembrava perfetta. I trionfi del 2002 garantivano a Schumi una solidissima base d'appoggio. Per quanto gli avversari potessero migliorare le loro prestazioni, il vantaggio del Cavallino non poteva essere intaccato. Alla vigilia della stagione Michael pensava che soltanto Barrichello, il compagno di squadra, sarebbe stato in grado di dargli fastidio.

Si trattava di un gigantesco errore di valutazione. Propiziato da una mossa a sorpresa della federazione internazionale: per indebolire il monopolio delle Rosse la Fia aveva corretto in extremis i regolamenti. Ufficialmente le misure erano state varate per ridurre i costi e aumentare la sicurezza. In realtà i padroni della Formula Uno erano alla disperata ricerca di uno spettacolo più eccitante, di competizioni più equilibrate. Che l'iniziativa mirasse a penalizzare il campione del mondo in carica lo confermava un dettaglio: al pilota più celebre nessuno aveva chiesto un'opinione in merito. Il parere del tedesco contava quanto quello di uno sconosciuto debuttante. Cioè zero.

D'altronde la dittatura di Michael, per quanto ineccepibile sul piano sportivo, non esaltava gli sponsor e deprimeva gli indici di ascolto televisivi. Una situazione simile aveva spinto gli organizzatori del Giro d'Italia, negli anni Trenta, a pagare il ciclista Alfredo Binda perché se ne restasse a casa, troppo grande essendo la sua superiorità sui concorrenti. Per fermare Schumi occorreva inventarsi qualcosa di diverso.

Le nuove norme, in effetti, presero in contropiede i ferraristi. Come tutti, Michael doveva adattarsi: abituato da oltre dieci anni a usufruire di 12 giri al sabato per cercare di conquistare la pole position, adesso per essere il più veloce in qualifica aveva a disposizione un'unica tornata. Da affrontare con una vettura carica di carburante, perché non sarebbe stato permesso un rifornimento tra prove e corsa. Mentalmente, e nella pratica, era una rivoluzione. Eppure per lui, all'inizio, il problema quasi non esisteva: infatti in Australia, nel Gran Premio inaugurale, Schumi guadagnava il diritto di partire davanti a tutti. Jackie Stewart, tre volte iridato in F1 tra il 1969 e il 1973, commentava il risultato del sabato di Melbourne con uno sberleffo: «Questo tedesco è più forte anche degli intrighi studiati dietro le quinte».

Non era vero. Meno di un mese più tardi, alla fine del Gran Premio del Brasile, Michael poteva vantare appena 8 punti nella classifica del campionato. Il leader della graduatoria, il giovane finlandese Kimi Raikkonen, ne aveva 24. *L'era Schumacher è agli sgoccioli* titolavano i giornali di mezzo mondo. Speculazioni di ogni genere si sprecavano. Il tramonto improvviso di un fuoriclasse giustificava interpretazioni e processi. Non era stato forse Enzo Ferrari a mettere nero su bianco la parabola del campione? Più un uomo vince in pista e più diventa ricco, aveva spiegato il Drake. Con l'età i piaceri della vita si moltiplicano e cresce il desiderio di goderseli per intero, senza affrontare rischi ormai insopportabili. Perché mai il tedesco doveva essere diverso?

A sorreggere la teoria del declino provvedevano inoltre le cronache dei primi Gp della stagione. In Australia Michael aveva vanificato la pole scegliendo gomme sbagliate: un errore insolito in un perfezionista come lui, quasi l'indizio di un preoccupante calo di concentrazione. In Malesia, dove tutti aspettavano la riscossa, si era comportato come un inesperto driver alla partenza, provocando una banale collisione con la Renault dell'italiano Jarno Trulli. E poi c'era stato il disastroso appuntamento con una pozzanghera, in Brasile.

A Interlagos, il 6 aprile, un temporale aveva allagato il tracciato caro ad Ayrton Senna. Nulla di sorprendente: a San Paolo spesso le corse sono turbate dalla pioggia. Inoltre Schumi era considerato un maestro di guida sul bagnato: quando il cielo si era scatenato, ai box la stragrande maggioranza di ingegneri e meccanici aveva scommesso sulla sua inevitabile vittoria.

Invece, unico tra i candidati al successo, il tedesco aveva clamorosamente perso il controllo della macchina in una curva scivolosa. La Ferrari non c'entrava niente: era stata una leggerezza del pilota, una gaffe, un autogol. Con tanto di spavento aggiuntivo: la vettura era andata a sbattere pesantemente contro le barriere di protezione, a pochi passi da una gru incredibilmente parcheggiata a bordo pista. Michael se l'era cavata con una robusta dose di fortuna, ma la dinamica dell'incidente aggravava i dubbi degli scettici. Aveva ancora voglia di vivere pericolosamente? Oppure, senza dirlo a nessuno, nemmeno a se stesso, stava avviandosi alla pensione?

Tre gare, tre errori. «Ammetto che per me è una situazione sorprendente» confessò Schumi con una punta di stizza mischiata all'orgoglio. «Di solito faccio uno sbaglio all'anno.» Intanto gli alfieri di una generazione nuova, cresciuta a pane e PlayStation, assistevano compiaciuti all'improvviso cedimento del Mostro, dell'uomo che sognavano di battere sin dai giorni dell'infanzia.

L'anagrafe non mentiva. Kimi Raikkonen era di dieci anni

più giovane, Fernando Alonso addirittura di dodici. Entrambi avevano narrato, nelle prime interviste, di essere stati, da bambini, incollati davanti al televisore per seguire i duelli tra Michael e Ayrton. Adesso erano lì, pronti ad abbattere il monumento.

Raikkonen era stato introdotto in Formula Uno dallo svizzero Peter Sauber: finlandese come Hakkinen, l'imberbe Kimi si era presto segnalato per le sue doti. La McLaren Mercedes si era sottoposta a un pesante sacrificio finanziario pur di calarlo nell'abitacolo della monoposto color argento.

Alonso aveva cominciato con un geniale artigiano italiano dell'automobile da corsa: il romagnolo Giancarlo Minardi godeva meritata fama di talent scout, avendo aperto le porte dei Gran Premi a molti piloti di valore. Ma solo per lo spagnolo di Oviedo si era sbilanciato: «Alonso è il nuovo Senna» aveva detto Minardi. «È nato per correre in macchina ed è nato per vincere.»

All'entusiasmo dei freschi eroi, nella primavera del 2003, Schumi cosa poteva opporre? Il palmarès? Non si vincono le gare con gli albi d'oro. Una Ferrari più veloce? La GA, la macchina dedicata all'Avvocato, non sarebbe stata disponibile prima del Gran Premio di Spagna, quinta prova del campionato. Inoltre c'erano perplessità non infondate sulle gomme: le Bridgestone, utilizzate dalle Rosse, rendevano meno delle Michelin, scelte dagli avversari più insidiosi.

«Io non ci credo, ma se davvero il tedesco è in declino lo scopriremo a Imola: se sbaglia anche lì significa che non è più lui.» Così Niki Lauda, un grande ex che non era sfuggito alla parabola del campione, anticipava il momento della verità.

L'ultimo bacio

Per Jean Todt il dubbio non esisteva. L'amico francese aveva intuito il disagio di Michael al cospetto delle nuove regole. Ma era certo che la crisi, ammesso che potesse essere definita tale, sarebbe stata spazzata via dal primo successo. Nei lunghi anni vissuti nel mondo dell'automobilismo, come copilota nei rally e quindi al vertice del Reparto Corse della Peugeot, l'astuto Todt aveva affinato la sensibilità. Nei colloqui diretti e nelle quotidiane telefonate con il tedesco non aveva colto alcun sintomo. Schumi non era assolutamente stanco del mestiere, non era nauseato dalla routine delle competizioni e non era sottoposto ad alcun tipo di pressione da parte di Corinna. Non esistevano condizionamenti da parte della famiglia.

Eppure la famiglia qualcosa c'entrava nell'apparente declino del campione. Todt lo sapeva e si sforzava di custodire il segreto. Presto o tardi la notizia sarebbe trapelata, nonostante i tentativi di rispettare la privacy dei diretti interessati.

Elizabeth, la madre di Michael e di Ralf, stava morendo. Da un paio d'anni combatteva contro un gravissimo problema di salute. Aveva smesso di recarsi sui circuiti: fino alla fine degli anni Novanta aveva seguito almeno un paio di corse a stagione. Sulle piste si faceva accompagnare dall'ex marito Rolf: la coppia aveva divorziato da tempo, ma i rapporti tra i coniugi erano rimasti buoni.

Il 15 aprile, a pochi giorni dal Gran Premio di San Marino, i medici comunicarono ai figli di Elizabeth che la fine era imminente. Tutte le cure si erano rivelate inadeguate. Lentamente, la signora si stava spegnendo.

«Se ritieni opportuno rinunciare alla corsa» disse Todt a Schumi «io appoggerò la tua decisione. Non ti preoccupare del campionato, ci sono cose più importanti.» Con discrezione la Ferrari fece sapere a Bernie Ecclestone che era possibile un'assenza del campione del mondo sulla pista di Imola: in tal caso, probabilmente, la scuderia del Cavallino non avrebbe sostituito il tedesco con il pilota di riserva, il collaudatore Luca Badoer.

Ai box nessuno sapeva niente. Persino i più stretti collaboratori di Michael, gli ingegneri di pista e i meccanici, erano all'oscuro del dramma. «Notammo soltanto che era molto teso durante le prove» ricorda Luca Baldisserri. «Vista la situazione di classifica, era facile cadere nell'equivoco, immaginare fosse nervoso causa l'assoluta necessità di vincere la gara.»

Sabato 19 aprile, percorrendo il giro in 1'22"327, a una media oraria superiore ai 215 chilometri, Michael Schumacher conquista la pole position, negandola per un soffio al fratello Ralf. In teoria è la sua risposta alla sfida lanciata dai giovani rampanti, è la replica d'autore a Raikkonen e ad Alonso. Nella pratica è una spaventosa dimostrazione di forza d'animo. Pochi minuti prima di entrare in pista per andare a caccia della pole i due fratelli sono stati raggiunti dalla telefonata tanto temuta: la mamma è in fin di vita, hanno poco tempo a disposizione se vogliono salutarla per l'ultima volta. Entrambi, senza consultarsi, hanno preso la stessa decisione: faranno il loro lavoro, guideranno al limite e poi abbandoneranno il circuito per recarsi in Germania, al capezzale di Elizabeth.

Quando la notizia si diffonde Michael e Ralf hanno già lasciato Imola. Non torneranno per la corsa, lasciano capire i bene informati. La Ferrari e la Williams annunciano che non interferiranno nella scelta finale dei loro piloti. Elizabeth muore nel cuore della notte. Accanto a lei, per l'ultimo bacio, ci sono i due figli. Tra meno di quattordici ore, sul circuito intitolato a Enzo Ferrari e al figlio Dino, scatterà il Gran Premio di San Marino. Senza i protagonisti più attesi.

Invece alle nove del mattino gli sbalorditi addetti ai cancelli del paddock vedono arrivare una macchina con due persone a bordo: Michael e Ralf sono tornati a Imola. Intendono partecipare alla corsa. Onoreranno l'impegno. Chiedono soltanto di essere esentati dalle cerimonie protocollari. Niente sfilata assieme agli altri piloti prima del via. E niente conferenze stampa a fine gara.

Alle due del pomeriggio va in scena uno spettacolo indimenticabile. Come divorati da un'angoscia indicibile, Michael e Ralf animano un duello fantastico. Si sfidano ruota a ruota. Si sfiorano ripetutamente in entrata e in uscita dalle curve. Sembrano soli in pista: quasi intimiditi da quanto stanno vedendo, i colleghi restano a rispettosa distanza.

Forse i fratelli, orfani di madre da poche ore, non stanno disputando una corsa. Forse, sotto il casco, calati nell'abitacolo della Ferrari e della Williams, stanno viaggiando sul filo della memoria. Forse stanno sfogando il dolore più grande immergendosi nel mestiere, lasciandosi trascinare sino in fondo dalla passione che ha caratterizzato la loro esistenza. La battaglia dura per circa trenta minuti, poi Ralf viene rallentato da problemi alla vettura. Il fratellone invece insiste: dopo un'ora e mezzo di spasmi celebra il trionfo più triste. Nessuno gli chiederà mai a chi fosse dedicata la vittoria.

Non ce n'era bisogno.

Doppiato da Alonso

Naturalmente, la straziante domenica di Imola mette in fuga chi aveva scommesso sul tramonto del Campionissimo. Almeno per un po' Schumi torna a essere Schumi. La GA fa il suo debutto in Spagna ed è un esordio col botto: Alonso, idolo di casa, deve accontentarsi della piazza d'onore. Ancora meglio le cose vanno in Austria: a Zeltweg la nuova Ferrari domina la scena e Umberto Agnelli, diventato presidente della Fiat dopo la scomparsa del fratello Gianni, assiste dal vivo a un episodio che va ad alimentare la leggenda di Michael. Uomo normalissimo fuori dagli autodromi, uomo assolutamente incredibile una volta calato nei panni del pilota.

Succede questo: in occasione di un rifornimento qualche goccia di benzina scappa fuori dal bocchettone che i meccanici impiegano per riempire di propellente il serbatoio della monoposto. Schizzando sugli scarichi bollenti della GA il carburante prende fuoco. Per un attimo la Ferrari del tedesco è avvolta in un rogo.

«Francamente non ho avuto paura» spiega Schumi a chi gli chiede come abbia potuto restarsene tranquillamente all'interno dell'abitacolo. «Ero sicuro che i miei amici di Maranello sarebbero stati in grado di risolvere il problema. Infatti dopo qualche istante tutto era sistemato, io sono ripartito e ho vinto.»

Salamandra Schumi titola un giornale inglese. Il diretto interessato non è turbato: «Se pensassi al peggio dovrei smettere di correre». Invece correre è la cosa che più gli piace: lo dimostra anche nei momenti della sconfitta, perché allora l'irritazione sale e il sorriso si trasforma in una smorfia triste. Capita a Montecarlo, dove Michael non ce la fa a eguagliare il record di Senna, sei volte primo nella terra dei principi Grimaldi: monta pneumatici troppo duri in qualifica e si rassegna a vedere da vicino la gioia del colombiano Montoya. Ma il titolo iridato, nonostante le alchimie di chi ha stilato regolamenti astrusi, è ampiamente alla sua portata: in Canada batte tutti e si riappropria della leadership nella classifica generale. Il disastroso avvio di stagione è cancellato. Adesso la strada dovrebbe essere in discesa. Anche perché Raikkonen sta pagando un prezzo all'inesperienza. «I suoi errori sono assist per il bomber Schumi»: le parole di Dino Zoff, capitano della nazionale azzurra di calcio campione del mondo nel 1982 e grande ferrarista, fanno sorridere Michael, che non perde occasione per giocare a pallone. «A volte c'è chi mi domanda se non rischio di farmi male travestendomi da calciatore oppure quando vado a sciare in Norvegia con mia moglie e i miei bambini» dichiara a un giornale di Montreal. «Chissà, potrei rompermi una gamba o una mano. Ma io ribalto la prospettiva: ogni giorno, nella vita quotidiana, può capitare un inconveniente. A me non piacerebbe sacrificare ogni mia piccola passione al mestiere che faccio. Sono una persona normale. Questo chi mi paga lo stipendio, cioè la Ferrari, lo sa. Evidentemente a Montezemolo, a Todt e ai tifosi vado bene così.»

Meno bene, all'improvviso, vanno le cose ai box. Infatti l'estate europea è caratterizzata da temperature tropicali. E con il caldo la GA ha un problema, un grosso problema: le «scarpe», cioè le gomme. Le Bridgestone accusano un drastico calo di competitività. Mentre, al contrario, le Michelin sono l'arma segreta di Williams e McLaren. Michael se ne accorge e tenta di difendersi. Al Nürburgring prova a resistere a un attacco di Montoya ma rischia di finire fuori pista: solo l'intervento dei commissari gli consente di chiudere il Gran Premio d'Europa al quinto posto. In Francia si accontenta di un terzo posto incolore. In Inghilterra ci mette una pezza Barrichello, che con una prestazione straordinaria batte

Montoya e Raikkonen. Schumi è quarto. Si sfoga con Todt: «Debbo correre come un ragioniere».

Ma il peggio sta per arrivare. Il 3 agosto, in Germania, i tifosi tedeschi toccano con mano la crisi della GA. Tra la Williams motorizzata Bmw e la Ferrari c'è una differenza enorme. A provocare il gap è la diversa qualità delle gomme. I giapponesi della Bridgestone lasciano intendere che gli avversari della Michelin hanno dato un'interpretazione delle norme tecniche ai limiti della regolarità: però, in attesa di una pronuncia da parte della federazione internazionale, Michael deve arrangiarsi con quanto passa il convento. Lui, per la verità, ricorre a tutti i trucchi del mestiere. Sapendo di non poter lottare per la vittoria applica strategie tese a limitare i danni. Punta a raccogliere punti, sperando che Williams e McLaren si ostacolino a vicenda.

A Hockenheim la tattica «da ragioniere» sembra pagare, perché Raikkonen si perde per strada e a pochi giri dalla fine la Rossa di Schumi è installata in una confortevole seconda posizione, alle spalle di Montoya. Invece una foratura frantuma i piani del Cavallino: settimo sotto la bandiera a scacchi, il campione del mondo in carica sente sul collo il fiato degli inseguitori.

Tempo per rimediare ci sarebbe. Manca qualcos'altro. In Ungheria, il 24 agosto, il tracollo della premiata ditta Ferrari-Bridgestone viene emblematicamente certificato da una scena talmente inverosimile da parere inventata, eppure è tutto vero: in assenza di inconvenienti tecnici la Renault di Fernando Alonso si permette di doppiare la GA di Schumi. Per i fan del Cavallino è un brusco ritorno ad abitudini felicemente dimenticate. Dieci anni prima, quando Michael correva per la Benetton, era normale vedere le Rosse nelle retrovie. Adesso è uno shock.

A Cortina d'Ampezzo, dov'è in vacanza, Montezemolo si aggrappa al telefono. Il presidente non ignora che vincere sempre sarebbe una pretesa eccessiva. Ma non si aspettava un calo così repentino. A giugno il mondiale sembrava vinto. Adesso sembra perso. «La domenica sera parlai a lungo con

Michael» ricorda. «Era depresso quanto me. Però, come me, non accettava l'idea di una resa. Tre settimane ci separavano dal decisivo appuntamento di Monza. Potevamo farcela. Lui non era appagato, non si era imborghesito, non avvertiva un calo di motivazioni. Questa era la cosa più importante.»

La Fia, la federazione internazionale, allunga una mano alla gente di Maranello: dà un'interpretazione restrittiva delle norme sulle gomme e implicitamente favorisce il lavoro della Bridgestone. Per Schumi è una bella notizia: gli resta un vantaggio minimo (1 punto su Montoya, 2 su Raikkonen) alla vigilia del Gran Premio d'Italia. Gli avversari si fanno coraggio. «Lo batterò perché ho più fame di lui» dice il colombiano della Williams.

Non ha ancora imparato a conoscerlo.

Il guerriero colombiano

Tra i candidati alla successione, Juan Pablo Montoya si distingue per una dote: la sfacciataggine. Figlio di un miliardario colombiano diventato ricco commerciando in fiori, il piccolo sudamericano ha sempre ostentato una cosa: lui non avverte alcun complesso d'inferiorità nei confronti del tedesco. Dice quello che pensa e talvolta non pensa a quello che dice: attribuisce i record di Michael principalmente alla fortuna di aver spesso guidato la macchina migliore. «Schumi non è più bravo di me» ripete fino all'ossessione. «A parità di mezzo, me lo terrei dietro.»

La spregiudicatezza verbale viene confermata dai comportamenti. Più di una volta, dal 2001 in poi, il colombiano ha sfidato Michael con la grinta di un pugile mai domo. Più di una volta i due sono stati sull'orlo della collisione. Juan Pablo il piede non lo alza. «C'è gente, tra i miei colleghi, che quando vede il tedesco nello specchietto retrovisore cede alla paura e si tira in disparte» spiega. «A me non accade. Se vuole battermi, Schumi deve andare più forte.»

In Formula Uno Montoya è arrivato dopo felici esperienze negli Stati Uniti. Frank Williams lo aveva messo sotto contratto quando ancora il giovanotto si divertiva a dare battaglia sugli ovali nordamericani. Aggressivo e coraggioso fin quasi all'incoscienza, il colombiano entra nel grande giro dalla porta principale. E subito rafforza la sua idiosincrasia per una dinastia: la famiglia Schumacher non gli piace. In attesa di avere una monoposto che gli consenta di strapazzare Michael, l'arrembante Juan Pablo se la prende con Ralf, suo compagno sotto il tetto della Williams. I rapporti tra i due precipitano in fretta. Fanno fatica a parlarsi. La collaborazione tecnica in pratica non esiste. Montoya si sente investito di una missione: liberare la F1 dalla dittatura di un cognome.

Tanta animosità lascia perplesso lo Schumacher ferrarista. Che il nuovo avversario sia spinto dal desiderio di detronizzarlo lo capisce: non è che lui, all'alba degli anni Novanta, ragionasse in modo diverso nei confronti di Senna. Però l'ostilità del colombiano ha qualcosa di eccessivo. Rischia di scivolare sul personale. E questo non va bene: attraverso gli errori commessi, ad esempio nei confronti di Villeneuve all'epoca del loro dualismo, Michael ha imparato che detestare umanamente l'avversario è un boomerang.

Adesso, però, le chiacchiere stanno a zero. Sul finire dell'estate del 2003 Montoya è a un passo dalla consacrazione. La sua ascesa è stata faticosa. Nel 2001, stagione dell'esordio, ha vinto appena una corsa. Nel 2002 la Williams Bmw era fortissima sul giro secco e infatti il colombiano è stato il re delle pole position, ne ha conquistate addirittura sette. Ma la mancanza di affidabilità ha impedito al sudamericano di infastidire Schumi nella caccia al titolo.

A Monza, il 13 settembre, si gioca la partita chiave. Deve essere definita la griglia di partenza del Gran Premio d'Italia. Chi acquisirà il diritto di scattare davanti a tutti ipotecherà vittoria e titolo. Le prove libere hanno chiarito che la Ferrari, la GA, ha recuperato competitività. L'intervento della federazione internazionale in materia di gomme ha tolto alla Williams e alla McLaren molto del vantaggio che avevano.

Schumi non vince una gara da tre mesi. Un'eternità per uno come lui. Schumi è perfettamente consapevole di essere al bivio decisivo della stagione e forse di tutta la carriera. Una sconfitta significherebbe abdicazione.

Montoya ha i nervi a fior di pelle alla fine delle qualifiche. Sulla pista più veloce il tedesco ha fatto meglio di lui. Nel bosco della Brianza il vecchio Michael ha superato i 350 chilometri all'ora. Evidentemente non ha alcuna intenzione di arrendersi al nuovo che avanza.

La domenica, ci sono 53 giri da percorrere. Per chi ama il brivido, Monza è lo scenario supremo. Il tracciato espone i piloti a una tremenda sollecitazione mentale: in pratica debbono tirare al massimo per 306 chilometri. Le traiettorie da seguire non sono difficili. Bisogna spingere e basta. Spingere sempre.

Montoya adora Monza. Qui ha colto il primo successo in Formula Uno nel 2001. Qui ha confessato di avere un obiettivo quasi romantico: liquidare l'era Schumacher nel nome del suo idolo dell'adolescenza, il mitico Ayrton Senna. Qui, onestamente, Juan Pablo è favorito: lo spazio per l'abilità del pilota è ridotto, è difficile inventarsi qualcosa quando i motori vengono tirati allo spasimo.

Il via, per quanto interamente gestito dall'elettronica, è un delirio di sensazioni. Sul lunghissimo rettilineo la GA di Michael riesce a conservare i pochi metri di vantaggio sulla Williams. Ma Montoya ha un piano: vuole immediatamente intimidire il tedesco. Alla variante della Roggia le ruote della macchina bianca si infilano all'interno della macchina rossa. Sono i secondi, anzi, i decimi che possono cambiare la storia: se il colombiano passa in testa le speranze di Schumi si ridurranno al lumicino.

Resistere, per l'uomo che sta facendo i conti con il mito di Fangio, significa alzare la soglia del rischio: tra i due, quello che ha tutto da perdere è Michael. C'è lui sull'orlo della resa. Mollare, sia pure per una frazione infinitesimale di tempo, vale la rinuncia definitiva. Nelle cronache dell'automobilismo ci sono attimi che contengono il senso di una carriera.

«Io ero convinto che tra i due, per un'oggettiva differenza di motivazioni, sarebbe stato Schumi ad alzare il piede» racconta Alex Zanardi, grande pilota e grande uomo, buon conoscitore di entrambi. «Montoya aveva un desiderio feroce di vincere, un impeto che non si poteva pretendere dal tedesco. Be', mi sbagliavo.»

Uomo normale nelle cose di tutti i giorni, Michael si trasforma quando è conficcato nel cuore di una monoposto. Ha le ruote anteriori della macchina bianca quasi all'altezza del suo abitacolo. Se cedesse, se lasciasse strada, sarebbe difficile rimproverargli qualcosa. Nessuno ha il diritto di chiedergli l'impossibile. Ha già dato tanto. Forse ha già dato il meglio di sé, alla Ferrari e allo sport dell'automobile.

Invece non è così. L'uomo normale non c'è più: il Fenomeno lo ha sostituito. Schumi replica all'attacco del «pugile» colombiano: affonda il piede sull'acceleratore ed esce dal tunnel del dubbio vedendo la Williams che scivola di nuovo nello specchietto retrovisore. L'assalto è stato respinto.

Per una quarantina di giri il duello spasmodico continuerà. A colpi di record sul giro il tedesco e il colombiano fanno corsa parallela. Lo spettacolo è adrenalina pura: due esseri umani proiettati in una dimensione che appartiene esclusivamente a loro, prigionieri nello spazio vuoto di un sogno che non possono dividere. Per quasi un'ora Montoya tenta di riacciuffare la scia della GA. E per quasi un'ora Michael lo tiene a distanza di sicurezza. Solo nel finale il colombiano ha un crollo nervoso. Quando capisce di non poter ribaltare la situazione cede. L'eversore ha perso la sua partita.

Per Juan Pablo è uno shock. Aveva messo sul piatto tutta la sua esuberanza, la sua determinazione, la sua convinzione di essere il nuovo re. Aveva immaginato il trionfo, l'epilogo dell'epopea targata Schumacher. Nel giorno in cui la qualità delle macchine era sostanzialmente identica non era invece stato capace di mantenere le promesse. A parità di mezzo meccanico aveva vinto Michael.

L'impatto psicologico della domenica monzese è un'onda lunga che varca l'Atlantico. Il 28 settembre, a Indianapolis, in teoria Montoya potrebbe ancora riappropriarsi del mondiale. A Indy lui è un idolo: da ragazzo ha vinto la mitica 500 Miglia e decine di migliaia di suoi connazionali affollano il tempio delle corse per incoraggiarlo. Ma dalla Brianza è uscito un pilota ridimensionato. La sconfitta in Italia ha tolto sicurezza a Juan Pablo. L'agitazione fa il resto: in gara guida come un matto, va addosso alla Ferrari di Barrichello, rimedia una penalizzazione forse eccessiva, insomma esce mestamente di scena.

L'autore di tanto scempio non ha tempo di riflettere sulle conseguenze del suo modo di essere e di correre. Michael Schumacher, invece, si stupisce per gli elogi che gli piovono addosso dopo Monza: forse qualcuno sul serio dubitava di lui, forse davvero c'era chi s'illudeva di aver colto i sintomi del declino nelle sue prestazioni. L'argomento non lo riguarda e non lo interessa: «Dopo tutto quello che ho vinto» spiega ai giornalisti americani «continuo a correre per il piacere di guidare, perché mi sento pienamente realizzato solo quando sto al volante della Ferrari. Non debbo dimostrare niente a nessuno».

È così, è così anche a Indianapolis. Con Montoya smarrito alla ricerca di se stesso è rimasto su piazza l'altro sfidante. Kimi Raikkonen non ha mai alzato la voce, non ha mai lanciato sfide plateali al tedesco. Lavora in silenzio, evita le smargiassate e accumula punti. È un metodico sacerdote della velocità.

Il 28 settembre, nel Gran Premio degli Usa, al finlandese si presenta la grande occasione. Scatta dalla pole e può approfittare di un incerto avvio di Schumi. Ma la pioggia si abbatte sul catino dell'Indiana e lì finisce la storia: sul bagnato Michael disegna linee perfette. Kimi si arrende. Il secondo posto lascia al pilota della McLaren una chance residua: se vincesse in Giappone e se il tedesco non raccogliesse nemmeno un punto il titolo sarebbe suo.

Improbabile, d'accordo. Eppure potrebbe accadere. E infatti quasi quasi accade.

«Non mi piace vincere così»

A parole, Schumi non ha mai prestato attenzione alla contabilità dei record. A parole, Schumi non è affascinato dalla prospettiva di battere il primato storico di Juan Manuel Fangio, la cinquina iridata. Invece è vero esattamente il contrario: il tedesco ci tiene, ci tiene tantissimo.

Il lato oscuro del personaggio riaffiora nelle ore che precedono l'ultimo Gran Premio della stagione. A Suzuka, in teoria, Michael dovrebbe sbrigare una formalità. A Raikkonen la matematica concede una possibilità, ma è una possibilità remota. Addirittura Montoya potrebbe fare un favore al non amato ferrarista, essendo dovere del colombiano cercare di vincere la corsa per spingere la Williams verso la conquista del titolo costruttori. Sono le bizzarrie del destino.

Ciononostante, Schumi non è tranquillo. Per l'intera stagione è stato in bilico fra entusiasmo e depressione. Come al solito ha vinto più corse di tutti, ma non sono mancati i momenti duri. Adesso che potrebbe rilassarsi, la tensione lo divora.

«Non l'avevo mai visto così» ammette Rubens Barrichello. «Alla fine delle qualifiche del sabato era comprensibilmente irritato. Era venuto a piovere proprio quando toccava a lui scendere in pista: così sarebbe stato costretto a partire dal fondo. Era una conseguenza, assurda, dei regolamenti introdotti per limitare lo strapotere delle nostre Ferrari. Che fosse capitato proprio all'ultima gara, insomma, aveva quasi il sapore di un presagio.»

Contro quelle norme Michael aveva tirato fuori il meglio di sé. Aveva tagliato per primo il traguardo in sei occasioni. Incredibilmente il meccanismo di assegnazione dei punteggi, studiato per tutelare i perdenti, permetteva a Raikkonen, che aveva vinto soltanto in Malesia, di essere ancora in lizza per il mondiale.

«Temeva la beffa» aggiunge Barrichello. «Dal suo punto di vista aveva perfettamente ragione. Io lo rassicurai: stai tranquillo, in pole c'è la mia Ferrari, la corsa non mi scapperà e potremo festeggiare assieme. Era un pronostico razionale, ma capivo il suo stato d'animo.»

Il 12 ottobre, a Buenos Aires, le televisioni hanno un appuntamento con i nipoti di Juan Manuel Fangio. Saranno intervistati sulla figura del loro avo e su quello che provano sapendo che un signore tedesco ha finalmente battuto il record del nonno.

Il 12 ottobre, a Suzuka, Michael Schumacher ha un appuntamento con l'inquietudine. È turbato dalla situazione. Deve assolutamente classificarsi almeno all'ottavo posto se vuole avere la certezza di confermarsi campione del mondo.

Il 12 ottobre, a Bologna, Luca Cordero di Montezemolo passa la notte in bianco aspettando la partenza del Gran Premio del Giappone. La Ferrari è in lizza anche per il titolo iridato dei costruttori. «Sarebbe un dispiacere doppio» confida l'avvocato agli amici che gli tengono compagnia nell'attesa «se perdessimo tutto con la macchina che abbiamo voluto dedicare a Gianni Agnelli.»

Il 12 ottobre, a Suzuka, Rubens Barrichello mantiene la parola data: lotta per la vittoria e con la sua presenza al comando della corsa immagina di garantire serenità al compagno di squadra.

Il 12 ottobre, a Bologna, Luca Cordero di Montezemolo capisce, davanti alla Tv, che qualcosa non sta funzionando. Schumi è troppo nervoso: rischia di uscire di strada perché abborda le curve come un matto e addirittura tampona in pieno la Bar di Takuma Sato in un assurdo tentativo di sorpasso.

Il 12 ottobre, a Suzuka, la Williams di Montoya e la Renault di Alonso si rompono. A questo punto tra la vittoria e Kimi Raikkonen c'è soltanto la GA di Barrichello. Poiché Schumi è lontanissimo dall'ottavo posto, se il finlandese superasse il brasiliano il mondiale si concluderebbe con la più clamorosa delle sorprese.

Il 12 ottobre, a Buenos Aires, i parenti di Juan Manuel Fangio cominciano a sospettare che il record del nonno sia destinato a resistere. Forse gli inviati delle televisioni annulleranno l'appuntamento per le interviste.

Il 12 ottobre, a Suzuka, i meccanici della Ferrari furiosamente sostituiscono il musetto della GA di Michael. Lo rimandano in pista in meno di trenta secondi. L'obiettivo dell'ottavo posto è ancora alla sua portata.

Il 12 ottobre, a Bologna, Montezemolo riceve una telefonata di Umberto Agnelli. Il presidente della Fiat vuole essere confortato: siamo sicuri che la macchina di Barrichello terrà fino in fondo?

Il 12 ottobre, a Suzuka, Rubinho risponde via radio alle domande di Ross Brawn: anche dopo l'ultimo pit stop la sua GA è in perfette condizioni. Raikkonen non ha nessuna possibilità di andarlo a prendere.

Il 12 ottobre, a Suzuka, Jean Todt parla via radio con Schumi, che ha rischiato un altro incidente con il fratello Ralf e con il brasiliano Da Matta. «Stai tranquillo e porta la macchina al traguardo» dice il francese al tedesco. «Ormai è fatta.»

Il 12 ottobre a Suzuka, dopo 85 minuti di corsa, Rubens Barrichello taglia trionfalmente il traguardo. Passeranno 59 secondi prima che uno stralunato Schumi concluda la sua gita nell'incubo. È ancora campione del mondo, ma fatica a rendersene conto.

Il 12 ottobre, a Bologna, Montezemolo apre una bottiglia di champagne. La memoria di Gianni Agnelli è stata salvaguardata: con la vettura a lui dedicata la Ferrari ha conquistato due titoli iridati.

Il 12 ottobre, a Suzuka, l'uomo normale che ha sorpassato Fangio è stranito. Tutti fanno festa a Michael Schumacher ma lui sembra quasi assente. «Non mi piace vincere così» sussurra. «Provo una strana sensazione.» Poi va a ringraziare Rubens Barrichello: «Se tu non fossi stato in testa alla gara non so cosa avrei combinato». Agli amici della squadra Schumi fa una confessione: «Credo di aver guidato malissimo, è stata una delle esibizioni peggiori da quando sono in Formula Uno».

Il 12 ottobre, a Buenos Aires, il nipote di Juan Manuel Fangio rilascia una dichiarazione alle televisioni: «Mio nonno sarebbe orgoglioso di aver lasciato il suo record nelle mani del più grande pilota di tutti i tempi».

È vero, anche se il 12 ottobre a Suzuka il Fenomeno aveva ceduto il posto all'uomo normale chiamato Michael Schumacher. E al suo lato oscuro.

XII
Settebellezze

Lasciato alle spalle il ricordo di Fangio, nel 2004 Michael ha toccato l'apice della carriera. Nella seconda metà di agosto, mentre ad Atene si celebravano i Giochi della moderna Olimpiade, Schumi si è appropriato di una doppia, simbolica medaglia d'oro. Prima, in Ungheria, ha consegnato alla Ferrari, per la sesta volta consecutiva, il titolo iridato a squadre. Poi, in Belgio, ha incastonato la settima gemma nel diadema della gloria personale.

Ma anche Superman, nei fumetti, ha il suo punto debole, sotto forma di kryptonite. E persino il mitologico Achille aveva un difetto, nel tallone. Per l'uomo normale Michael Schumacher, così abituato a travestirsi da Fenomeno nei panni di pilota, il limite si nasconde nella foresta dell'imprevisto e dell'imprevedibile.

Pochi giorni dopo l'ennesimo trionfo mondiale il tedesco stava scrupolosamente collaudando l'amata Rossa sul circuito di Monza. Non era tenuto a farlo e a Corinna non sarebbe dispiaciuto averlo in famiglia: invece Schumi si era immediatamente offerto volontario per i test in Brianza, forse perché continuare a guidare è l'antidoto contro la tentazione di smettere.

L'esplosione di una gomma, in pieno rettilineo, ha squassato la Ferrari e ha stravolto la serenità interiore del Campionissimo: uscito miracolosamente illeso dai resti della vettura, per lunghi minuti il tedesco è rimasto immobile, sdraiato sull'erba, intento a ragionare con se stesso mentre assorbiva lentamente lo shock. Stava ripassando mentalmente il film dell'incidente, certo. Ma stava anche chiedendosi se lo sfortunato episodio non fosse un segnale. Se non fosse venuto il momento di allentare la presa, di staccare la spina, di chiudere bottega.

La risposta se l'è data di lì a una settimana, disputando un bellissimo Gran Premio d'Italia. La risposta non poteva essere più netta. Nonostante la grande paura, la peggiore dopo il disastro di Silverstone, non ha cambiato idea. Alla moglie e ai figli continuerà a dare tanto senza concedersi in esclusiva. L'uomo e il Fenomeno non sono ancora pronti per la separazione definitiva, per la scissione irrimediabile.

La consapevolezza di essere definitivamente diventato un mito ha liberato in lui la gioia di interpretare il mestiere di pilota per puro sfizio. Ormai guida per il piacere di farlo e nel 2004 ha guidato una Ferrari che rappresentava un capolavoro assoluto in termini di perfezione tecnologica.

«Per lui aver migliorato il record dell'argentino e aver stabilito primati ineguagliabili non costituisce certo un appagamento totale» spiega Rory Byrne, il progettista sudafricano delle Rosse. «Me ne sono accorto in fretta. Michael mi ha telefonato per sapere a che punto eravamo con la preparazione della nuova macchina. Era un modo di farmi capire che non avrebbe tirato i remi in barca. Essere curioso del futuro è un tratto genetico della sua personalità. Schumi ha sempre desiderato essere totalmente coinvolto nella realizzazione dell'auto che avrebbe dovuto pilotare.»

I risultati si sono visti, nel 2004. Su diciotto Gran Premi è stato battuto in appena cinque occasioni. A Montecarlo per colpa di un incidente nel tunnel con la Williams del solito Montoya. In Belgio perché gli bastava un secondo posto alle spalle di Raikkonen per laurearsi matematicamente campione per la settima volta. A Monza perché non se l'è sentita di attaccare il compagno Barrichello negli ultimi giri. In Cina perché l'unico errore della stagione, commesso in qualifica, lo ha costretto a partire dai box. E in Brasile perché forse aveva già staccato la spina, era mentalmente in vacanza.

«La sua dedizione al mestiere è stupefacente» commenta Montezemolo. «Se vince tre gare di seguito e perde la quarta si rattrista. Negli anni ha maturato un attaccamento alla Ferrari straordinario. La gioia più grossa me l'ha data quando ha annunciato che non sarebbe stato capace di guidare una macchina diversa dalla nostra. Non riesce a immaginarsi senza la Rossa. Per chi lavora a Maranello è un complimento eccezionale.»

A ogni vittoria del tedesco nel fortunatissimo 2004, si moltiplicavano gli interrogativi su cosa avrebbe fatto da grande. Ancora il driver? E per quanto tempo? Era vero che stava immaginando un avvenire dall'altra parte della barricata, come costruttore di auto da corsa? In fondo lo stesso Enzo Ferrari aveva cominciato come pilota. Oppure pensava di comprarsi una scuderia, alla maniera di famosi ex campioni del mondo come Jackie Stewart e Alain Prost? O avrebbe accettato un ruolo all'interno del gruppo Fiat, essendo diventata sempre più intensa la sua relazione con la casa torinese, tanto che a una macchina uscita dalle officine di Mirafiori, la Stilo, era stato dato il suo nome?

«Niente di tutto questo» ha risposto Michael all'emiro del Bahrein, lo sceicco Khalifa al-Khalifa, che ha speso più di 250 milioni di petrodollari pur di portarlo a gareggiare in un autodromo costruito nel cuore del deserto. «A me piace correre, non guardare gli altri che corrono. È lo stesso sentimento che provo nei confronti del calcio. La partita in Tv non la seguo, o comunque non mi entusiasma. Ma giocare a pallone mi esalta.»

Naturalmente i due ruoli, pilota e calciatore, hanno conseguenze diverse. Con la palla tra i piedi Michael Schumacher è un anonimo dilettante, è un appassionato che paga regolarmente la sua quota di iscrizione per permettere a un minuscolo club svizzero la partecipazione al torneo locale di terza categoria. In cambio chiede solo la certezza del posto in squadra nelle domeniche di libertà.

Con il volante tra le mani Michael Schumacher è lo sportivo più pagato e più ricco del pianeta. Si calcola che il suo patrimonio, tra ingaggi e laute sponsorizzazioni, sia largamente superiore ai 500 milioni di euro, più di mille miliardi delle vecchie lire. Il ragazzo cresciuto in povertà, il bambino che per correre nei kart doveva usare le gomme buttate via dai concorrenti, il giovanotto che per campare lavava le macchine in una concessionaria e sostituiva l'olio in cambio di poche centinaia di marchi al mese, oggi è il Paperone dei campioni. Ma si porta dietro il ricordo delle umili origini e sta attento a non sprecare i soldi, pur sapendo benissimo che la miseria non tornerà. Una volta un fotografo lo sorprese in un negozietto di marmellate in Germania. Pur avendo casa in Svizzera Schumi aveva attraversato il confine. Per spendere meno in confetture.

Ai suoi incassi contribuisce anche la pubblicità, alla quale ha faticosamente accettato di prestarsi. Tra shampoo, telefonini, automobili Fiat e occhiali, il tedesco ha recitato in centinaia di spot. All'inizio non si divertiva, poi ha cominciato a interessarsi al lavoro dei registi e dei cameramen. Sul set è molto professionale, anche se esclude di potersi trasformare in attore. «Io gli avevo chiesto se voleva recitare una parte in un film che stavo preparando sulle corse automobilistiche» ha raccontato Sylvester Stallone, il Rambo di celluloide. «Mi ha risposto che la realtà è molto meglio della finzione.»

La realtà è un paradiso fatto solo di vittorie. «Credo non sia mai stato così forte, nello spirito e nel fisico» confidava Ross Brawn, che della Ferrari è il direttore tecnico, all'alba della stagione 2004, in Australia. «Io lo conosco dal 1990. Lavoravo per la Jaguar, nel campionato sport prototipi. Michael correva per la Mercedes: già allora era il numero uno. Quando saliva in macchina era regolarmente il più veloce e riusciva a consumare meno benzina degli altri piloti. Quando ci siamo ritrovati nella stessa scuderia, alla Benetton, ho capito che la stessa velocità la dimostrava nell'apprendimento: era nuovo per l'ambiente, ma imparava tutto molto in fretta.»

Mentre il campionato del 2004 scorreva via senza offrire il minimo appiglio agli avversari, sistematicamente surclassati da Schumi anche nel caldo torrido della Malesia o tra le dune sabbiose del Bahrein, Brawn ha cercato di tracciare un identikit del personaggio. «La sua forza è il rifiuto del divismo, dell'egocentrismo. Michael è pienamente solidale con la squadra: non dice mai "io", dice sempre "noi". Se c'è un problema, partecipa alla ricerca della soluzione. Le tante vittorie non ne hanno intaccato l'umiltà.»

Difetti? Per non incappare nel pericolo di una beatificazione, Brawn ricorda a se stesso che dietro e dentro il Fenomeno c'è un uomo normale. Quindi portato, per esempio, a distrarsi un po' se i trionfi diventano routine, abitudine, prassi. Come appunto è capitato nel 2004. «A volte ci sono situazioni nelle quali Michael si annoia. Nel 2000 a Indianapolis stava dominando una gara importantissima e all'improvviso è andato in testacoda. Mi sono preoccupato, temevo ci fosse un problema sulla macchina. Invece lui mi ha risposto: "Stai tranquillo, sono io che mi sono addormentato". Ecco, talvolta si rilassa e via radio comincia a porre domande a noi che stiamo al muretto dei box. Vuol sapere dove si trova il tal pilota, oppure cosa sta succedendo nella battaglia per il sesto posto, cose così.»

Ben più drammatica è stata la conversazione con Jean Todt durante il Gran Premio degli Stati Uniti, domenica 20 giugno 2004. Uno spaventoso incidente aveva trasformato in un relitto la Williams del fratello Ralf, schiantatosi contro le barriere di Indy. La monoposto era rimbalzata in mezzo alla pista e lì era rimasta. La corsa non era stata interrotta: mentre i medici cercavano di estrarre il pilota dall'abitacolo i suoi colleghi transitavano lentamente accanto ai resti della vettura. Michael non sapeva come comportarsi.

«Il suo primo impulso sarebbe stato quello di precipitarsi ai box, per sincerarsi delle condizioni di salute del fratello» ricorda Todt. «Ma non era necessario, io avevo avuto indicazioni rassicuranti e gliele ho riferite. C'è chi lo ha criticato per aver proseguito la gara: sono state obiezioni ingiuste, che lo hanno ferito. In realtà lui è una persona molto sensibile, molto attenta alle relazioni umane. Chi non lo conosce lo definisce arrogante: invece è timido. La sicurezza negli atteggiamenti esteriori è un meccanismo di autodifesa. È una corazza protettiva. A Michael non interessa essere una superstar. La fama è una conseguenza del mestiere che fa. Ma non la insegue. Piuttosto, la subisce.»

Così si torna alla contraddizione tra il Fenomeno e l'uomo normale. Tanto esagerato in pista, con un volante tra le mani, quanto comune nell'approccio alle cose della vita. Nessuna concessione al jet set, alla mondanità coatta. Uno stile esistenziale riservato, che lo espone al rischio di frequenti incomprensioni. E un'ossessione permanente: essere sempre più veloce, essere sempre *il* più veloce.

«Per quanto strano possa sembrare, considerato tutto quello che ha vinto, Michael non smette di spostare più in là il limite» conferma Paolo Martinelli, continuatore modenese della tradizione motoristica inaugurata da Enzo Ferrari. «Ogni stagione progredisce. Nelle prestazioni e nelle percezioni. La sua sensibilità di guida aiuta enormemente chi lavora con lui. Per esempio è in grado di descrivere sempre meglio il comportamento del motore in ogni tratto del circuito. Capisce al volo le caratteristiche della macchina e traduce la sua esperienza diretta in suggerimenti. Non dà niente per scontato e ha una cura maniacale per i dettagli.»

Forse un giorno le cose cambieranno, forse verrà il momento in cui il pilota Schumi considererà esaurita la sua missione. «Stiamo assieme ormai da anni e a volte i miei amici brasiliani mi chiedono se ho notato in lui una piccola flessione, un appannamento, un principio di stanchezza» ha confessato Rubens Barrichello quando Michael si è confermato campione nell'amatissima cornice di Spa, il 29 agosto 2004. «A me piacerebbe rispondere affermativamente, in fondo sarebbe una buona cosa per chi sogna di batterlo e io sicuramente sono tra questi. Invece no, lui è incredibilmente sempre uguale. A volte penso che non si fermerà mai, perché lontano dalle macchine si sentirebbe incompiuto, dimezzato.»

È la verità. La leggenda di un uomo normale continua.

Bibliografia

AA.VV., *Ferrari 1947-1997*, edizione fuori commercio, 1997.

AA.VV., *King Michael*, Bologna, Edizioni Autosprint, 2004.

AA.VV., *Tutto Ferrari*, Milano, Mondadori, 2004.

Comte, Michel e Kehm, Sabine, *Schumacher, the Official Inside Story of the Formula One Icon*, London, Ebury Press, 2003.

Cordero di Montezemolo, Luca con Franzelli, Marco, *Le grandi vittorie Ferrari*, Milano, Bompiani, 2001.

Domenjoz, Luz e Fournier, Jean-François, *Michael Schumacher, itineraire d'un surdoué*, Paris, Chronosports Editeur, 1997.

Mazzuca, Alberto e Mazzuca, Giancarlo, *La Fiat: da Giovanni a Luca. Un secolo di storia sotto la dinastia Agnelli*, Milano, Baldini Castoldi Dalai, 2004.

Collezione «La Gazzetta dello Sport», 1991-2004.

Collezione «Il Resto del Carlino», 1991-2004.

Collezione «Autosprint», 1991-2004.

Ringraziamenti

Di ritorno dal Gran Premio del Belgio del 1991 raccontai al mio amico Edmondo Berselli lo stupore che avevo provato seguendo il debutto in prova di uno sconosciuto pilota tedesco: Michael Schumacher. Anni dopo Edmondo ha preteso che traducessi in racconto lo stupore di allora e tutto quanto ne era seguito, in pista e fuori.

Beppe Cottafavi e Andrea Cane hanno dato sostanza all'idea con l'efficienza che ne fa due ferraristi ad honorem.

Nicola Nenci, Luigi Giuliani, Claudio Ronchi, Maurizio Nicita, Giuseppe Brusi, Franco Caniato e l'architetto Crosta hanno sottoposto a ripetuti test la mia memoria, regalandomi buoni consigli.

Alberto Galassi e la moglie Antonella mi hanno aiutato con la loro amicizia.

Andrea Masini, Elio Gamberini e Zio Bello mi hanno gratuitamente donato la loro mostruosa competenza automobilistica.

Pino Allievi, Nestore Morosini, Cristiano Chiavegato, Carlo Marincovich e Paolo Artemi, senza saperlo, mi hanno insegnato tanto.

Grazie a Piero e a Floriana.

Infine, chiedo scusa a Daniela, Elena e Sonia: ho sottratto alle nostre vite più di centocinquanta weekend per colpa di Michael Schumacher. Ma ho sempre pensato di vincerlo assieme a voi, il Gran Premio della vita.

Indice dei nomi

«Schumacher»
di Leo Turrini
Collezione Ingrandimenti

Arnoldo Mondadori Editore S.p.A.

Questo volume è stato impresso
nel mese di aprile dell'anno 2005
presso Mondadori Printing S.p.A.
Stabilimento NSM - Cles (TN)

Stampato in Italia - Printed in Italy